재미있는

심리 여행

Psychology

집필진

대표저자 성미라(용인예술과학대학교)

편집위원 서유진(동의대학교)

이영신(극동대학교)

집필진 고현남(진주보건대학교)

김미진(대전과학기술대학교)

김승미(진주보건대학교)

김연실(두원공과대학교)

연영란(강원대학교)

유시연(영진전문대학교)

이수정(우석대학교)

최미영(서정대학교)

MENTAL HEALTH

Preface

마음과 몸이 통하다

오늘날 우리는 고도의 성장 속에서 살아가고 있다. 의료기술의 발달로 인간의 평균 수명이 증가하고 급성장한 정보화 사회가 되면서 인간의 삶의 질과 관련된 문제들에 관심이 더해지고 있다. 사회는 하루가 다르게 변화하고 있지만 그럼에도 변하지 않는 사실은 사회에서 타인과 더불어 살아가야 한다는 것이다. 따라서 인간의 마음을 이해하는 일은 매우 중요하며, 고도의 성장사회가 될수록 심리학적 이해를 바탕으로 마음의 원리와 과정을 밝히는 일은 매우 중요해질 것이다.

심리학은 마음과 행동을 다루는 학문으로 겉으로 드러나는 외현적인 행동과 그 안에 숨겨진 인간 내면의 사고, 감정, 인지에 대한 포괄적인 면을 모두 함축한다. 즉, 심리학은 '인간의 마음과 행동에 관한 과학적 학문'이라고 정의할 수 있다. 현대의 심리학은 인문학을 넘어 의학, 자연과학, 공학 및 예술 등에 이르기까지 많은 분야에 영향을 주고 있다. 심리학은 인간의 정신과정을 밝히고 일상생활에 적용하여 개인의 삶의 질을 높이는 학문이다. 최근 심리학의 적용분야가 여러 분야로 확대되고 있는 이유도 이러한 이유 때문일 것이다.

재미있는 심리여행은 현재를 살아가는 우리가 꼭 알아야 할 심리학 이론과 주제를 중심으로 이해하기 쉬운 다양한 사례와 근거를 제시하였다. 자칫 어려울 수 있는 심리 이론들이지만 인간 심리의 이해를 통해 타인과 함께 조화를 이루고 인간다운 삶을 살기 위해 어쩌면 심리학은 필수조건일 수 있다. 우리는 어떻게 살아가야 하는가? 타인과 조화를 이룬다는 것은 무엇인가? 인간의 마음과 몸은 미묘한

관계 속에 어떻게 서로 영향을 주고받는 것인가? 정신의학에서 다루는 많은 질병들은 마음의 고통 때문에 발생하므로 약물치료의 한계를 해결해 줄 심리치료와 상담의 중요성이 강조되고 있다.

특히 이 책의 독자 대부분은 앞으로 의료 및 보건 영역에서 신체적 · 심리적으로 어려움에 처한 대상자들을 만나게 될 것이다. 의료의 측면에서 심리학은 대상자의 마음을 이해하고 통제하며 예측할 수 있어 치료에 도움이 된다. 관계의 측면에서 심리학은 대상자의 심리적 이해를 넘어 원활한 의사소통을 위한 관계형성의 능력을 증진시키는 데 도움이 된다. 이 책의 집필진들도 심리학 이론을 바탕으로 오랜 기간 임상현장과 교육현장에서 쌓은 노하우와 경험으로 책을 집필하였다.

이 책을 접하게 될 미래의 보건 의료인들이 인간의 마음과 몸이 별개가 아니라 서로 영향을 주고받는 중요한 관계라는 것을 깨닫게 되었으면 한다. 몸과 마음의 건강을 함께 바라볼 수 있는 지혜가 더해지기를 기대하면서 재미있는 심리여행을 여러분과 함께 떠나고자 한다.

2022년 새롭게 떠오른 해를 마주하며

저자를 대표하여 성 미 라

Contents

Chepter | 5 동기와 정서

Chepter | 6 스트레스

Chepter | 7

지 능

Chepter | 9 심리검사

Chapter | 10 상담과 심리치료

Chepter l 11 사회심리학

재미있는 **심리여행**

Chepter 1

심리학의 이해

학습목표

- 심리학의 기원을 이해할 수 있다.
- 심리학의 역사를 설명할 수 있다.
- 심리학 사조 및 접근관점을 설명할 수 있다.

전체개요

심리학이 과학적 학문으로 자리매김한 것은 타 학문에 비해 짧다고 할 수 있으나 인간의 심리와 정신을 이해하고자 한 심리학의 기원은 인류의 역사만큼이나 길다. 모든 사람의 심리와 어려움을 이해하고 도울 수 있는 절대적인 이론이 존재하는 것이 아니라 다양한 심리학 사조가 서로 영향을 주며 발전해 왔다. 심리학은 현재에도 여전히 새로운 이해를 도출하고 있다. 때로는 과거의 이해를 새롭게 보완하여 발전하고 있으며, 다양한 분야에서 융합·적용되고 있다.

1. 심리학이란 무엇인가

1 심리학의 기원

1) 심리학의 어원

심리학(psychology)의 어원은 psyche(프시케, 정신)이다. 프시케는 '숨', '나비'의 의미도 가지고 있다. 프랑수아 제라르의 그림을 보면, 지극한 사랑으로 프시케만을 응시하며 조심스럽게 다가서는 에로스에 비해 프시케의 시선은 다른 곳을 응시하고 있다. 프시케를 보고 사랑에 빠진 에로스는 숨이 멎는 느낌이었을 것이다. 나비는 애벌레가 나비가 되듯 역경을 이겨낸 프시케의 상징일 수도 있고, 춤을 추듯 프시케를 향한 에로스의 마음이 표현된 것일 수도 있다.

신들의 금기를 어기고 인간과 사랑에 빠진 에로스는 프시케에게 자신을 감추기 위해 사랑은 보지 않고도 믿는 것이라며 자신을 보지 못하도록 한다. 상호 신뢰가 어려운 상황에서 프시케는 에로스를 의심하고 에로스는 프시케의 의심으로 신뢰를 잃게 된다. 신뢰 없는 사랑은 지속되기 어렵다. 에로스는 프시케를 떠나지만 프시케는 에로스를 다시 만나기 위해 고난과 헌신의 과정을 거치게 되고 둘은 상호 신뢰를 회복하게 된다. 프시케는 고난을 거친 후 진정한 행복을 누리는 정신의 상징으로서, 심리학의 어원이 되었다.

그림 1-1 _ 프시케와 에로스(프랑수아 제라르, 1797)

2) 심리학이 필요한 순간

에로스 신화는 인류의 인지혁명기라 불리는 7만 년 전 형성된 것으로 알려져 있다. 인간의 심리에 대한 이해 필요성의 각성은 이미 7만 년 전 혹은 그 이전부터 시작된 것이다. 심리학이 학문으로서 자리매김한 것은 19세기에 들어서라고 하지만 심리학의 기원은 마음을 다스려 고난을 이겨내고자 한 인류의 기원과 함께한다고 볼 수 있다. 정도와 방법의 차이가 있을 뿐 모든 사람에게 자신과 타인의 심리에 대한 이해는 과업이자 삶의 의미가 될 수 있다. 육체적 열정의 에로스와 정신적 헌신의 프시케 사이에 태어난 딸이 볼룹타스(기쁨)인 것은 우리 삶에서 고난을 이겨냄으로서 기쁨을 얻을 수 있기 때문이다.

미의 여신이자 에로스의 어머니인 아프로디테가 질투할 만큼 아름다운 인간인 프시케는 일반적인 사람들과 같을 수 없는 자신의 운영을 이미 예감하고 있었다. 이것은 그녀를 숭상한 많은 사람들과 사랑에 빠진 에로스와의 관계를 통해서 자신을 바라보면서 형성되었다. 사회적 관계를 통해 자신에게 주어진 역할을 확인하고 어려움을 이겨내야 하는 프시케의 고난은 현대에도 여전히 유효하다.

현대에는 육체의 고난은 줄어들었을지 모르지만 프시케의 고난은 여전하다. 자유를 최고의 가치로 여기는 현대인은 인류의 역사에서 집단의 규준으로부터 가장

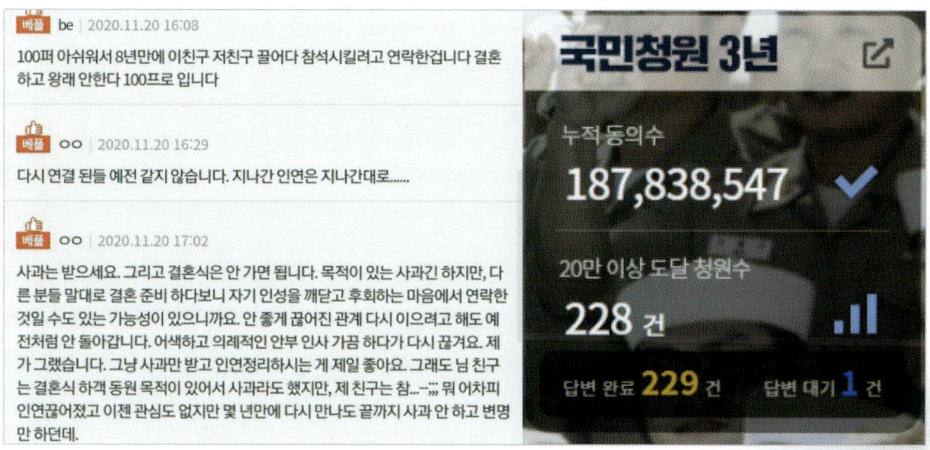

그림 1-2_ 포털사이트에 개제된 댓글 중 일부, 국민청원현황(2021.04)

자유로울 수 있지만 다양한 방식과 경우에 따라 더 거대한 집단에 의해 규준의 준수를 요구받는다. 공적인 관심과 변화가 필요한 경우뿐 아니라 사적인 이야기가 전 세계인들이 참여할 수 있는 인터넷 공간에 오픈되고 그것에 대한 응원과 조언뿐 아니라 평가와 비난까지 적나라하게 나타난다.

스스로 정체성을 인지하고 정의해야 한다는 부담이 더해졌다. 스스로 자신을 정의하고자 다양한 심리 테스트를 받고, 그 내용을 공유한다. 인간관계를 이해하기 위한 상담 현장이나 직업적성을 이해하는 데 사용되었던 MBTI가 소개팅을 할 때 자신을 소개하는 내용으로 사용되고 있고, MBTI뿐만 아니라 다양한 심리검사들이 인터넷을 통해 무료로 접근 가능하도록 하고 있어 사람들의 관심과 요구를 짐작할 수 있다.

그림 1-3_ 16 Personalities 검사, 나와 닮은 바다 동물 찾기 검사

정체성은 관계로부터 형성되는데 근래에는 한 사람이 다양한 집단에 속하게 되면서 서로 다른 정체성을 요구받기도 하며, 다양한 자아(부캐릭터)를 만들기를 자처한다. 생각해 보면 공적인 관계와 사적인 관계에서 취하는 태도와 행동이 동일한 경우는 많지 않으며, 사적인 관계에서도 부모님, 친구들, 연인과의 관계에서 서로 다른 모습의 자신을 발견할 수 있을 것이다. 이미 우리는 다양한 부캐릭터를 만들고 사용해 왔을지도 모른다. 영화 〈아바타〉는 인간의 세계에서 장애를 갖고 있는 주인

공 제이크가 판도라 행성의 원주민 나비족과 인간의 DNA를 합성하여 만든 인공 육체를 조종하며 주어진 임무를 수행하는 이야기이다. 아바타는 원래 힌두교에서 사용하는 개념으로 '하강'을 의미하는 범어(sanskrit: 고대 인도의 표준 문장어)이다. 지상에 내려온 신이 아바타를 통해 사람과 소통한다는 의미인데, 주인공이 판도라 행성의 삶을 주캐릭터로 선택하며 영화는 끝을 맺는다. 필요에 의해 만들어진 아바타가 부캐릭터에서 주캐릭터가 된 것이다.

새로운 세상에서 다양한 부캐릭터를 만들고 그 안에서 관계를 맺기도 한다. 로블록스는 레고 모양의 캐릭터를 가지고 게임을 만들거나 다른 사람들이 만든 게임을 즐기는 가상의 세계가 펼쳐져 있어 메타버스의 대표 주자로 꼽힌다.

부캐릭터는 주캐릭터를 보조하기 위해 생성된다고 볼 수 있지만 때로는 더 중요한 위치를 차지하기도 하며, 부캐릭터마다 마주치는 삶의 과업과 고난은 서로 다를 수밖에 없으므로 우리 삶에서 심리학이 필요한 순간이 더 많아졌다고 볼 수 있다. 동시에 여러 캐릭터를 갖는 경우만 심리학이 필요한 것은 아닐 것이다. 에릭슨의 이론처럼 우리는 생을 마감하는 순간까지 시기에 따라 발달 과업이 부여되며 과업 성취와 시련 경험을 통해 성장한다. 각각의 발달시기는 어쩌면 새로운 부캐릭터의 생성과정일 수 있다.

부캐릭터를 만드는 것, 삶의 변곡점에서 성장의 변화를 이끌어내는 것 또는 평탄

그림 1-4_ 영화 아바타(제임스 카메론, 2009), 게임기반 캐릭터 생성, 방송을 통해 소개되는 부캐릭터

한 삶에서 일반적으로 예측할 수 없는 선택으로 전혀 새로운 삶을 살아가는 사람들 모두가 아바타의 현현(epiphany)이다. 정체성과 소통에 대한 이해와 요구가 필요한 매순간 우리에게 심리학이 필요하다.

2 심리학의 역사

1) 철학으로서의 심리학

서양 심리학의 역사는 고대 그리스로 거슬러 올라간다. 기원전 5세기경 활동한 그리스 철학자 아낙사고라스(Anaxagoras)는 정신과 물질의 구분을 시도하고 정신을 만물 최고의 원리로 보았다. 소크라테스는 마음은 태어날 때부터 생겨나는 것이며 몸과 분리될 수 있다고 하였다. 아리스토텔레스는 몸과 마음은 하나이며, 마음은 경험을 통해 성장한다고 보았다. 그 후 2천 년 동안 별다른 견해가 없다가 17세기에 데카르트는 소크라테스의 견해를 따라 몸과 마음을 분리된 별개의 존재로 보아 인식론을, 베이컨은 아리스토텔레스를 따라 경험론 철학을 발달시켰다. 마음과 몸이 분리되는가 아닌가에 대한 질문은 고대 그리스에서부터 이어온 철학자들의 견해지만 지금까지도 유효한 논의의 대상처럼 보인다.

그림 1-5_ 아낙사고라스(BC. 500~428), 소크라테스(BC. 469~399), 아리스토텔레스(BC. 384~322)

동양의 사상과 문화에 가장 많은 영향을 미친 유교, 불교, 도교 모두 사람의 마음에 대한 이해를 중요하게 보았다. 기원전 6세기에 태어난 공자를 시조로 하는 유교는 혼란의 시대를 배경으로 인간의 마음에 대한 이해와 자기수양을 중요하게 보았다. 기원전 6세기에 석가는 인식과 경험이 성립하는 과정에 관심을 기울였고 인간의 심리를 분석함으로써 동일한 현상에 다양한 견해가 발행하는 이유를 해명하고자 하였다. 불교는 인간의 인식작용에서부터 시작하여 마음에 대한 이해에 점철되어 있다고 해도 과언이 아니다. 특히 유식사상은 우주의 궁극적 실체는 오직 마음뿐이라고 본다. 도가의 시조로 알고 있는 노자의 생몰 연대는 미상이나 제자백가 시대에도 이미 많은 영향을 미쳤으며 그 영향은 지금까지도 이어지고 있다. 특히 우리가 잘 알고 있는 분석심리학의 대가 융(C. Jung, 1875~1961)의 이론은 도교 철학이 뼈대를 구성하고 있다고 보기도 한다.

그림 1-6_ 공자(BC. 551~479), 석가(BC. 563~483), 노자(미상)

인간의 심리를 이해하려는 노력은 동양과 서양이 다름없어 보인다. 철학적 사유를 토대로 이해되지 않는 사람의 마음을 실험, 관찰, 경험 등 과학적인 방법으로 탐색하여 새로운 이론들이 제시되기 시작하였다.

2) 과학으로서의 심리학 발전

데카르트의 경험론은 생리심리학의 출발점이 되었고, 17세기 이탈리아의 생리학자인 갈바니(L. Galvani)는 개구리 뒷다리 신경에 전기 자극을 가한 실험으로 신경의 전달과 근육의 수축을 연구하였다. 19세기 독일의 생리학자인 뮐러(J. Muller)는 실험을 통해 신경의 전기적 신호 지각에 대하여 연구하였다. 신경충격의 속도를 측정한 헬름홀츠(H. Helmholtz), 물리적인 자극과 감각 사이의 관계를 양적으로 측정하여 반사 신경기제를 연구한 베버(M. Weber)와 페히너(G. Fechner), 인간의 유전적 특질에 관심을 갖고 통계적인 연구를 심리학에 적용한 갈톤(F. Galton) 등은 과학으로서의 심리학 발전에 기여하였다.

1879년 독일의 라이프치히대학에서 의식을 연구한 분트(W. Wundt)는 이러한 발전을 토대로 심리실험실을 만들어 연구를 축적하고 심리학 강좌, 제자 양성 등의 활동을 통해 심리학을 하나의 독립된 학문으로 성장시켰다. 분트는 인간의 마음을 눈으로 볼 수 있는 상태, 즉 인간의 '행동'을 연구 대상으로 삼았다. 행동은 관찰이 가능하며 내면에서 정신과정이 일어났다는 증거이기 때문이다. 그 후로 심리학은 마음의 구조와 기능 등으로 나뉘어 연구되었다. 심리학 연구는 사람들의 행동을 기술하고, 설명하고, 예측하며 나아가 인간행동의 원리와 정신과정을 이해하고자 한다.

1920년대 후반부터 파블로프, 프로이트, 스키너 등을 통해서 심리학의 이론적

그림 1-7_ 파블로프(1849~1936), 프로이트(1856~1939), 스키너(1904~1990)

근거가 되는 연구 및 이론들이 정립되었다. 파블로프(I. Pavlov)는 인간의 행동은 학습의 결과이며, 학습을 일으키는 조건을 알 수 있다고 보았다. 프로이트(S. Freud)는 무의식의 개념을 정립하였고, 스키너(B. Skinner)는 인간의 행동은 보상과 처벌의 결과로 이어지므로 모든 행동은 예측과 통제가 가능하다고 보았다.

1960년대까지 심리학의 영역은 기초심리학과 응용심리학으로 구분되어 발전하였다. 기초심리학은 실험심리학, 생리심리학, 발달심리학, 사회심리학, 학습심리학, 성격심리학 등으로 나뉘며 응용심리학은 임상심리학, 상담심리학, 교육 및 학습심리학, 산업 및 조직심리학, 범죄심리학 등으로 나뉜다. 그러나 이후 인지심리학과 현상학적 심리학의 발전으로 새로운 정의가 필요하게 되었다.

인간의 심리를 이해하기 위해 관찰이 가능한 행동 연구뿐 아니라 생각과 감정을 포함하여 과학적인 연구가 필요하다고 보고 생물학적, 심리 및 사회적으로 접근하고 있다. 생물학적인 영향으로는 유전적 성향, 유전적 변이, 환경에 대한 유전자 반응이 있고, 심리학적 영향으로는 정서 반응, 과거 경험, 인지 과정과 지각적 해석 등이 있으며, 사회문화적 영향으로는 가족과 또래 집단을 포함한 사회문화적 영향과 기대 등이 있다. 심리학은 이러한 점을 반영하여 여러 분야로 나뉘어 다양하게 연구되고 있다고 볼 수 있다.

2. 심리학 사조 및 접근관점

1 심리학 사조

초기 심리학 발전의 배경이 된 구성주의, 기능주의, 형태주의, 정신분석을 살펴보고자 한다.

1) 구성주의

분트의 제자인 티취너(E. Tichener)는 구성주의를 소개하여 20세기 미국 심리학계에서 주도적인 역할을 하였다. 인간의 의식을 마치 물리학에서 구성된 기본 요소로 분석하듯이 기본적인 감각과 느낌이라는 구성요소로 쪼개어 분석하는 방법이다. 이러한 분석은 다시 통합에 의하여 지각을 돕게 된다. 감각과 느낌에 대한 이해는 인간이 가지고 있는 정신요소에 의해 의미를 갖는 지각이 이루어진다.

그림 1-8_ 최초의 심리실험실에 앉아 있는 분트를 둘러싸고 있는 학생들

2) 기능주의

기능주의는 구성주의에 대한 반동으로 대두되었다. 제임스(W. James)는 의식을 요소로 분석하는 것이 인간 이해에 도움이 되지 않으며 의식의 기능을 분석하는 것이 인간을 올바로 이해할 수 있다고 보았다. 인간의 마음은 정지된 상태로서의 구조가 중요한 것이 아니라 환경에서 적응하는 의식의 흐름이 중요한 연구 대상이 된다. 그래서 연구는 실험실을 넘어 일상생활에 적용되었고 진화론의 영향을 받은 기능주의는 지능검사 등 다양한 심리측정연구들의 발전에 기여한 것으로 보인다.

그림 1-9_ HUPSF 심리학 실험실

3) 행동주의

그림 1-10_ 왓슨의 'little Albert experiment'

구성주의와 기능주의는 내성법(introspection)이라고 하는 자신의 의식적 경험을 스스로 관찰하여 언어로 보고하는 방법을 적용하여 심리를 이해하고자 하였다. 행동주의는 내성법이 아닌 외현적이고 관찰 가능한 행동에 초점을 두어야 한다고 주장하였다. 왓슨(J. Watson)은 파블로프의 조건형성, 스키너의 조작적 조건형성, 로크(J. Locke)의 경험주의에 영향을 받아 심리학에서 관찰할 수 있는 행동만을 연구대상으로 삼았다. 때문에 행동주의를 S(stimulus: 자극)-R(response: 반응)의 심리학으로 불렀다.

4) 형태주의

형태주의는 행동주의와 달리 외적인 행동만으로 인간의 본성을 이해할 수 없다고 주장하였다. 베르트하이머(M. Wertheimer)는 인간을 환경에 수동적인 반응자로 보았던 행동주의를 반박하였다. 형태주의는 관계에 의존하여 부분의 질은 전체 속에

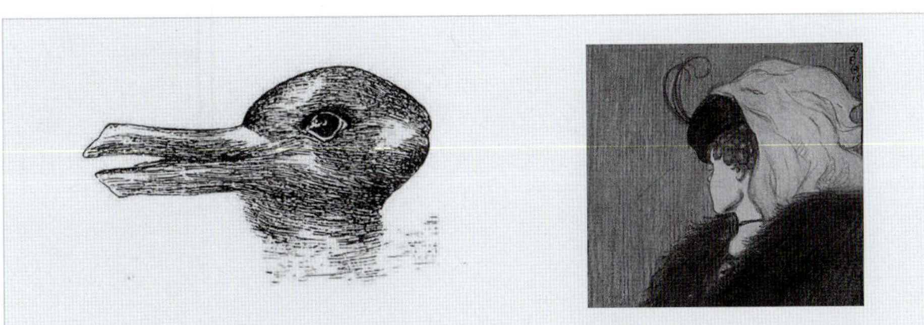

그림 1-11_ 형태 변화(shifting gestalt), 오리 또는 토끼로 보임, 젊은 여자 또는 나이든 여자로 보임

있는 부분의 위치, 역할 및 기능에 의존한다는 원리를 근본으로 한다. 형태주의는 독일어로 게슈탈트(gestalt)라고 부르는데 영어 또는 다른 단어로 바꿔서 쓸 적합한 단어가 없어 게슈탈트로 사용했다. 게슈탈트란 '개체가 지각한 자신의 행동동기'라고 할 수 있다. 형태주의는 지각에 초점을 맞춰 어떻게 지각이 사고 및 문제 해결에 영향을 미치는지 연구한다. 지각 체계화의 원리로는 근접성의 원리, 유사성의 원리, 좋은 연속의 원리, 폐쇄의 원리 등이 있다.

5) 정신분석

정신분석은 프로이트가 창안하였으며, 아들러(A. Adler, 1870~1937), 융, 랭크(O. Rank, 1884~1939) 등에 의해 수정되어 오다가 1940년 이후 설리반(H. Sullivan, 1892~1949)에 의해 체계화되었다. 프로이트는 인간행동을 결정론과 무의식이라는 개념을 통해 이해하고 설명하였다. 리비도(libido)라고 칭하는 심적 에너지와 생의 초기 경험에 의해 행동이 결정된다고 보았다. 수면 위에서는 볼 수 없지만 빙산의 대부분이 물에 잠겨 있는 것처럼 무의식은 일반적인 상황에서 의식할 수 없으나 행동에 미치는 영향은 거대하다고 보았다. 무의식 차원의 갈등은 드러나지 않아 치유가 어렵기 때문에 자유연상이나 꿈의 해석을 통해 의식화시키고 대상자가 자신에 대한 통찰을 얻도록 한다.

그림 1-12_ 정신치료에 사용되는 긴 의자

표 1-1_ 초기 심리학의 사조 비교

구 분	연구대상(주제)	연구목적	연구방법
구성주의	의식경험	정신의 구성분석	분석적 내성법
기능주의	의식경험	정신의 기능연구	내성법, 행동측정
행동주의	관찰가능한 경험	행동통제	관찰과 실험
형태주의	의식경험	정신의 전체적인 성질 증명	내성법, 증명
정신분석	무의식적 동기	성격이해	치료 사례연구

2 심리학의 접근관점

인간을 이해하기 위한 심리학의 접근은 생물학적 접근방법, 인지적 접근방법, 행동적 접근방법, 정신분석 접근방법, 인본주의 접근방법 등으로 구분된다.

1) 생물학적 접근방법

다윈(C. Darwin)은 멜서스(T. Malthus)의 인구론에서 영감을 얻어 종의 기원에 반영하였는데, 이러한 생물진화론은 심리학에 다음과 같은 영향을 미쳤다. 첫째, 인간심리 의식과 생물 유기체가 동시에 진화한다는 것, 둘째, 인간뿐만 아니라 동물도 유용한 습관의 결합, 대립적 표정과 동작, 신경계통의 직접 작용에서 연속성이 있다는 것, 셋째, 인간 개체의 신체적 성장과 심리의 발생 및 발전의 관련성을 확인했다는 점이다. 이와 같은 배경을 통해 심리학은 다양한 생물학적 접근방법(biological approach)을 시도하고 있다. 구체적으로 인간의 행동, 뇌 신경계, 유전자, 호르몬 등 생물학적 요인이 심리에 미치는 영향을 이해하고자 한다.

2) 행동적 접근방법

행동적 접근방법(behavioristic approach)은 눈으로 볼 수 있는 인간의 행동을 연구하는 데 초점을 두었다. 실험적, 객관적, 수량화 조건에 부합해야 연구가 가능하다고 보았다. 1960년대 인지심리학이 대두되면서 위기에 처한 행동주의는 헐(C. Hull)과 같은 신행동주의자들이 뒤를 이었다. 반두라(A. Bandura, 1925~2021)는 관찰을 통해 행동을 모방하여 학습할 수 있다고 주장한 사회학습 이론가이다. 관찰학습을 통해 배우는 행동이 학습을 대체할 수 있으며, 관찰학습은 학습범위를 확대하여 직접 경험의 산물을 행위 모델로 삼아 학습과정을 간략하게 할수 있다고 여겼다. 점진적인 강화학습을 통해 쉽게 학습할 수가 있고 학습으로 익힌 행동이 몇 일, 몇 주 또는 그 이상 유지되는 장점이 있다.

3) 인지적 접근방법

인지적 접근방법(cognitive approach)은 인간의 심리와 심리과정을 정보처리체계에 비유하면서 발전하였다. 인간이 발달함에 따라 인지적 발달은 단계적인 성장 및 변화를 보인다. 발달단계에 따라 경험하고 과제를 수행함으로써 인지가 발달한다고 본 피아제(J. Piaget, 1896~1980)의 연구가 대표적이고 매우 많은 연구자들에 의해 끊임없이 연구되었다. 인간의 두뇌가 어떻게 정보를 받아들이고 처리하며 행동으로 연결되는가에 대하여 연구한다. 정보의 처리과정은 외부 감각적 자극의 변형(strain), 기호화(encoding), 파지(retention), 인출(recall)인데, 이러한 연구는 컴퓨터 과학, 인공지능 등의 발전에 영향을 주었다.

4) 정신분석 접근방법

1940년대에서 1950년대의 심리학자들은 인간 행동 근거의 대부분을 무의식적 과정으로 보았다. 무의식은 바로 정신분석학의 창시자인 프로이트에 의해 개념화되었다. 프로이트는 정신분석을 "무의식의 심리학"이라고 말하였다. 정신분석 접근방법(psychoanalytic approach)의 무의식에 대한 이론은 현재에도 건재한 개념이다. 그러나 실험심리학을 통해 심리학을 과학으로 소개한 분트가 심리학의 아버지로 불리게 된 점을 통해서도 알 수 있듯이 실험을 거부한 정신분석은 '과학적' 심리학의 범위

밖에 있는 것으로 간주되었다. 그러나 프로이트의 정신성적발달, 리비도와 심적 에너지 개념은 인간에 대한 이해를 돕는 기초이론으로 여겨지고 있다.

5) 인본주의 접근방법

인본주의 접근방법(humanistic approach)은 형태주의 심리학과 인지적 접근방식의 영향을 받아 형성되었다. 이는 자아개념과 자기의식을 강조하여 현상학적 관점으로 불린다. 인본주의는 모든 인간은 잠재력을 가지고 발전할 수 있다고 간주하는 관점이다. 다만 이것을 깨닫지 못하므로 심리적 어려움을 경험할 수 있고, 이 과정을 도와 성장할 수 있도록 하는 것이 인본주의 접근방법이다. 로저스(C. Rogers)의 자기성장이론과 매슬로우(A. Maslow)의 자아실현이론은 인간의 행동은 정체성을 발견하고 삶의 의미를 부여하기 위해 주어진 자유를 활용한다고 본다.

표 1-2_ 심리학의 관점

구 분	개념적 초점	인간본성의 견해	정신과정의 강조	환경 및 인간의 강조
생물적	행동의 기초는 생물학적 접근	중립	중간	인간
행동적	관찰 가능한 행동	중립	최소	환경
인지적	사고과정 및 세상에 대한 이해	중립	최대	인간 및 환경
정신분석적	무의식적 요소	부정	최대	인간
인본주의적	잠재력을 실현하고자 하는 인간의 욕망	부정	최대	인간

3 심리학의 활동분야

심리학의 이해를 돕기 위해 기초심리학과 응용심리학으로 구분하였지만 실은 상호보완적이며 밀접한 관련성이 있어 확연한 구분보다는 현장에서 많이 연구 및 활용되는 심리학을 중심으로 살펴보고자 한다.

1) 교육 및 학습심리학

학교 현장이나 교육 장면에서 심리학적 지식을 활용하여 학습동기를 높이는 등 교육활동에서 필요한 지식과 기술을 제공하는 데 목적이 있다.

2) 상담심리학

발달 과정에 있는 개인들의 정신건강 증진 및 심리적 어려움을 경험하는 경우 현실적응과 스트레스로 인한 부적응 문제를 다루는 데 목적이 있다. 정신과 의료기관, 전문상담교사, 병영생활전문상담관, 상담센터 등에서 개인 및 집단 상담을 실시한다.

3) 성격심리학

성격심리학자들은 관찰과 심리검사 등을 통해 수집된 자료를 토대로 사람마다 개인차가 있는 성격 형성 과정에 대하여 이해하고자 한다.

4) 임상심리학

심리적인 문제의 원인, 심각한 부적응에 대한 진단 및 치료, 이상행동에 관심을 가지고 연구한다.

5) 인지심리학

인간의 뇌에 의하여 이루어지는 주의, 지각, 기억, 언어, 사고 등의 정보처리 과정을 탐구하고 그 결과를 응용하는 데 목적이 있다.

6) 산업 및 조직심리학

경영 측면에서 직원의 직업능력 및 직무만족 향상, 선발과 훈련, 배치와 승진, 근무평가, 생산성 증대 등에 목적이 있다.

7) 지각심리학

감각기관의 자극으로 생겨나는 외적 사물의 전체상을 바라보는 것을 연구하는 데 목적이 있다.

8) 사회심리학

사회적 환경과 관련된 요인이 개인의 행동, 생각, 느낌에 어떤 영향을 미치는지 살펴보고 편견, 동조, 갈등, 집단문화 등 사회에서 발견할 수 있는 현상을 규명하는 데 목적이 있다.

9) 소비자심리학

상품에 대한 소비자들의 태도와 구매행동을 연구하는 데 목적이 있다. 산업심리학과 달리 소비자 입장에서 다양한 관점으로 바라봐야 한다.

10) 발달심리학

태아에서 출생 그리고 죽음에 이르기까지 인간의 전 생애 발달에 미치는 영향을 살펴보는 데 목적이 있다.

11) 생리심리학

생물학적 접근으로 행동과 생물학적 과정의 관계, 약물과 행동의 관계를 연구한다.

12) 건강심리학

심리적 요인이 신체적 문제 및 고통과 어떠한 관계가 있는지 살펴보는 데 목적이 있다.

13) 환경심리학

심리적인 과정과 물리적인 환경 및 상황 간의 관계를 살펴보는 데 목적이 있다.

14) 범죄심리학

범죄를 일으킨 사람들의 특성, 배경, 환경 등과 범죄와의 관계를 살펴보는 데 목적이 있다.

15) 간호심리학

대상자의 심리적 측면을 이해하고 적합한 간호를 제공하는 데 목적이 있다.

참고문헌

- 국민청원 현황(2021.04). https://www1.president.go.kr/petitions/about
- 나와 닮은 바다 동물 찾기 검사. https://janndk.com/100
- 로블록스. https://www.roblox.com/supported-browsers
- 송송라오한, 홍민경 역(2010). 심리학 산책: 플라톤에서 스턴버그까지. 시그마북스.
- 장성화·성경주(2020). 교양으로 읽는 심리학개론. 동문사.
- 하버드대학 아카이브. HUPSF Psychological Labs.
- 16 Personalities 검사. https://www.16personalities.com/ko
- David Rosen(1997). The Tao of Jung. New York: Viking Akina.
- Francois Gerard(1797). 프시케와 에로스, 루브르 박물관.
- https://www.verywellmind.com/who-founded-the-first-psychology-lab-2795250
- Reuben Fine(2021). 임효덕·김종호·김현숙·박용천·백영석·신지영·안윤영 외 공역. 정신분석의 역사. 학지사.

Chepter 2

감각과 지각

학습목표

- 감각과 지각을 구분하여 설명할 수 있다.
- 선택적 주의의 기능과 특성을 이해할 수 있다.
- 지식과 맥락에 의한 지각적 해석을 이해할 수 있다.
- 형태지각, 깊이지각, 운동지각 및 지각항등성을 이해할 수 있다.
- 자극의 해석에 영향을 미치는 정보처리과정을 이해할 수 있다.

전체개요

우리는 특정한 체계를 통해서 외부 세계에 대한 지식을 대뇌로 전달한다. 외부 세상을 어떠한 형태로든지 머릿속에 표상하기 위해 환경으로부터 물리적인 에너지를 탐지하여 신경신호로 변환시키는데 이러한 과정을 감각(sensation)이라고 한다. 그다음 감각을 선택하고 조직화하여 해석하게 되는데 이러한 과정을 지각(perception)이라고 부른다. 우리의 일상경험에서 감각과 지각은 자동적으로 혼합되어 하나의 연속적인 과정을 이룬다. 이 장에서는 감각과 지각을 개괄적으로 살펴보고자 한다.

1. 감각과 지각의 개념

감각이란 개인적이고 주관적인 경험이며 5가지 감각기관을 통해서 외부정보를 알아차리는 것이다. 우리는 자신의 감각경험을 다른 사람에게 설명할 수 있을지는 모르지만 어느 누구도 우리 감각을 직접적으로 경험할 수는 없다. 그리고 실존하는 사물과 우리가 경험하는 것이 다른 경우가 많으며 사람에 따라 인식하는 내용은 서로 다르다. 심리적 자극, 유기체의 구성, 행동 환경에 따라 개인이 경험하는 내용이 서로 다른 것이다. 이와 같이 유기체가 사물을 인식할 때 어떻게 이러한 결과가 생기며 무엇이 주위를 인식하게 하는가를 알아보는 것은 지각의 문제이다.

지각이란 감각에 의존하여 사물을 인지하는 과정이다. 따라서 인지의 가장 기본적인 과정은 지각과정이다. 지각은 감각기관을 거쳐서 자극을 그대로 받아들이는 것이 아니라, 과거의 경험에 따라 그 자극은 어떠한 것이라고 해석하고 음미하는 의식작용을 말한다. 즉 지각은 감각을 선택하고, 조직화하고, 해석해서 느끼는 작용이다.

2. 감각과 지각

1 감각과 지각의 경로

인간은 감각체계를 통하여 그들이 생존해 가는 데 필요한 정보를 획득한다. 자연이 준 감각기는 각 종(種)의 요구에 부합하도록 구성되어 주변 환경에서 생존에 도움이 되는 중요한 정보를 탐지하도록 고안되어 있는데 예를 들어, 우리의 귀는 인간의 목소리 주파수에 가장 민감하다. 인간행동의 대부분은 5가지의 감각기관을 통해서 받아들인 외부정보를 기초로 한 결과들이다. 이러한 이유 때문에 감각과 지각이라는 주제는 인간행동을 이해하는 데 가장 기초적인 분야라고 해도 과언이 아니다.

외부정보는 우리의 감각수용기라는 감각세포를 자극한 뒤 신경계를 따라 뇌에 전달된다. 감각기관을 토대로 받아들인 외부정보는 행동과 직접적인 관계를 갖고 있다. 감각기관에 민감한 물리적 에너지의 형태를 자극(stimulus)이라고 표현한다면, 외부세계로부터 받아들인 자극은 한 개체가 외부세계에 적응하는 데 필요한 행동을 결정하도록 해준다.

적응행동을 결정하는 데 필요한 외부정보는 5가지 감각기관 가운데 시각을 통해서 받아들인 양이 전체 정보의 80% 정도로 가장 많다. 청각을 통한 정보의 양은 15% 정도, 다른 3개의 기관을 통해 들어온 정보는 모두 합해도 기껏 5% 정도밖에 차지하지 않는다.

몸속에 있는 세포들 중 외부정보를 받아들이는 세포들을 감각수용기라고 한다. 음파를 받아들일 수 있는 세포를 청각수용기, 빛 에너지를 받아들이는 세포를 시각수용기 등으로 부른다.

감각수용기는 받아들인 외부정보를 그대로 대뇌피질에 보내는 것이 아니라 대뇌 속의 신경세포들이 이해할 수 있는 신호로 바꾼다. 바뀐 신호는 전기반응으로 측정하기 때문에 전기에너지 또는 전기신호(electric stimulus)라고 부르며, 신경세포의 작용에 의해서 전달되기 때문에 신경메시지(neural messages)라고도 부른다. 감각수용기에서 외부정보가 전기신호로 바뀌면, 다른 신경세포들은 그 변환된 신호를 대뇌피질까지 전달한다. 전기신호로 바뀐 모든 외부정보는 일단 시상(thalamus)이라는 중계소를 거친 다음에 자극의 속성에 따라서 시각영역, 청각영역, 체감각영역으로 전달된다.

정보의 전달과정에서 외부자극이 신체에 도달하는 순간부터 대뇌에 도달할 때까지를 감각(sensation)이라고 한다. 감각은 정보를 받아들이며, 이를 신경메시지로 변환하고, 대뇌까지 전달하는 3가지의 과정으로 이루어진다. 반면에 지각(perception)이란 대뇌에 도달된 정보를 해석하고 상황을 판단하여 행동에 영향을 미치는 과정을 말한다. 해석과 판단을 하는 지각과정은 과거의 경험, 훈련, 기억내용 등의 영향을 받는다.

2 현실세계에서의 감각과 지각과정

감각과 지각체계는 인간의 생존에 매우 중요한 역할을 하지만 흥미롭게도 우리가 느끼고 보는 것이 그다지 믿을만한 것이 못되는 경우가 많다. 오랫동안 인간은 감각을 마치 외부현실에 대한 신적인 믿음처럼 여겨왔다. 그러나 다음의 〈그림 2-1〉은 감각과 지각에 대한 신념이 얼마나 회의적일 수 있는지를 잘 보여주는 예이다.

그림 A, B, C는 실제 정사각형이지만 모두 왜곡되어 보인다. D는 둥근 원이지만 4개의 꺾임표에 의해 왜곡되어 보이며, E는 2개의 평행한 직선이지만 역시 가운데 부분이 굴절되어 보이고 F는 x와 y가 동일한 길이의 선이지만 x가 더 길어 보인다. A와 B의 원을 제거하면 사각형은 정사각형 그대로 보이며, E와 F의 배경 선들을 없애면 E는 평행한 직선으로 보인다. F의 x와 y는 동일한 길이의 선으로 보인다.

대부분의 정상적인 사람들은 물체와 사건에 대한 종합적인 도식을 가지고 있고, 일련의 의미 있는 조직화를 학습해 왔기 때문에 자연스럽게 왜곡된 모양으로 지각

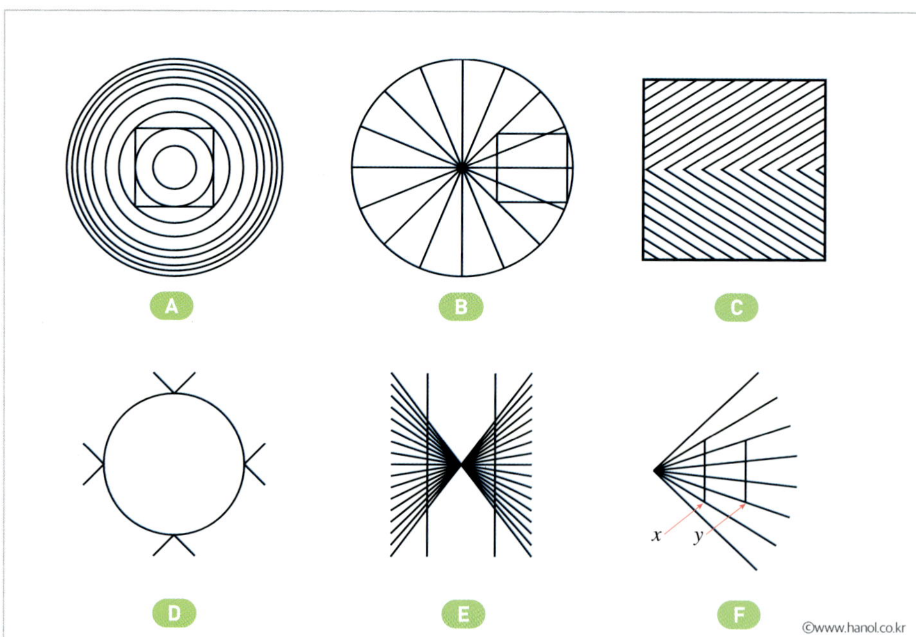

그림 2-1_ 감각과 지각의 왜곡현상

한다. 이처럼 사람들은 감각정보에만 의존하지 않고 완전한 지각을 위해 주변의 맥락을 해석하고 기억 속의 정보와 비교하는 종합적인 처리과정을 거친다. 물론 이러한 과정은 매우 자동적이고 순간적으로 이루어지기 때문에 거의 의식되지 않는다.

이론적으로 사물에 대한 왜곡된 지각은 사물의 실체와 투영된 이미지의 차이로 설명된다. 즉, 존재하는 모든 실체들은 3차원으로 구성되어 있지만 그것이 눈의 망막에 투영될 때는 2차원의 이미지로 받아들여진다. 따라서 거리나 깊이, 형태에 대한 정확한 판단은 물리적 에너지 상태인 감각정보에 의존하지 않고 기억 속에 저장된 지식에 의존한다.

〈그림 2-1〉의 F를 다시 보면 물리적 감각정보는 x와 y를 동일한 선으로 받아들이지만 우리는 기억 속에서 '수렴되는 쪽은 멀다'는 지식을 가지고 있어서 'x는 수렴되는 쪽에 있으면서도 y와 같게 보이므로 더 길다'고 결정한다. 따라서 지각된 물체나 사물에 의미를 부여하는 것은 개인의 과거 경험, 기대, 지식 등과 감각정보가 상호작용을 한 결과로 해석하는 것이 지각의 중요한 특성이다. 특히 자극의 특성이 애매하거나 불명확하여 지식과 경험을 적절히 사용하지 못할 때는 주변의 맥락을 이용하기도 한다. 사람들은 명확한 자극에도 기대와 지식의 사용에 따라 다른 지각적 판단을 한다.

〈그림 2-2〉에 대한 해석은 두 부류로 나뉜다. 한 부류는 맥락에 의해, 다른 부류는 경험적 지식에 근거하여 해석하는 경우이다. 〈그림 2-2〉에서 'ONE, TWO, THREE, FOUR'를 먼저 보면 맥락에 의해 자극정보를 해석하는 것이고, 'ZERO'를 먼저 보면 경험적 지식에 의해 정보를 해석하는 것이다.

이처럼 사람들은 사물을 지각할 때 물리적 속성에 근거하여 정보를 처리하기도 하고 때로는 맥락이나 지식에 근거하여 정보를 처리하기도 한다. 심리학에서는 물리적 속성이 지각에 결정적으로 중요한 역할을 할 때 정보처리적 관점에서 지각의

그림 2-2_ 지식과 맥락에 의한 지각적 해석

상향식 처리과정(bottom-up processing)이 이루어진다고 하고, 맥락이나 기대, 지식 등이 지각에 결정적인 단서를 제공할 때는 하향식 처리(top-down processing)가 이루어진다고 한다.

지각의 상향식 처리는 정보처리의 연속에서 가장 낮은 수준으로부터 높은 수준으로 이동하는 처리 단계를 말한다. 즉, 감각정보가 수용기세포(bottom)를 통해 입력되어 뇌(top)로 전달되어 해석되는 일방향적 과정을 말한다. 예를 들어, 뇌가 책상을 지각한다는 것은 책상의 물리적 속성(빛의 파장, 형태, 거리)이 망막의 수용기를 자극하고 시신경을 통해 대뇌의 시각피질에 투사되는 것을 의미한다.

반면 하향식 처리는 상향식 처리와 반대되는 과정으로 지각이 시작된다. 즉, 사물의 물리적 속성만으로 파악되지 않을 때 뇌 속의 정보와 보이는 물체를 비교하고 분석하여 결정하게 된다. 애매한 그림을 분석하고 결정하는 단계는 주로 하향식 정보처리에 의해 지배된다. 하향식 처리를 통한 지각은 개인의 과거 경험, 지식, 기대, 기억, 동기, 문화적 배경, 그리고 언어 등 다양한 요소가 작용한다. 지각의 하향식 처리는 지각적 추론 과정이라고도 한다. 지각적 추론은 지각 대상과 기억 속의 정보가 무의식적으로 연합되는 과정이다(Helmholtz, 1924). 만일 밤길에 먼 곳에서 번뜩이는 불빛을 보았다면 순간 반짝이는 물건은 무엇이 있는지 기억 속에서 지각적으로 추론하여 '자동차 불빛' 등으로 판단하게 된다.

3 지각과정

1) 선택적 주의

우리는 순간순간마다 지각을 하며, 하나를 지각할 때 이전의 지각은 사라진다. 넥커큐브(necker cube, 그림 2-3)는 오랫동안 보고 있으면 여러 가지 방향으로 지각됨을 알 수 있다. 이 그림은 여러 가지로 해석될 수 있지만 한순간에는 한 가지로만 경험할 수 있는 것이다. 이것은 우리의 의식적 주의가 선택적이라는 것을 나타낸다. 선

당신은 이 그림에서 선이 포함된 원을 보는가 아니면 정육면체를 보는가? 만약 당신이 정육면체를 본다면 당신은 상태가 변화됨을 볼 것이다. 즉, 중앙에 있는 작은 X or Y는 앞모서리나 뒷모서리로 보일 것이다. 그러나 선택적 주의로 인하여 당신은 두 가지 상태를 동시에 경험할 수는 없다.

그림 2-3_ 선택적 주의

택적 주의는 우리가 경험할 수 있는 모든 것 중에서 한순간에 의식할 수 있는 것은 매우 제한되어 있다는 것을 의미한다. 글을 읽는 동안 주변 새소리를 의식하지 못한다. 의식적으로 새소리에 주의를 돌리면 그제야 의식할 수 있다.

선택적 주의의 극적인 예는 칵테일파티 효과다. 칵테일파티에서 수많은 사람이 시끄럽게 떠들어대지만 당신은 얘기하고 있는 사람의 목소리만 선별하여 들을 수 있다.

나이서(U. Neisser, 1979), 베클런과 서본(Becklen & Cervone, 1983)은 사람들에게 검은 옷을 입은 세 사람이 농구를 하고 있는 것과 흰옷을 입은 세 사람이 농구를 하고 있는 두 가지 장면이 겹쳐진 1분짜리 비디오테이프를 보여주었다(그림 2-4). 그들은 관찰자에게 검은 옷을 입은 사람이 공을 패스하면 키를 누르라고 지시하였다. 비디오 상영 중간에 우산을 쓴 젊은 여인이 스크린을 가로질러 걸어갔다. 대부분의 관찰자들이 검은 옷을 입은 경기자들에게 완전히 주의를 주었기 때문에 여인이 지나

그림 2-4_ 선택적 주의

가는 것을 보지 못하였다. 연구자들이 테이프를 다시 보여주었을 때 관찰자들은 그녀를 보고 놀랐다.

우리가 알아차리지 못한 자극도 우리에게 영향을 줄까? 실제로 영향을 준다는 실험결과가 있다. 한 실험에서 어떤 학생이 한쪽 귀에만 헤드폰을 대고 시를 낭송하는 것을 들었다. 그들의 과제는 시를 소리내어 따라 읽고 쓰인 것과 동일한지를 검사하는 것이다. 그 사이에 단순하고 새로운 소리를 다른 쪽 귀에 들려주었다. 그 소리는 역하자극(subliminal stimulus)이 아니어서 쉽게 들을 수 있었다. 그러나 그들의 주의는 선택적으로 시에 쏠려 있었기 때문에 소리를 의식하지 못하였다. 따라서 나중에 이 소리를 다른 시들 사이에 들려주어도 그들은 사람들이 자기가 주의를 주지 않은 대화를 회상할 수 없는 것처럼 알아차리지 못하였다. 그럼에도 여러 소리 중에서 어떤 것이 좋은지를 평정하라고 하면 그들은 이전에 들었던 소리를 선택하였다. 그들은 의식적으로 기억할 수는 없었지만 주의를 주지 못한 정보를 처음 듣는 정보보다 더 선호하였음을 보여준다.

다른 실험에서는 청자에게 '우리는 은행 옆에 서 있었다', '우리는 둑 옆에 서 있었다'와 같은 소리를 한쪽 귀에 들려주고 주의를 기울이게 하였다. 이때 돈이나 강과 같은 관련 단어가 주의를 기울이지 않은 귀에 동시에 주어지면 청자는 그 단어들을 의식적으로 지각하지는 못하였지만 모호한 문장을 관련 단어의 의미와 연관지어 해석하였다(Baars & McGovern, 1994). 따라서 지각은 주의를 필요로 하지만 주의가 주어지지 않은 자극들도 때때로 미묘한 효과를 준다.

2) 지각적 착각

우리는 어떤 자극에 주의하고 나면 그것을 어떻게 의미 있는 지각체로 구성할까? 착각은 우리의 감각을 조직화하고 해석하는 정상적인 방법을 밝혀주기 때문에 아직도 관심을 끌고 있다. 다음과 같이 지각적 착각(perceptual illusion)을 생각해 보자.

〈그림 2-5〉는 1889년에 뮐러-라이어(Müller-Lyer)가 구성한 전형적인 자극이다. 선분 AB, BC 중 어떤 것이 더 길어 보일까? 대부분의 사람에게는 두 선분의 길이가 거의 같은 것으로 지각된다. 그렇지만 자를 이용하여 길이를 재보면 AB가 BC보다 약 1/3이 더 길다. 왜 우리의 눈이 우리를 속이는 것일까?

비행기 조종사, 선장, 자동차 운전자는 다양한 시계에서 주변을 지각한다. 그들의 지각이나 반응에 오류가 발생하면 결과가 대참사로 이어지기도 한다. 거리를 지각하는 법을 알아보기 위하여 심리학자인 로스(H. Ross, 1975)는 헐(Hull)대학의 잔디에 흰 원판들을 세워놓고 거리를 판단하게 하였다. 그 결과 아침에 안개가 낀 상태에서 판단한 거리가 정오의 햇살 아래에서 판단한 거리보다 더 먼 것으로 판단되었다. 우리는 거리를 어떻게 판단하는 것일까?

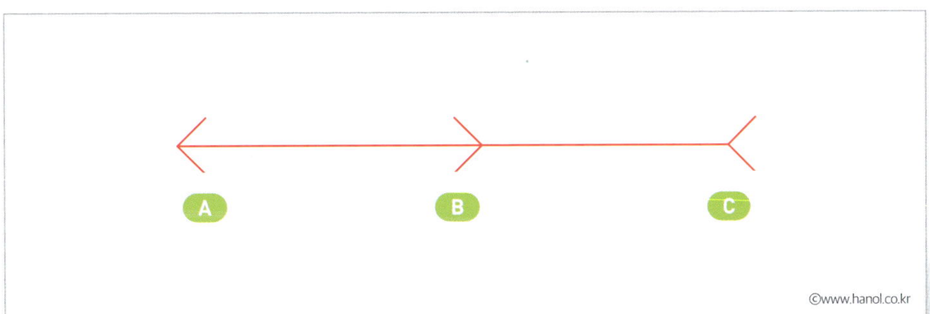

그림 2-5_ 뮐러-라이어의 착시

3) 지각적 조직화

감각자극을 의미 있는 지각체로 변환시키기 위해서 우리는 그것들을 조직화해야 한다. 우리는 대상을 배경에서 분리하여야 하고, 그것을 의미 있고 일정한 형태를 가진 것으로 파악하여 거리와 움직임을 판단해야 하는 것이다. 뇌가 지각하는 원리를 이해하면 착각이 왜 발생하는지를 설명할 수 있다.

20세기 초에 독일 심리학자들은 어떻게 마음이 감각을 지각으로 조직화하는가에 관심을 가졌다. 감각이 주어지면 사람들은 그것들을 조직화하여 게슈탈트(gestalt)를 구성한다. 게슈탈트는 독일어로 형태나 전체를 의미한다. 게슈탈트 심리학자들은 자신의 주장을 뒷받침하는 여러 가지 예를 제시하였다. 앞에 제시된 〈그림 2-3〉을 보면 그림의 구성요소들은 3개의 직선이 포함된 8개의 원형에 지나지 않는다. 그러나 우리는 그것들을 종합하여 넥커큐브로 보게 된다.

게슈탈트 심리학자들은 "전체는 부분의 합 이상이다"라고 말하기를 좋아한다. 부식성 금속인 나트륨과 유독가스인 염소를 조합하면 먹을 수 있는 소금과 같은 전혀 다른 물질이 생겨난다. 마찬가지로 대상의 구성요소로부터 지각된 고유한 전체가 출현한다(Rock & Palmer, 1990). 지각은 감각이 단순히 모인 것 이상의 어떤 것이다. 게슈탈트 심리학자들은 여러 가지 사례를 이용하여 우리가 감각을 조직하여 지각하는 원리를 제안하였다. 우리의 뇌는 세상의 정보를 단순히 저장하는 일보다 더 많은 일을 한다. 지각은 단순히 창을 열어서 영상이 대뇌로 전달되도록 하기만 하는 것은 아니다. 우리는 감각정보를 여과하고 우리에게 의미 있는 방향으로 지각적 추론을 한다.

시각적 특징을 완전한 형태로 구성하려는 경향은 입력자극의 감각적 분석에서 시작되는 상향처리와 이러한 감각질을 해석하기 위하여 경험과 기대를 사용하는 하향처리를 통해서 이루어진다. 원숭이의 뇌에는 〈그림 2-6〉에 제시된 것과 같은 착각적 윤곽(illusory contour)에 반응하는 세포들이 있다(Wenderoth, 1992; Winckelgren, 1992). 게슈탈트의 원리에는 마음이 해석을 한다는 명백한 예들이 많이 있다. 감각과 지각은 하나의 연속적인 처리로 혼합되어 있으며, 특정한 탐지세포에서 얻은 상향적 정보와 경험을 통해서 가지고 있는 하향적 정보가 혼합된 것이다.

그림 2-6_ 착각적 윤곽

1 형태지각

인간의 눈과 두뇌체계를 갖추고 손으로 쓴 글씨를 읽고 얼굴을 알아보는 컴퓨터 시스템을 만든다고 가정해 보자. 사실 미국의 우체국은 그러한 스캐너를 개발하기 위해서 수백만 달러를 투자하였다. 이러한 시스템에 어떤 능력들이 필요한지 생각해 보자.

전경과 배경

지각에서 우리의 첫 번째 과제는 배경이라는 주변으로부터 전경이라는 대상을 분리해서 보는 것이다. 〈그림 2-7〉에서는 전경-배경이 연속적으로 반전된다. 루빈(D. Rubin)의 모형은 때로는 술잔이나 꽃병 모양이 전경으로 보이기도 하고, 때로는 배경이었던 두 사람의 마주보는 얼굴이 전경으로 나타나므로 전경-배경 반전도형을 이루기도 한다. 그러나 우리는 언제나 주어진

그림 2-7_ 루빈의 술잔(전경-배경 반전도형)

자극에서 배경을 뒤로 한 전경을 조직화한다. 그림은 꽃병인가? 아니면 마주보는 2개의 얼굴인가? 이러한 전경-배경 반전도형은 동일한 자극이 한 가지 이상으로 지각될 수 있다는 것을 보여준다. 전경-배경 원리의 기본적인 속성은 전경은 배경보다 훨씬 더 물체처럼 지각되며, 배경보다 잘 지각되고, 배경에 비하여 앞에 있는 것처럼 지각되어 전경과 배경을 분리시키는 윤곽은 전경에 속하는 것처럼 지각되는 것이다.

지각 집단화

전경과 배경을 분리하고 나면 우리는 전경을 의미 있는 형태로 조직화하여야 한다. 우리는 색채, 운동, 명암대비와 같은 장면의 기초적인 특징을 즉각적이고 자동적으로 처리한다(Treisman, 1987). 이러한 기본적인 감각에 순서나 형태를 부여하기 위해서 우리 마음은 다음과 같이 자극을 집단화(grouping)하는 어떤 규칙을 따른다.

- 근접성(proximity) 우리는 가까이 있는 것들을 함께 집단화한다. 즉, 6개의 구분된 선을 보는 것이 아니라 두 줄로 된 3개의 집단을 본다.

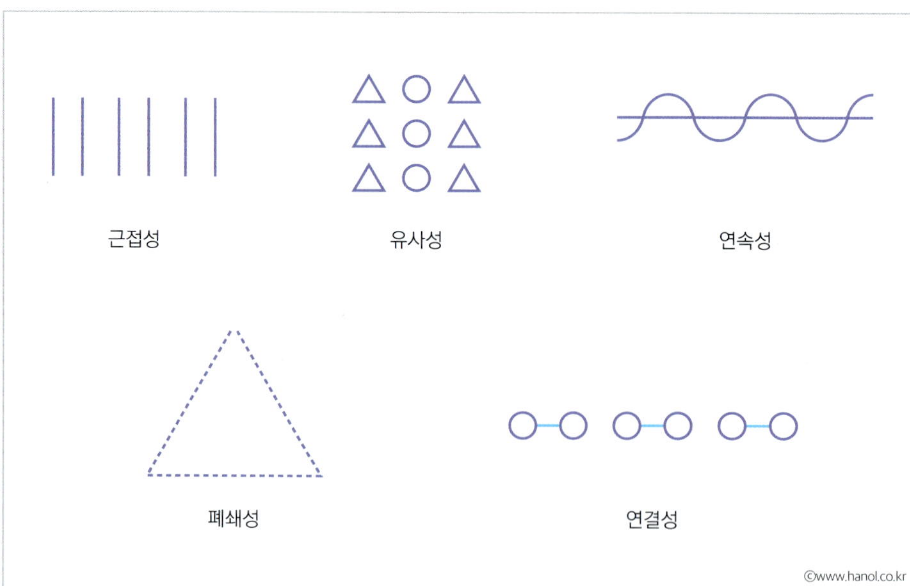

그림 2-8_ 집단화의 원리

- 유사성(similarity) 만약 생김새가 유사하면 우리는 유사한 것들끼리 집단화한다. 우리는 여러 형태로 구성된 수평선을 보는 것이 아니라 삼각형과 원으로 된 수직선을 본다.
- 연속성(continulity) 우리는 불연속적인 것보다는 부드럽게 연속된 패턴을 지각한다. 이러한 패턴은 반원들의 모임일 수도 있으나 우리는 정현파(sine wave)인 곡선과 직선으로 지각한다.
- 폐쇄성(closure) 그림에 틈이 있으면 빈 곳을 채워서 완전한 대상으로 지각한다. 우리는 자연스럽게 이 틈을 메워 완전한 삼각형을 본다.
- 연결성(connectedness) 우리는 동일한 것이 연결되어 있으면 점과 선과 그 영역을 하나의 단위로 지각한다.

집단화의 원리는 일반적으로 세상을 지각하는 데 도움을 주지만 때로는 〈그림 2-8〉과 같은 그림을 볼 때 우리를 혼란스럽게 한다.

② 깊이지각

우리는 망막에 비친 2차원적인 영상을 이용하여 3차원적인 지각을 해야 한다. 3차원적으로 대상을 지각하는 것을 깊이지각이라 한다.

우리는 어떻게 2차원적인 망막의 영상을 3차원적인 지각으로 전환할까? 어떤 단서들은 두 눈에 작용하여 가능한데 이를 양안단서(binocular cue)라고 한다. 어떤 단서들은 각 눈에 따로 작용하는데 이를 단안단서(monocular cue)라고 한다.

양안단서

우리의 눈은 약 6cm 정도 떨어져 있기 때문에 두 눈에 맺힌 영상은 약간 다르다. 뇌가 두 영상을 비교할 때, 두 영상의 차이인 양안부등(binocular disparity)은 대상의 상대적인 거리를 판단하는 데 중요한 단서가 된다. 자신의 코 앞에 손가락을 가져다 놓고 보면 자신의 두 망막에 맺힌 상이 매우 다르다는 것을 알 수 있다. 그러나 거리가 멀어지면 따라서 두 망막상의 차이는 적어진다.

거리와 관련된 다른 양안단서는 시선수렴(convergence)이다. 이것은 가까운 대상을 볼 때 눈동자가 코 쪽으로 돌아가는 신경근육단서이다. 시선수렴의 각도를 알아냄으로써 뇌는 자신이 가까이 있는 책을 응시하는지 아니면 저편에 있는 사람을 응시하는지 계산할 수 있다.

단안단서

우리는 쉽고 정확하게 손에 잡은 연필의 끝을 만질 수 있다. 그러나 한쪽 눈을 감으면 어렵게 느껴진다. 양안단서는 이러한 경우 유용하지만 사람이 30m 떨어져 있는지 100m 떨어져 있는지 판단하는 경우, 혹은 심지어 한쪽 눈만을 사용할 수 있는 경우 양안단서보다는 단안단서가 사용된다. 이때 우리는 다음과 같은 단안단서를 이용한다.

- 상대적 크기　두 물체의 크기가 비슷하다고 가정할 때 망막에 맺힌 영상의 크기가 작을수록 멀리 있는 것으로 판단한다.
- 중첩　한 물체가 다른 것을 부분적으로 가리고 있으면 가려진 것이 더 멀리 있는 것으로 지각한다.
- 상대적 명확성　윤곽이 뚜렷한 물체보다는 윤곽이 흐린 물체를 더 멀리 있는 것으로 지각한다.

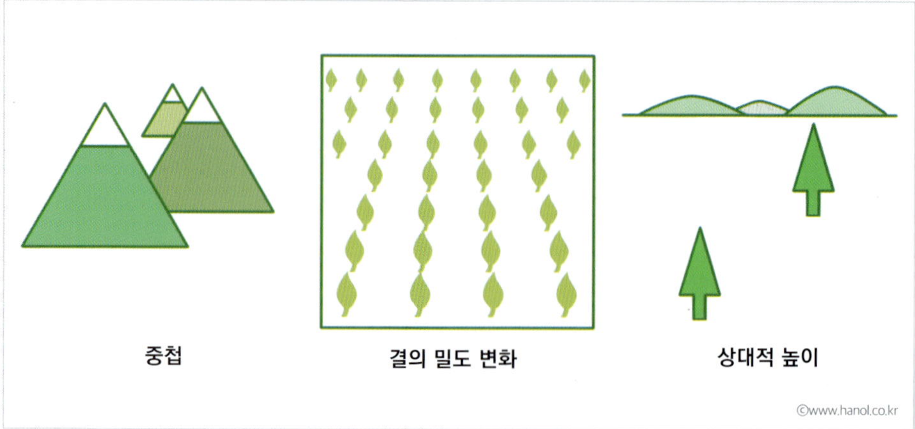

그림 2-9_ 거리지각의 단안단서들

그림 2-10_ 상대적 운동

그림 2-11_ 선형조망

- 결의 밀도 변화 간격이 넓고 구별되는 결의 밀도가 점진적으로 좁아지면서 구별이 안 되는 결의 밀도로 변화되면 거리가 멀어지는 것으로 판단한다.
- 상대적 높이 두 대상이 지평선 아래에 있을 때 시야에서 위쪽에 있는 대상을 더 멀리 있는 것으로 지각한다.
- 상대적 운동 이동할 때 고정된 물체도 상대적인 움직임이 있는 것으로 지각된다. 기차를 타고 갈 때 가까이 있는 나무들은 멀리 있는 나무들보다 더 빨리 뒤로 움직이는 것처럼 느껴진다.
- 선형조망 기차선로와 같은 평행한 선들은 거리가 멀어질수록 한 점으로 수렴된다. 선들이 가깝게 모일수록 거리는 더 먼 것으로 지각된다.

3 운동지각

영화를 볼 때처럼 약간 다른 영상을 연속적으로 보여주면 뇌는 그것을 움직임으로 지각한다. 이를 스트로보스코픽 운동이라고 한다. 초당 24장의 영상을 보여주면 영화필름은 운동지각을 일으킨다. 우리가 보는 운동은 필름에 있는 것이 아니라 우리의 뇌에서 구성되는 것이다. 극장에서는 파이 현상(phi phenomenon)을 이용하여 다른 형태의 운동착각을 만들어낸다. 근접한 2개의 전구가 연속적으로 커졌다 꺼지면 우리는 그것을 불빛이 이동하는 것으로 지각한다.

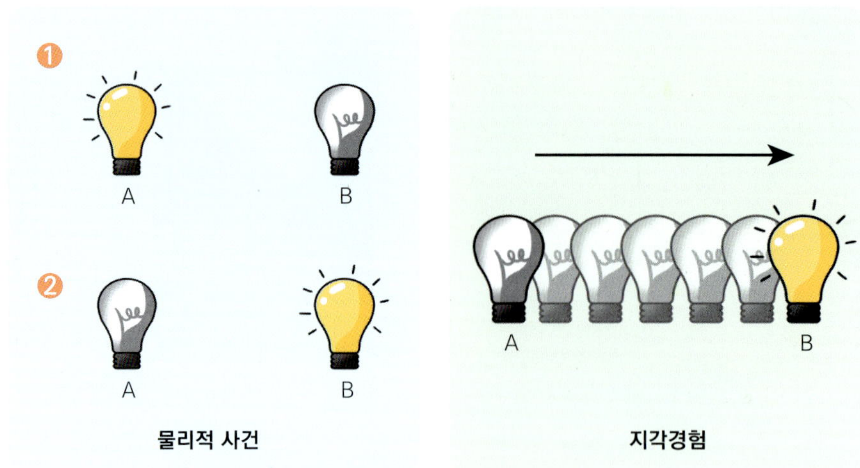

시간 ❶에서 A전구가 켜지고 시간 ❷에서 B전구가 켜진다.
그러면 우리는 A에서 B로 운동이 발생한 것으로 지각한다.

©www.hanol.co.kr

그림 2-12_ 파이 현상

❹ 지각항등성

지각항등성은 대상에 대한 자극이 변화하여도 같은 대상으로 지각하는 것을 말한다. 따라서 우리는 보는 각도, 거리, 조명과는 상관없이 대상을 알아볼 수 있다. 이러한 지각항등성은 어떠한 것들이 있으며, 어떻게 이루어질까?

모양항등성과 크기항등성

모양항등성(shape constancy)은 대상의 움직임에 의해 모양이 바뀌어도 대상을 지각할 수 있는 능력을 의미한다. 문이 열릴 때 문이 열린 각도에 따라서 우리의 망막에 맺힌 영상의 형태는 변화하지만 우리는 문이 일정한 형태를 가지고 있는 것으로 지각한다. 또한 크기항등성 덕분에 대상까지의 거리가 변화되어도 우리는 그 대상이 일정한 크기를 가지고 있는 것으로 지각한다. 멀리 있는 자동차가 장난감이라고 착각하지 않는 이유는 지각항등성 때문이다. 일반적인 크기를 알고 있는 경우 이것은 거리의 단서로 활용된다.

그림 2-13_ 모양항등성

크기와 거리의 관계

대상의 거리와 망막에 비친 영상의 크기가 지각되고 나면 우리는 즉각적이고 무의식적으로 대상의 크기를 추론한다. 〈그림 2-14〉에 제시된 괴물은 뒤에 있는 괴물이 더 큰 것처럼 보이지만 실제 크기는 같다. 이것은 우리의 뇌가 주변의 맥락에 의

그림 2-14_ 지각된 크기와 거리의 관계(Shepard, 1990)

해 뒤쪽의 괴물이 멀리 있는 것으로 무의식적인 추론을 수행하기 때문이다. 지평선에 걸려 있는 달은 중천에 떠 있는 경우보다 약 50% 정도 더 커 보인다. 그 이유는 지평선에는 거리에 대한 단서가 많아서 그 단서보다 멀리 있는 달을 더욱 멀리 있는 것으로 지각한다는 것이다(Kaufman & Rock, 1962). 종이를 말아서 작은 구멍으로 달을 관찰함으로써 거리단서를 사라지게 하면 달은 갑자기 작게 보인다.

크기와 거리의 관계를 이용하면 앞에 제시되었던 뮐러-라이어 착시를 이해하는 데 도움이 될 수 있다. 이 착시에 관련된 논문은 1,250편이 넘지만 아직도 심리학자들은 만족할 만한 설명을 할 수가 없다. 그중에서도 가장 유효한 설명은 〈그림 2-15〉에 제시되어 있는 것처럼 표를 파는 곳의 빨간 수직선은 가까이 있어서 짧은 것으로 지각되지만, 문 쪽에 있는 빨간 수직선은 멀리 있는 것으로 해석되어 더 긴 것으로 지각된다는 것이다.

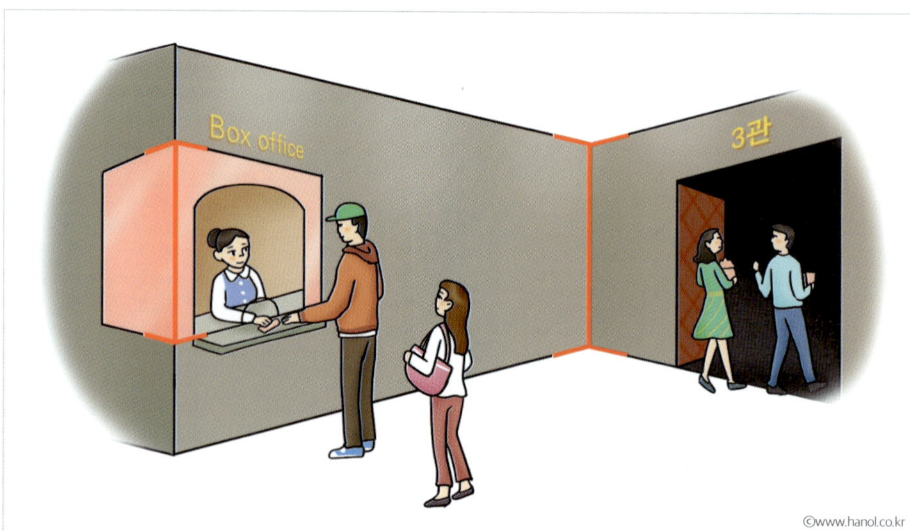

그림 2-15_ 뮐러-라이어의 착시

이러한 설명을 지지해 주는 한 예로 아프리카의 밀림에서 네모반듯한 건물을 볼 기회가 없었던 원주민은 현대문명의 도시인에 비해서 뮐러-라이어 착시가 적게 일어난다(Segall et al., 1990)**. 이러한 현상은 종족의 차이가 아니라 문화의 차이인데, 아프**

리카에서도 수직과 수평의 건물들로 이루어진 집에서 생활하는 사람들은 밀림에서 생활하는 사람들보다 뮐러-라이어 착시가 더 크다. 우리의 경험은 하향적 과정을 통하여 지각에 영향을 주는 것이다.

인류학자인 턴불(C. Turnbull, 1961)은 아프리카 밀림에서만 생활하는 피그미족에게서 경험의 또 다른 효과를 관찰하였다. 그들이 넓은 초원에 나왔을 때 몇 마일 떨어진 곳에 들소가 보였다. 그는 멀리 떨어진 거리에서 크기를 판단해 보지 않았기 때문에 저것이 어떤 곤충이냐고 물어보았다. 턴불이 그것은 들소라고 이야기하였을 때 그는 웃으면서 그런 바보 같은 소리 하지 말라고 하였다. 그러나 들소 쪽으로 차를 몰고 가자 그는 들소가 점점 커지는 것을 보고 매우 당황하였다.

〈그림 2-16〉에 지시된 현상은 크기와 거리의 관계를 이용하여 설명할 수 있다. 그림에서 볼 수 있는 것처럼 방은 직사각형이 아니다. 그러나 작은 구멍을 통하여 한 눈으로 보면 사다리꼴로 생긴 방이 두 눈으로 볼 때는 정상적인 직사각형의 방과 동일하게 보인다. 카메라의 한쪽 렌즈를 보면 뇌는 방이 정상적으로 생겼다고 가정을 하게 되고, 따라서 사람의 키가 다른 것으로 지각한다.

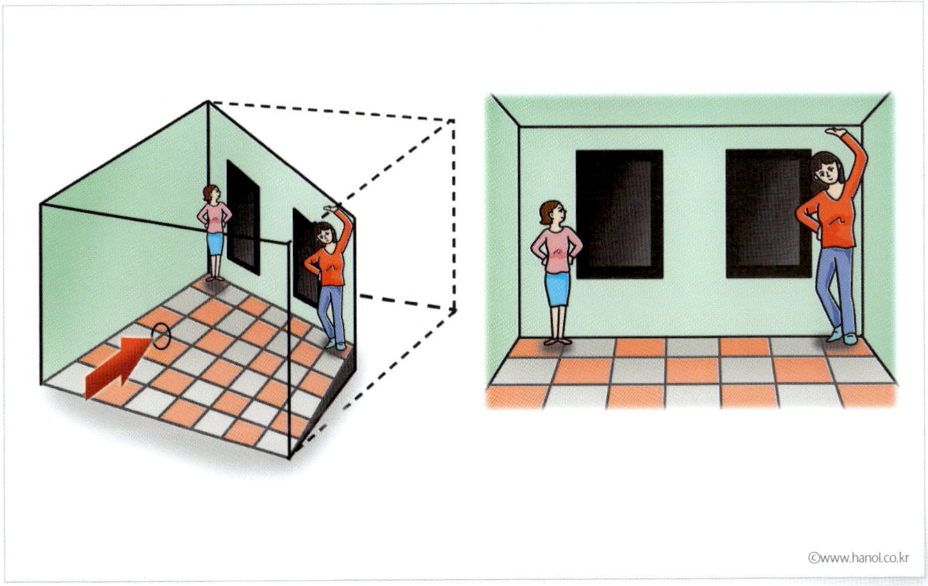

그림 2-16_ 거리단서 왜곡으로 인한 착각

밝기항등성

조명의 변화에도 불구하고 대상의 밝기를 일정하게 지각하는데 이것을 밝기항등성(brightness constancy)이라고 한다. 지각된 밝기는 대상에서 반사되는 빛과 주변에서 반사되는 빛의 상대적 강도에 의해서 영향을 받는다. 주변 상황이 변화되지 않고 지각된 밝기가 비교적 일정하게 유지될 때 주변 상황이 변화되면 어떻게 될까? 〈그림 2-17〉에 제시되어 있는 것처럼 우리의 뇌는 대상을 주변과 비교하여 밝기와 색을 계산한다. 따라서 지각된 밝기는 주변 상황에 따라 변화된다.

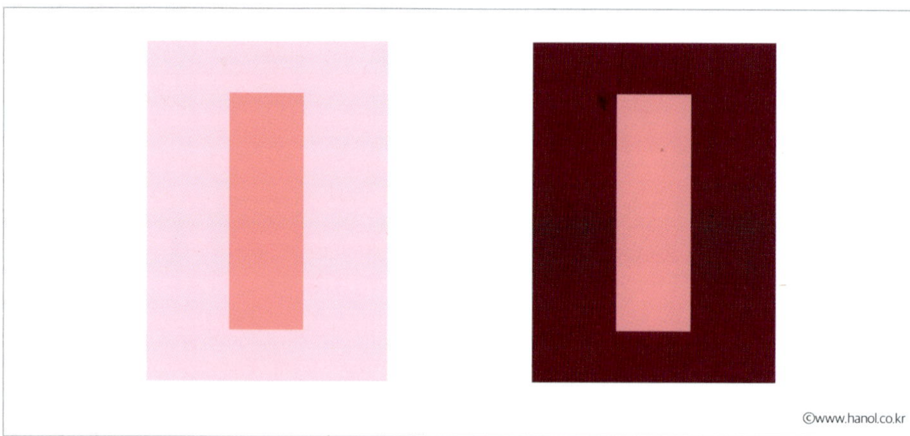

그림 2-17_ 밝기 대비

4) 자극의 해석

우리는 어느 정도까지 지각하는 것을 배울까? 만약에 우리가 생후 초기에 정상적인 시각경험을 하지 못하였다면 성장 후 정상적으로 지각할 수 있을까? 우리의 가정과 신념은 우리의 지각과 해석에 얼마만큼 영향을 미치는지 살펴보자.

① 감각박탈과 시각회복

태어날 때부터 시각장애인이었던 사람이 성인이 되어 치료를 받으면 정상적인 시각능력을 갖추게 될까? 백내장을 가지고 태어나 희뿌연 빛만을 볼 수 있는 사람을 대상으로 한 연구에서 나중에 백내장을 제거하였을 때 전경과 배경을 구분하고 색채를 볼 수 있었지만, 출생 시부터 사물을 보지 못했던 사람들은 사물의 형태를 시각적으로 인지할 수 없었다(Gregory, 1978).

어린 고양이와 원숭이의 눈에 희미하게만 볼 수 있는 안경을 끼워서 자라게 한 경우 유아기가 지나서 안경을 제거한 후 색채와 밝기는 구별할 수 있었지만 원과 사각형을 구별할 수는 없었다. 눈이 퇴화된 것이 아니라 자극의 결핍으로 인하여 시각피질세포가 정상적으로 발달하지 못한 것이다. 어린 고양이, 원숭이, 사람에 대한 시각경험의 효과를 살펴보면 정상적인 감각 지각발달에 결정적 시기가 있는 것으로 추정된다. 적절한 시기에 적절한 경험을 통하여 뇌가 정상적으로 발달하여야 한다. 그러므로 생후 초기의 정상적인 시각 경험은 시각발달에 매우 중요하다.

② 지각순응

만약 우리가 시각 상을 약간 찌그러져 보이도록 하는 안경을 썼다고 하면 2~3일 이내에 적응할 수 있다. 좌우가 바뀌고 위아래가 거꾸로 보이는 안경을 착용하게 되면 어떻게 될까? 처음에는 공도 반대로 던지고 길을 걷거나 음식을 먹기도 어려워서 불편해하고 우울해하지만 8일 정도 지나게 되면 편안하게 사물을 볼 수도 있고 넘어지지 않고 걸어갈 수도 있다(Dolezal, 1982; Köhler, 1962; Stratton, 1986). 안경을 제거하고 나면 또다시 빠르게 재적응할 수 있다. 스페리(R. Sperry, 1956)에 따르면 상하좌우가 바뀌었을 때 물고기, 개구리, 도마뱀 등은 엉뚱한 방향으로 이동하여 제대로 적응하지 못했지만 고양이, 원숭이, 사람은 거꾸로 된 세상에 적응할 수 있었다고 한다.

③ 지각적 갖춤새

우리는 보통 보이는 대로 믿거나 믿는대로 본다. 우리는 경험, 가정 그리고 기대를 통해서 지각적 갖춤새(perceptual set) 또는 마음의 갖춤새를 형성하게 되는데, 이는 지각에 많은 영향을 준다.

여러분은 〈그림 2-18〉에서 무엇이 보이는가? 색소폰 연주자인가 혹은 여인의 얼굴인가? 이 그림에서 무엇을 보게 되는가는 두 장의 모호하지 않은 그림 중 어느 그림을 먼저 보는가에 달려 있다(Boring, 1930). 왼쪽 그림을 먼저 보면 악기연주자를 보게 되고, 오른쪽 그림을 먼저 보면 여인의 얼굴을 보게 된다. 이것은 먼저 제시된 그림이 지각적 갖춤새를 형성하도록 영향을 주기 때문이다.

그림 2-18_ 지각적 갖춤새(Shepard, 1990)

그렇다면 지각적 갖춤새를 결정하는 요인은 무엇일까? 우리는 경험을 통해서 개념 또는 도식(schema)을 형성하게 되는데, 이것이 친숙하지 않은 정보를 조직화하고 해석하는 데 도움을 준다. 우리는 이미 가지고 있는 도식을 이용하여 모호한 감각을 해석한다. 하늘에서 움직이는 모호한 물체를 보면 사람에 따라 다른 도식을 이용하여 새, 비행기 또는 슈퍼맨으로 보게 된다.

주어진 자극은 서로 다른 도식 때문에 다른 것으로 지각되기도 하지만 즉각적인 맥락에도 영향을 받는다. 〈그림 2-14〉에서 쫓아가는 괴물이 공격적이고, 쫓기는 괴물이 놀라는 것으로 보이는가? 그렇다면 당신은 맥락효과를 경험하는 것이다. 물리적으로 두 괴물은 똑같기 때문이다. 〈그림 2-19〉에 제시된 마법사의 상자는 바닥에 부착된 것일까? 아니면 천장에 부착된 것일까? 우리가 어떻게 지각하느냐는 토끼에 의해서 규정되는 맥락에 따라 달라진다.

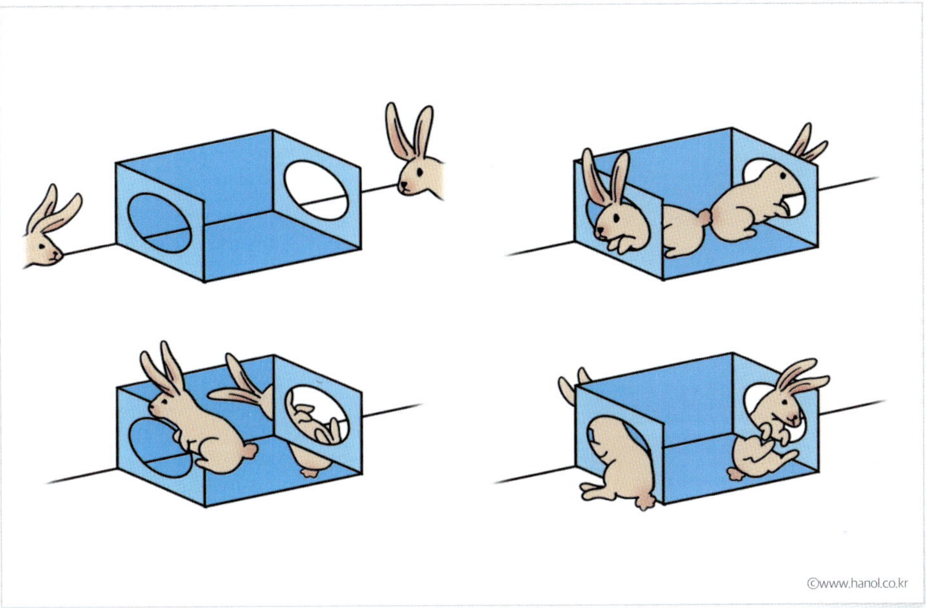

그림 2-19_ 맥락효과(Shepard, 1990)

이와 같이 지각적 갖춤새와 맥락효과를 보면 경험이 어떻게 지각에 영향을 주는지를 알 수 있다. 이러한 관점에서 보면 우리는 어느 정도 알고 있는 것을 듣거나 이해하는 것이다. 지각은 감각과 인지에 의해서 결정된다. 그러면 지각은 선천적으로 습득되는 것일까? 아니면 후천적으로 획득되는 것일까? 우리는 두 가지 모두 관여한다고 답할 수 있다.

지금까지 감각입력을 받아서 의미 있는 지각을 구성하기까지의 정보처리를 살펴보았다. 그러나 우리의 뇌는 더 많은 일을 한다. 잠, 최면 또는 약물의 영향을 받아서 외부 세계에는 없는 영상을 만들어내기도 하고, 경험을 통해서 배우고, 배운 것을 나중에 기억해 내기도 한다. 뇌는 생각하고 지능적인 계획을 세운다. 우리의 감각과 행동 사이에는 상상하기 힘들만큼 복잡한 처리가 일어나고 있다.

참고문헌

- 김청자·장선철·최세리·김숙영(2008). 심리학의 이해. P. 160.
- 현성용·곽금주·김미리혜·성한기·신종호·유태용·윤병수 외(2020). 현대 심리학의 이해(4판). 학지사.
- 현성용·김교헌·김미리혜·김아영·김현택·박동건·성한기 외(2016). 현대 심리학 입문. 학지사.
- 현성용(2011). 현대 심리학의 이해(2판). 학지사. P. 122-123.

- Baars, B. J. & McGovern, K.(1994). Conscious In V. Ramachandran(Ed.). Encyclopedia of human behavior. Orlando, FL: Academic press.
- Becklen, R. & Cervone, D.(1983). Selective looking and the noticing of unexpected events. Memory and Cognition. 11. P. 601-608.
- Boring, E. G.(1930). A new ambiguous figure. American Journal of Psychology. 42. P. 444-445.
- Dolezal, H.(1982). Living in world transformed. New York: Academic Press.
- Gregory, R. L.(1978). Eye and brain: The psychology of seeing(3rd Ed.). New York: McGraw-Hill.
- Kaufman, L. & Rock, I.(1962). The moon illusion I: Science. P. 136, 953-961.
- Köhler, I.(1962). Experiments with goggles. Scientific American. P. 66-73.
- Müller-Lyer, F. C.(1889). Optische Urtheilstauschungen. Arch. Physiology. Suppl. Bd. P. 262-270.
- Neisser, U.(1979). The control of information pickup in selective looking. In A. D. Pick(Ed.). Perception and its development: A tribute to Eleanor J. Gibson. Hillsdale. N. J.: Erlbaum.
- Rock, I. & Palmer, S.(1990). The legacy of Gestalt psychology. Scientific American. P. 84-90.
- Ross, H.(1975). Mist, murk, and visual perception. New scientist. P. 658-660.
- Rubin, Z.(1973). Liking and loving: An invitation to social psychology. New york: Holt, Rinehart and Winston.
- Segall, M. H., Dasen, P. R., Berry, J. W. & Poortinga, Y. H.(1990). Human behavior in global perspective: An introduction to cross-cultural psychology. New York: Pera-2 mon.

- Shepard, R. N.(1990). Mind sights. New York: Fredoom.
- Sperry, R. W.(1956). The eye and the brain. Scientific American. P. 48-52.
- Stratton, G. M.(1986). Some preliminary experiments on vision without inversion of the retinal image. Psychological Review. 3. P. 611-617.
- Turnbull, C.(1961). The forest people. New York: Simon and Schuster.
- Wenderoth, P.(1992). Perceptual illusions. Australian Jornal of Psychology. 44. P. 147-151.
- Winckelgren, I.(1992). How the Brain sees borders where there are none. Science. 256. P. 1520-1521.

Chepter 3
학 습

학습목표

- 학습을 정의할 수 있다.
- 고전적 조건형성의 원리와 방법을 이해할 수 있다.
- 고전적 조건형성의 기능과 활용을 이해할 수 있다.
- 조작적 조건형성의 원리와 방법을 이해할 수 있다.
- 조작적 조건형성의 기능과 활용을 이해할 수 있다.
- 학습이론에 대해 이해할 수 있다.

전체개요

심리학에서 학습(learning)이란 경험을 통해 얻어지는 행동과 지식의 영구적인 변화이다. 우리는 '학습'이라고 하면 '공부'라고 생각할 것이다. 공부를 통해서 지식이 획득될 수 있지만 지식을 겉으로 표현하지 않는다면 그 지식을 획득했는지 확인할 수 없다. 지식을 획득하면 결국 행동의 변화가 나타나게 된다. 따라서 학습은 행동의 변화이다. 하지만 학습한 것이 모두 행동으로 나타나지 않기 때문에 학습을 잠재적 행동의 변화라고 정의하기도 한다.

1. 학습의 개념

학습(learning)이란 본능적인 변화인 성숙과는 달리 직간접적 경험이나 훈련에 의해 지속적으로 지각하고, 인지하며, 변화시키는 것이다. 환경의 변화에 적응하기 위한 생체의 일반적인 반응과 신체 피로, 손상 등 일시적인 동기 부여 등에서 초래된 행동의 변화와는 구별된다. 학습과 공부는 학습이 외부의 교육이나 현상에 영향을 받는 데 비해 공부는 자발적인 면이 강하다는 점에서 대비된다.

이 장에서는 고전적 조건형성과 조작적 조건형성을 통한 학습법에 대해 알아보고자 한다.

2. 고전적 조건형성

1 파블로프의 조건 반사

고전적 조건형성은 행동주의 심리학의 이론으로, 특정 반응을 이끌어내지 못하던 자극(중성 자극)이 그 반응을 무조건적으로 이끌어내는 자극(무조건 자극)과 반복적으로 연합되면서 그 반응을 유발하게끔 하는 과정을 말한다. 쉽게 말하면 우리가 어떤 사건이 다른 사건과 연합되었다는 것을 학습하는 것으로 인위적으로 의도한 것이 아닌 자동적인 학습이다. 이는 파블로프(I. Pavlov, 1849~1936)의 개 실험인 조건 반사로 잘 알려져 있다.

파블로프는 개 실험에서 먹이를 주는 사람의 발소리를 듣거나 빈 밥그릇만 보아도 개가 침을 분비한다는 것을 발견했다. 이 현상은 발소리나 밥그릇이 먹이와 함께 등장한다는 것을 개가 '학습'하고, 이로 인해 먹이와 무관하게 발소리나 밥그릇과 같은 '연합된 자극'만으로도 침을 흘린다고 설명했다. 이것이 바로 고전적 조건형성의 핵심이다. 여기서 선천적인 반응을 유발하는 무조건 자극(US: Unconditioned Stimulus)은 침 분비를 유발하는 먹이이고, 학습되지 않은 선천적 반응은 무조건 반응(UR: Unconditioned Response)으로 먹이가 눈앞에 있을 때 분비되는 개의 침이다. 무조건 자극에 연합하여 무조건 반응을 일으키는 자극은 조건 자극(CS: Conditioned Stimulus)으로 발소리와 밥그릇이 된다. 조건반응(CR: Conditoined Response)은 조건 자극에 의해 새롭게 학습된 반응으로 발소리, 밥그릇만 보고도 개가 침을 흘리는 것을 말한다. 〈그림 3-1〉을 보면 조건형성 전에는 무조건 자극(US)이 침 분비를 유발하는 먹이가 되고 이를 통해 무조건 반사(UR)가 나타나 개가 침을 흘리게 된다. 이는 생존을 위한 생득적이고 선천적인 과정이다. 종소리와 같은 중성 자극(NS: Neutral Stimulus)은 개에게는 큰 의미가 없다. 하지만 개에게 중성 자극(NS)과 무조건 자극(US)이 함께 제시된다는 것을 '학습'시킨다면, 종소리와 먹이가 '연합'되어 중성 자극(NS)이 조건 자극(CS)이 된다. 개가 조건 자극과 먹이가 함께 제공된다고 학습을 통해 인지하고 있기 때문에 종소리만 들려도 침을 분비하는 조건반응(CR)을 보이게 된다.

그림 3-1_ 고전적 조건형성 작동방식

파블로프는 조건형성에 대해 '행동을 환경에 적응시키는 것'이라고 하였다. 환경에 적응한 동물이 살아남는다는 말은 동물이 행동에 적응한다는 것을 의미한다. 개가 침을 흘리는 것은 환경에 적응하는 것일까? 먹이가 제공되는 환경에 적응하는 것일까? 하는 생각을 할 수 있지만 침이 분비되면 음식물을 더 잘 섭취하고 소화할 수 있다. 먹이섭취는 동물 생존에서 가장 중요한 요인이다. 종소리가 들리면 먹이를 주는 것을 학습하지 못해서 침이 나오지 않는다면 침이 나오는 동물보다 섭취력과 소화력이 떨어질 수 있다.

2 조건반응의 습득과 상실

그렇다면 얼마나 훈련을 시켜야 고전적 조건형성이 이루어질 수 있는지 궁금증이 생기게 된다. 학습속도는 어떤 조건 자극(CS)과 무조건 자극(US)을 사용하는가에 따라 달라지지만, 전반적으로 훈련이 거듭되면서 조건반응(CR)이 점차 강해져서 최대치에 도달하게 된다. 〈그림 3-2〉를 보면 학습곡선이 조건 자극(CS)과 무조건 자극(US)

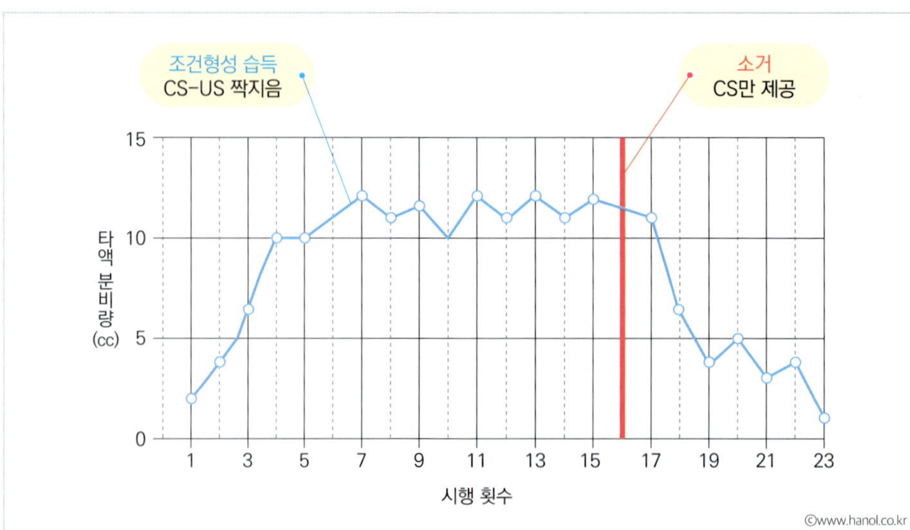

그림 3-2_ 고전적 조건형성의 습득과 소거

의 연합이 거듭됨에 따라 학습초기에는 시행당 학습량이 많았다가 이후 점차 감소하는 것을 볼 수 있다. 〈그림 3-2〉 그래프와 같이 처음 16회 시행까지 조건형성을 위해 종을 치고 사료를 줬을 때, 5~7회부터는 본격적으로 침이 분비되기 시작한다. 이는 조건 자극(CS)과 무조건 자극(US)이 연합되어 조건형성을 습득한 것이다. 16회부터 조건 자극(CS)만 제공했을 때 개는 더 이상 종소리가 들려도 먹이가 제공되지 않는 것을 알아차렸다. 이를 소거(extinction)라고 하며 무조건 자극(US)를 제공하지 않고 조건 자극(CS)만 제공한 것을 말한다.

조건 자극(CS)만 제공하고 무조건 자극(US)을 주지 않았을 때 개가 침이 분비되지 않는 것을 보고 파블로프는 조건 자극(CS)과 무조건 자극(US)의 연합이 완전히 사라졌다고 생각하지 않고 24시간 후에 다시 실험을 하였다. 〈그림 3-3〉과 같이 24시간 휴식을 취한 뒤 종소리를 들려주니(NS) 조건형성기간 만큼 침이 분비되지는 않지만 처음 소거했을 때보다 침이 많이 분비되는 것을 알게 되었다. 만약 조건 자극(CS)과 무조건 자극(US)의 연합이 없어졌다면 종을 쳐도 침이 분비되지 않을 것이다. 하지만 처음부터 조건형성을 한 후에 24시간 휴식을 취한 것만으로도 다시 반응이 회복한 것이다. 이것을 자발적 회복(spontaneous recovery)이라고 한다. 24시간 휴식 후에

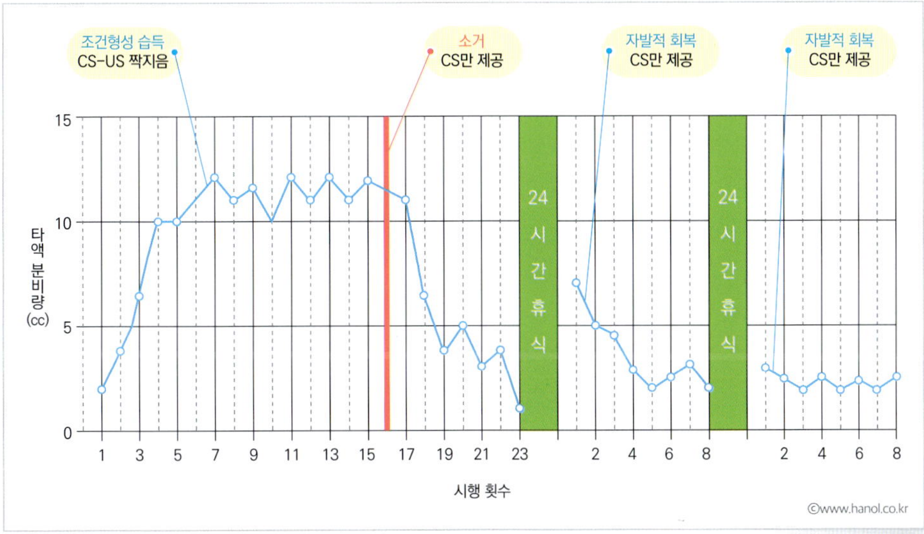

그림 3-3_ 고전적 조건형성의 자발적 회복

잠시 회복되었던 반응이지만, 또 24시간 회복을 하고 조건 자극(CS)을 제공하면 반응이 거의 없어지더라도 처음에 보여줬던 반응을 통해 우리는 조건 자극(CS)과 무조건 자극(US) 간의 연합이 여전히 존재하고 있음을 확인할 수 있다.

처음 무조건 자극(US)을 소거했을 때 개의 타액이 줄어든 이유에 대해서 파블로프는 "흥분성 연결이 파괴된 것이 아니라 억제 능력을 획득하였다"라고 말했다. 종소리가 들리면 먹이를 주는 것은 종소리로 침 분비를 자극시키는 것이다. 하지만 더 이상 먹이가 제공되지 않으면 종소리가 들려도 침이 분비되지 않는다. 즉, 억제하는 능력을 갖게 된다.

3 일반화

파블로프의 개에게 조건 자극(CS)이었던 종소리가 아니라 다른 종소리를 들려줬을 때도 침이 분비될지 궁금할 것이다. 결과는 다른 종소리가 훈련 시 들었던 종소리와 얼마나 비슷하냐에 따라 달라졌다. 일반적으로 조건 자극(CS)이 아니라도 조건 자극(CS)과 충분히 비슷하다면 조건반응(CR)이 나타나게 된다. 이러한 현상을 일반화 또는 자극 일반화라고 한다.

독서실이나 도서관에서 시험공부를 하다가 학교에 가서 시험을 보게 되면 실제 시험장소는 다르지만 비슷한 환경이기 때문에 시험을 잘 치를 수 있는 것은 일반화 때문이다.

4 고전적 조건형성의 활용

고전적 조건형성이 우리 삶에 큰 영향을 미치는 이유는 정서 또한 고전적 조건형성을 통해 학습하기 때문이다. 파블로프의 개에게 종소리와 먹이를 연합하여 짝을 지어주면 침이 분비되어 자극반응(CR)으로 습득되지만, 만약에 종소리를 전기충격과 짝을 지어주게 된다면 개는 종소리 뒤에 전기충격이 온다는 공포반응을 경험하게 된다. 행동주의자인 왓슨(J. Watson)은 조건형성 원리를 가지고 앨버트라는 생후 9개월 된 아이를 대상으로 인간의 정서 행동에 적용하는 실험을 하였다. 본 실험은 사람에게 공포를 느끼도록 정서 행동을 통제하였다. 앨버트는 쥐에게 전혀 공포를 느끼지 않았다. 하지만 조건형성을 통해 공포를 느끼도록 정서 행동을 통제하였다. 쥐가 가까이 갈 때마다 큰 쇳소리를 들려주어 앨버트를 놀라게 하였다. 이 행동을 계속 반복하자 쇳소리와 상관없이 쥐만 보면 공포반응을 보이게 되었다. 그 후로 털이 있는 짐승만 봐도 공포반응을 보이게 되었고 심지어 털이 달린 산타클로스 가면만 봐도 울기 시작하였다. 이를 통해 고전적 조건형성 과정으로 특정 자극에 대한 공포를 학습시킬 수 있다는 것을 입증하였다.

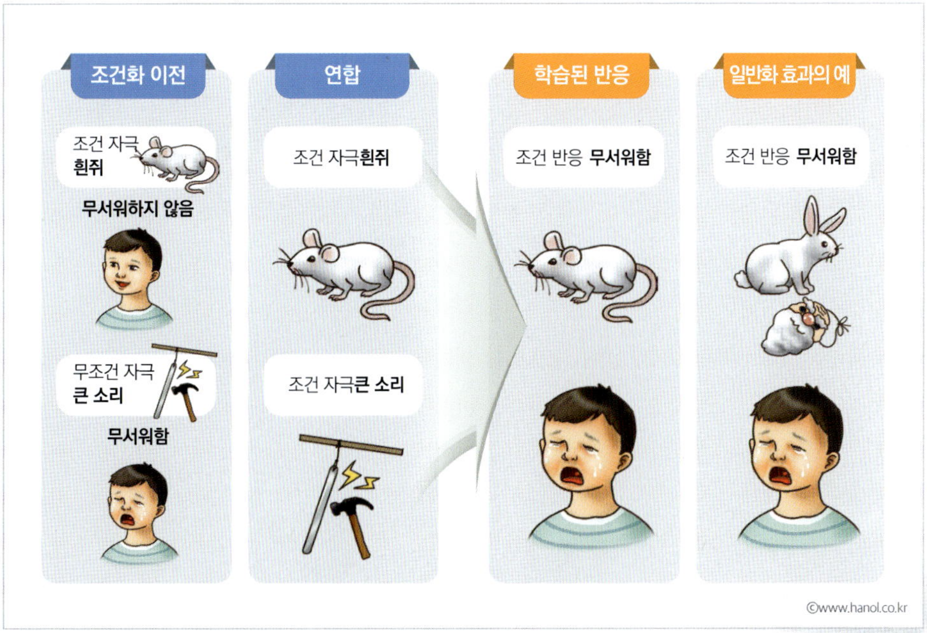

그림 3-4_ 왓슨의 앨버트 실험

공포반응과 같이 부정적인 조건반응(CR)을 없애는 방법으로는 소거 외에도 역조건 형성이 있다. 부정적인 조건반응(CR)을 일으키는 조건 자극(CS)을 그 사람이 좋아하는 자극(US)과 짝을 짓게 된다면 이전의 부정적인 조건반응(CR)을 압도할 수 있게 된다. 역조건 형성을 이용한 치료기법으로는 체계적 둔감화가 있다. 낮은 단계부터 점차 경험시켜 부정적인 정서를 극복할 수 있게 된다. 예를 들어 발표에 부정적 경험을 가지고 있는 경우 발표에 대한 부정적 정서를 극복하기 위해서 흥미가 있는 주제를 발표할 수 있는 기회를 제공하거나 소집단에서 발표할 수 있는 기회를 제공함으로써 점차 상황에 적응해 나가도록 할 수 있다.

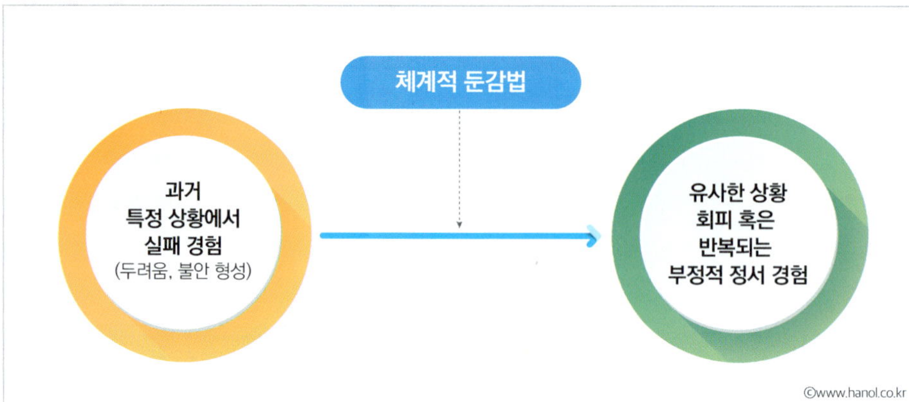

그림 3-5_ 체계적 둔감법

3. 조작적 조건형성

1 조작적 조건형성

조작적 조건형성은 유기체가 어떤 결과들을 얻거나 회피하기 위해서 반응을 만들어내는 것을 의미한다. 유기체는 칭찬과 같은 긍정적인 상황을 가져오거나 처벌과 같은 부정적인 상황을 회피하도록 행동하는 경향이 있다. 유기체는 주어진 자극에 반응하고 이를 통해 얻은 결과를 가지고 다시 반복하거나 회피하는 반응을 보인다.

이러한 행동의 학습을 행동주의적 관점에서 조작적 조건화 또는 도구적 조건화라고 한다.

2 효과의 법칙

미국 심리학자 손다이크(E. Thorndike, 1874~1949)는 인간과 동물의 지적 능력의 차이를 연구하기 위해 문제상자를 만들었다. 여기서 문제상자에 갇힌 고양이가 해결해야 하는 과제는 상자로부터 빠져나가는 것이다. 상자는 페달을 누르면 빗장이 벗겨져 문이 열리도록 되어 있다. 상자 안의 이곳저곳을 건드리던 고양이는 우연히 페달을 누르고 빗장을 벗겨 문을 열고 상자를 탈출하게 된다. 이 일을 반복할수록 고양이는 점점 더 빠른 시간 안에 빗장을 내리고 탈출하게 된다. 즉, 고양이는 탈출 직전에 자기가 한 행동과 탈출이라는 결과를 조금씩 연결함으로써 시행이 거듭될수록 불필요한 행동을 줄이고 점차 짧은 시간에 올바른 반응에 접근해 갔다. 손다이크는 이러한 문제상자 학습을 '시행착오에 의한 학습'이라고 하였다.

그림 3-6_ 손다이크 문제상자

실험결과를 통해 손다이크는 학습에서 작용하는 원리가 '효과의 법칙'이라는 개념을 제시했다. 어떤 결과가 만족스러우면 자극과 반응의 결합이 강화된다고 믿었던 손다이크는 초기에는 만족스러운 결과와 결합이 강화되고, 보상이 없거나 처벌이 오면 반응이 약화되어 자극과 반응의 결합도 약화된다고 믿었다. 이 실험을 통해 행동을 유발하는 자극보다 유발된 행동의 결과에 관심을 가진다는 것을 알게 되었다.

손다이크의 발견을 더욱 발전시켜 조작적 조건형성의 원리를 체계화한 사람이 미국의 심리학자 스키너(B. Skinner, 1904~1990)이다. 스키너는 상자 안의 쥐가 자유롭게 다니다가 우연히 지렛대를 누르면 먹이가 한 조각씩 나오는 만들어진 문제상자를 만들었다. 상자 안에 배고픈 쥐를 집어넣고 쥐의 행동을 관찰하였다. 쥐가 상자 안을 배회하다가 우연히 지렛대를 누르자 먹이 한 조각이 나왔다. 쥐는 두 행동 사이의 연관성을 학습하고 먹이를 먹기 위해 지렛대를 계속해서 눌렀다. 이런 일이 반복되자 쥐가 지렛대를 누르면 먹이가 나온다는 것을 학습하였고, 배가 고프면 지렛대를 누르는 행동이 나타났다.

그림 3-7_ 스키너의 문제상자

3 조작적 조건형성의 기본원리

앞에 설명한 손다이크 상자와 스키너의 상자처럼 행동은 그 결과에 따라 증가 또는 감소되는데, 보상이 뒤따르면 행동은 증가하고 벌이 주어지면 행동이 감소된다는 것이 조작적 조건형성의 원리이다. 〈그림 3-8〉과 같이 유기체의 어떤 행동을 통하여 결과가 나타나고 그 결과가 만족스러우면 유사한 반응이 반복될 수 있다. 예를 들어, 어떤 아이가 공부를 해서 좋은 성적을 받으면 부모에게 칭찬을 받음으

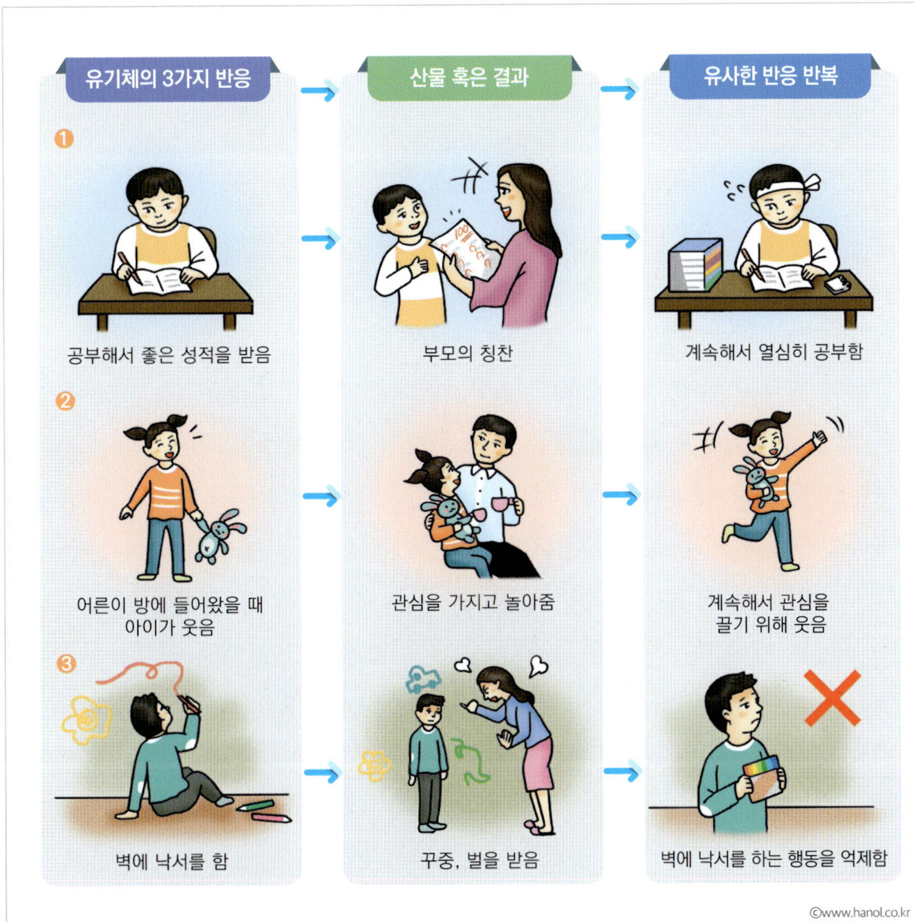

그림 3-8_조작적 조건형성의 기본원리

로써 아이의 행동에 긍정적인 결과가 나타나 계속해서 열심히 공부하는 것이다. 그리고 아이가 벽에다가 그림을 그렸더니 부모님에게 꾸중과 벌을 받음으로써 아이의 행동에 부정적인 결과가 나타나 벽에 그림을 그리는 것을 억제하였다.

4 강화와 처벌

손다이크는 동물의 행동에 뒤따르는 결과가 긍정적이면 그 행동이 더 강해지고 부정적이면 약화된다고 하였다. 그러나 스키너는 이 내용을 객관적인 용어로 수정하였다. 어떤 행동을 습득하게 하고 빈도를 증가시키는 과정을 강화라고 하는데 강화는 정적강화와 부적강화로 구분할 수 있다. 정적강화는 학습자가 좋아하는 보상을 제공하는 방법으로 지렛대를 누르는 행동의 결과로 쥐가 좋아하는 먹이를 주는 것이 이에 해당한다. 부적강화는 어떤 행동을 하면 고통을 회피할 수 있도록 강화해 주는 방식이다. 예를 들어, 시끄러운 소음이 들리는 상자 안의 쥐가 고통스러워하다가 우연히 지렛대를 누르면 소음이 멈추는 것이다.

강화와 반대로 어떤 행동을 제거하거나 빈도를 감소시킬 경우에는 처벌이 사용된다. 특히 바람직하지 않은 행동을 하지 못하게 할 때에는 벌이나 고통을 줌으로써 억제시킬 수 있다. 처음에는 지렛대를 누르는 행동을 반복하지만 곧 그 행동이 사라지게 되는데 이를 소거라고 한다. 실험상자 안의 전구에 빨간 불이 들어올 때만 먹이가 나오게 하면, 쥐는 불이 들어온 상태에서 지렛대를 누르는 행동을 하고 불이 꺼지면 지렛대를 누르지 않는다. 즉, 쥐는 불빛이라는 변별자극을 학습하여 지렛대를 누르는 행동을 해야 할 때와 그렇지 않을 때를 구분하게 된다. 〈표 3-1〉은 수반성 사각형으로 조작적 조건형성에서는 행동의 강도가 그 결과에 따라 증가하거나 감소한다.

복잡한 행동을 학습시키기 위해 목표행동에 근접하는 행동을 보일 때마다 강화를 하여 점진적으로 목표행동을 학습시키는 방법을 행동 조성법이라고 한다. 동물 조련사들이 동물에게 묘기를 학습시킬 때 이러한 행동조성법이 사용된다.

표 3-1_ 수반성 사각형

구 분	선호자극	혐오자극
제시	정적 강화(칭찬)	정적 처벌(잘못된 행동에 대해 꾸지람)
제거	부적 처벌(떠드는 학생을 교실 밖으로)	부적 강화(잘한 경우 청소 면제권)

5 프리맥의 원리

프리맥(D. Premack, 1925~2015)은 미국 심리학자로 자극뿐만 아니라 반응도 강화물이 될 수 있다는 점에 주목하고, 두 반응 중에서 더욱 선호되는 반응은 덜 선호되는 반응을 강화할 수 있다는 점을 실험으로 증명하였다. 즉, 일어날 확률이 높은 행동은 일어날 확률이 낮은 행동의 강화물로 작용된다는 것이 프리맥의 원리이다. 다시 말하면 선호하는 반응(행동)은 덜 선호하는 반응을 강화하여 행동의 발생빈도를 증가시킬 수 있다는 원리이다. 프리맥의 원리는 교육에 적용되어 유용한 교육심리학에서 사용되고 있다. 예를 들어 많이 놀고(확률이 높은 행동) 적게 공부하는(확률이 낮은 행동) 아동에게 공부하는 습관을 길러주기 위해 10분간 공부하고 난 후에 15~20분간 놀게 한다면 공부하는 시간을 늘릴 수 있을 것이다. 또 다른 예로 아이의 편식습관을 고치기 위해서 오이(덜 선호)를 먹이려고 한다. 이때 오이를 다 먹을 때마다 간식으로 아이스크림(선호)을 준다면 아이는 아이스크림을 먹기 위해 오이를 점점 자주 먹게 된다. 이처럼 아이스크림은 오이를 먹는 빈도를 늘려주게 된다.

프리맥의 원리는 특수교육과 ADHD(Attention Deficit Hyperactivity Disorder: 주의력결핍 과잉행동장애) 학생의 행동을 교정하는 데 유용하다.

6 조작적 조건형성의 활용

많은 부모들은 보상과 처벌을 통하여 아이들이 적합한 행동유형을 학습할 수 있도록 유도한다. 하지만 훈육수단으로서 처벌을 할 시 문제점이 있다. 처벌은 처벌하지 않은 다른 행동까지 억압할 수 있다. 강한 부적처벌은 일시적이나마 정상적인 기능을 방해하고 처벌자에 대한 적대감을 유발할 수 있다. 또한 신체적 처벌을 많이 받은 아동들은 다른 아동들에 비해 훨씬 더 공격적일 수 있기 때문에 주의가 필요하다.

따라서 처벌을 효과적으로 사용하는 방법을 알아보고자 한다. 가능한 한 즉각적으로 처벌하고 효과가 있을 정도로 강해야 한다. 처벌 시 태도는 일관성이 있어야 하고 처벌의 이유를 설명해야 한다. 신체적 처벌은 적대감과 공격성을 유발하고 효과적이지 않기 때문에 최소화해야 하며 부모가 대안 반응을 제시해야 정적 강화가 나타난다.

1) 바이오피드백

바이오피드백(biofeedback)은 자발적인 제어가 불가능한 심리활동을 공학적으로 측정하여 지각이 가능한 형태의 정도로 생체에 전달하고, 그것을 바탕으로 학습과 훈련을 되풀이하여 심리적인 안정 상태를 유도할 수 있도록 해준다.

2) 행동수정

행동수정은 긍정행동은 강화시키고 부정행동은 감소시키는 것이다. 변화되기 원하는 아이의 행동을 결정하고 그 행동의 빈도를 체크한다. 행동변화를 줄 수 있는 강화와 처벌의 종류 및 방법을 결정한다. 일정 기간을 두고 강화와 처벌을 통해 행동의 변화 정도를 기록한다. 행동의 개선이 보이면 점차 강화와 처벌의 빈도를 낮춘다. 예를 들어 신체 강화운동, 사회기술 훈련, 금연, 행동장애 아동의 학습지도, 두려움, 불안, 공포 극복 시에 조작적 조건형성을 통하여 행동수정을 하게 된다.

4. 고전적 조건형성과 조작적 조건형성의 차이점

고전적 조건화에서는 인간행동을 자극과 반응의 결과로 설명하는 데 반해, 조작적 조건화에서는 자극을 조작적 조건화로 초점을 변경하였다. 따라서 조작적 조건화에서는 단순한 반사나 조건화된 반응으로 구성되지 않는 인간행동이 많으며 인간이 성장하면서 고전적 조건반응보다는 조작적 조건방응인 행동을 주로 하는 것을 주목하였다. 고전적 조건화에서는 선행조건에 초점을 두는 반면, 조작적 조건화에서는 행동이 발생한 이후의 결과가 핵심이다. 행동은 그 결과에 의해 형성되고 유지된다는 것이다. 고전적 조건화에서의 강화된 행동은 유기체가 원하는 결과를 얻기 위해 실행하는 비자발적 반응이라 설명한다. 반면, 조작적 조건화에서는 이와 달리 어떤 결과가 보상되면 그 행동이 쉽게 재현되나, 행동의 결과가 고통스럽거나 도움이 되지 않는다면 재현되기 어렵다고 설명한다. 다시 말해 다른 모든 조건이 동일하다면 강화된 행동이 반복되는 반면, 강화되거나 처벌받은 행동은 반복되지 않거나 소거되는 경향이 조작적 조건화이다. 고전적 조건화에서는 행동의 결과를 만들어가는 것으로 보아서 인간을 수동적 존재로 보나, 조작적 조건화에서는 능동적 존재로 간주한다.

표 3-2_ 고전적 조건화와 조작적 조건화 비교

고전적 조건화	조작적 조건화
확립된 자극 - 반응 연결 관계에 기초를 두고 자연적으로 학습됨	학습자가 보상을 가져올 수 있는 적절한 반응을 발견함으로써 학습이 이루어짐
학습자의 행위에 의존하지 않음	학습자의 능동적 반응(행위)이 학습자의 상황이나 환경을 변화시킴
학습은 반응 이전에 제시된 자극에 의해 이루어짐	주어진 자극에 대한 반응의 결과에 의해 이루어짐

5. 기타 학습이론

1 인지적 학습이론

인지적 학습이론은 인지심리학에서 나온 학습이론이다. 인지심리학은 행동주의 심리학에 반대하는 입장으로, 감정과 행동도 중요하지만 사람들이 그것을 어떻게 생각하느냐에 따라 영향을 받는다고 주장한다. 즉, 사람들의 감정과 행동은 모두 인지에서부터 나온다고 주장하였다. 인지적 학습이론은 학습을 근본적인 인지구조의 변화로 보았다.

1) 통찰학습

통찰은 문제 상황에서 갑자기 문제해결이 이루어지는 현상이다. 인지학습이론에서는 학습이란 학습자의 통찰과정을 통한 인지구조의 변화라고 하였다.

독일의 심리학자 쾰러(W. Köhler, 1887~1967)는 볼 수는 있어도 손이 닿지 않는 높은 곳에 과일을 매달아놓거나 먼 곳에 과일을 둔 실험장면에 침팬지를 노출시켰다(그림 3-9). 실험 결과 많은 침팬지들이 이 문제를 쉽게 해결할 수 있었음이 관찰되었다. 예를 들어서 침팬지가 손을 내밀어 멀리 있는 과일을 잡으려 했을 때 오히려 과일은 더 멀리 밀려나가 실패하였다. 침팬지는 주변을 둘러보고는 과일을 끌어들이는 데 사용할 수 있는 막대기를 발견하였다. 쾰러는 침팬지가 이 문제를 쉽게 해결하는 데 놀랐고, 막대를 연결해서 사용해야 하는 더 복잡한 과제를 부여하였으나 침팬지는 그 문제도 곧 해결하였다. 쾰러는 이 실험에서 침팬지는 이전에 형성된 연합을 사용하여 문제를 해결한 것이 아니라고 생각하였다. 높은 곳에 과일이 매달려 있는 경우, 한 침팬지가 몇 차례 뛰어올라 과일을 따려는 시도를 하다가 멈추고는 주변을 살펴보았다. 마침내 침팬지는 과일 바로 밑에 나무상자를 쌓아올리고 그 위에 올라가서 과일을 따 먹었다. 주변에 이용할 수 있는 대상이 없는 경우에 침팬지는 쾰러에게로 가서 그의 팔을 끌어당겨 과일 아래로 데리고 간 후 등을 타고 올라갔다. 쾰러는 침팬지들의 이러한 문제해결 행동은 과거에 전혀 학습한 적이 없는 새로운 관계를 갑자기 파악했기 때문이라고 설명하였다. 즉, 침팬지들은 자극-반응 연합을 형성한 것이 아니라 문제 상황 전체에 통찰을 획득했던 것이다. 쾰러의 발견을 고려할 때 학습이 항상 시행착오에 의해 힘들고 느리게 이루어지는 것은 아님을 알 수 있다. 학습은 시행착오가 아닌 인지현상으로 학습자는 문제해결의 모든 요소를 생각해 보고 문제가 해결될 때까지 여러 가지 방식을 생각해야 한다고 하였다.

그림 3-9_ 쾰러의 실험

2) 인지도

인지도는 동물이 문제해결을 위해 갖고 있는 정신적 표상이다. 예를 들어 동물이 길을 찾아갈 때에 머릿속에 자신이 갖고 있는 지도가 있어야 가상의 지도를 바탕으로 길을 찾아갈 수 있다. 앞에서 배운 조건형성 원리와 다르게 길을 찾아가는 행동을 학습하는 것이 아니다. 이를 톨먼(E. Tolman, 1886~1959)은 실험을 통하여 인지도를 통해 동물이 미로가 어떻게 생겼는지를 학습한다고 주장하였다. 〈그림 3-10〉은 톨먼이 실험한 미로의 평면도이다. 평면도 맨 아래에는 출발상자가 있고 이 출발상자에서 쥐가 맨 위에 있는 먹이창고를 향해 출발하게 된다. 이 중에 직진을 해서 가는 최단거리의 길(길 1), 맨 왼쪽에 뾰족한 길(길 2), 제일 멀리 돌아가는 길(길 3)이 있다. 처음에는 모든 길에 벽 A, B가 없었다. 이때 쥐는 길을 익히게 되어서 최단거리인 길 1을 통해서 먹이창고에 도착하였다. 그런데 벽 A를 설치하게 되면서 길 2, 3 중에 그다음 최단거리인 길 2를 택했다. 벽 A를 벽 B 지점으로 옮겨서 쥐를 관찰했을 때 길 1, 2가 모두 막혀버렸다. 그러자 쥐들이 인지도를 가지고 길 3을 통해 먹이창고로 간다는 것을 발견하였다. 이를 통하여 먹이보상과 상관없이 미로에 대한 인지도를 학습한다는 것을 알게 되었다.

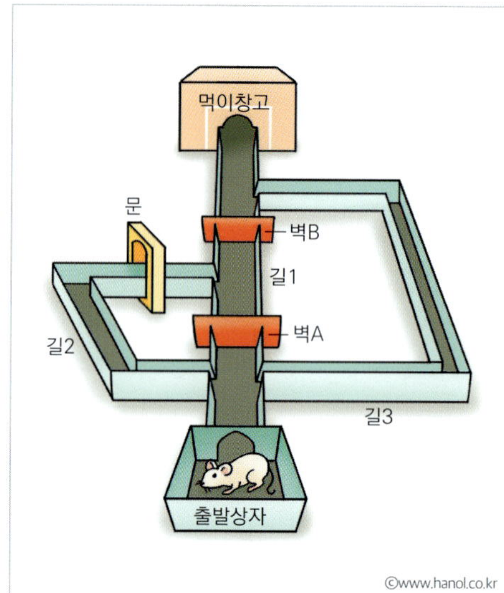

그림 3-10_ 톨먼의 미로학습

3) 사회학습이론

반두라(A. Bandura, 1921~2021)는 캐나다 출신의 심리학자로 사회학습이론을 주장하였다. 조건형성의 원리는 유기체의 직접적인 행동으로만 이루어지는 학습이지만 관찰학습은 강화 없이도 일어나며 사회적 상황에서 타인들의 행동을 단순히 관찰만 하여도 행동을 학습할 수 있다고 하였다. 관찰학습의 과정을 보면 주의집중을 통하여 모델의 행동에 주의를 집중하고, 기억(파지)을 통하여 모델의 행동을 기억하고, 운동재생을 통하여 모델의 행동을 재현하게 된다. 마지막으로 동기를 통하여 외적 강화와 대리적 강화, 자기강화가 나타나게 된다(그림 3-11).

반두라의 공격성 실험을 통하여 성인과 같은 방에서 성인의 언어와 폭력적인 행동을 관찰한 아동들이 그 행동과 언어를 모방하여 사용하는 것을 밝혀냈다. 이와 같이 아이들은 자신의 모델이나 그림에서 본 것을 모방하는 경향이 있다. 이러한 이유로 우리가 가정과 교육환경에서 수행하는 행동과 태도를 아동이 모방할 수 있기 때문에 조심해야 한다. 반두라는 행동과 성격의 결정요인으로서 사회적 요소를 중요시하였다. 대부분의 학습은 다른 사람의 행동을 관찰하고 모방한 결과에서 일어난다고 하였다. 인간의 행동은 환경적 자극에 의해 동기화되며, 개인의 인지적 요인과 다른 내적 사건들에 의해 중재되어 최종적으로 표현되고 결정되었다.

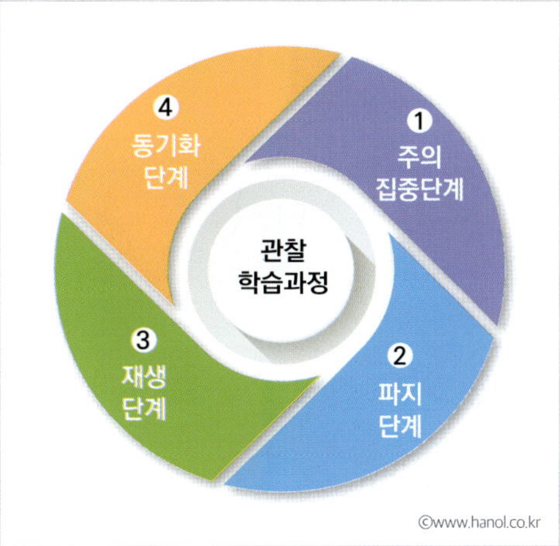

그림 3-11_ 관찰학습과정

그림 3-12_ 반두라의 공격성 실험

2 인본주의적 학습이론

인간은 자신의 잠재력을 최대로 개발하고, 현재의 자신보다 더 향상하려는 기본 욕구인 자아실현 욕구를 가지고 있다. 인간의 존엄성과 자율성을 주장한 학습이론에서는 학습이란 개인이 주변 환경과의 능동적인 상호작용을 통하여 자아성장과 자기실현을 이루어가는 과정이라고 정의하였다. 자기 주도적 학습은 동기유발을 중시하고, 학교는 어떻게 학습하는가를 아는 학생을 양성한다. 교육자들에 의해 등급, 점수, 성적표의 형태로 이루어지는 표준화된 평가도구들은 학습을 방해하기 때문에 자신의 기준에 의해서 평가되어야 한다. 학습과정에서 지식 못지않게 감성을 중요시 여기고 위협적이지 않는 상황에서 학습이 이루어질 때 가장 쉽고 의미가 있으며 효과적이다.

1) 자기조절학습

학습자의 신념과 기대가 행동과 환경에 영향을 줄 수 있으며, 이는 자신의 학습에 책임과 통제를 받아들이는 과정을 통해 이루어진다.

2) 인지적 행동수정

학습자의 사고와 행동, 감정을 조절하여 학습자 스스로 학습목표, 학습방법, 학습평가에 이르기까지 책임과 통제를 받아들이도록 하는 방법이다.

참고문헌

- 김문수(2020). 학습과 행동(7판). 시그마프레스.
- 곽호완·고재홍·김문수·김영진·남종호·박창호·장문선·최영은(2011). 일상생활의 심리학. 시그마프레스.
- Bandura, A.(1963). Social learning and personality development. New York: Holt, Rinehart and Winston.
- Cavendish, R.(1936). Death of Ivan Pavlov: Feb 27th. History Today. 62(2). P. 9.
- Köhler, I.(1962). Experiments with goggles. Scientific American. P. 66-73.
- Premack, D.(1959). Toward empirical behavior laws: I. Positive reinforcement. Psychological Review. 66(4). P. 219-233.
- Spencer A. Rathus. 김연실·김영선·박성원·박애영·박정은·서승격·우상우 외 공역(2021). 인간심리의 이해(개정판). 메디시언.
- Skinner, B. F.(1959). Cumulative record(1999 definitive Ed.). Cambridge, MA: B. F. Skinner Foundation. P. 620.
- Thorndike, E.(1932). The Fundamentals of Learning. AMS Press Inc.
- Tolman, E. C.(1948). Cognitive maps in rats and men. Psychological Review. 55(4). P. 189-208.
- Watson, J. B.(1913). Psychology as the Behaviorist Views it. Psychological Review. 20(2). P. 158-177.

Chepter 4

기억

학습목표

- 기억의 정의, 과정, 구조를 이해할 수 있다.
- 기억의 재구성과 기억 관련 뇌 부위를 이해할 수 있다.
- 기억향상법을 이해하고 활용할 수 있다.

전체개요

지난 시간 살펴본 학습이 행동주의적 이론에 근거한 것이라면 이번 시간 학습할 기억은 인지적 이론을 바탕으로 한 것이다. 행동주의에서는 인간이 외부의 객관적인 환경에 수동적으로 반응하는 존재라고 말하는 반면, 인지주의에서는 인간이 외부의 객관적 자극을 받아들이고 이에 맞는 행동을 할 때 사람마다 가지고 있는 고유한 인지적 틀에 의해서 다르게 지각하고 해석한다고 말한다. 이번 장에서는 인간의 인지처리과정을 컴퓨터에 비유한 정보처리체계 모형을 기반으로 기억의 정의, 과정, 구조, 재구성 등에 대해 살펴보고자 한다.

1. 기억의 정의

누군가 여러분이 없는 사이에 책상 위를 치웠다고 생각해 보자. 책, 노트, 볼펜, 형광펜, 스테이플러 등이 놓여 있던 곳을 의도적으로 외웠을 리 없다. 그럼에도 여러분은 책상 위의 물건들을 누군가 건드렸다는 것을 금방 알 수 있다. 기억은 놀랍고 신기한 현상이다. 여러분이 책을 읽고 있는 지금 이 순간에도 다양한 종류의 기억이 동시에 복합적으로 작용하고 있기 때문에 기억의 실체를 파악하기란 쉽지 않다. 기억이란 단순히 어떤 사실을 안다는 개념을 넘어 인간 생활 전반에 걸친 중요한 영역이라고 할 수 있다. 인간의 감정, 느낌, 생각이 모두 기억이 반영된 뇌 작용이기 때문이다.

그렇다면 기억이란 무엇일까? 기억은 과거의 경험이나 학습을 통해 획득한 다양한 정보가 뇌에 저장되었다가 필요시 재생되는 정신과정이다. 인간이 살아가면서 얻어지는 경험과 정보는 축적되고 구조화되어 뇌에 저장된다. 저장된 정보는 주어진 과제에 맞춰 사용될 수 있도록 다시 재생되는데, 이는 다양한 인지적 과정과 학습 활동에도 중요한 역할을 담당한다. 인간에게 기억하는 능력이 없었다면, 지적 성장이나 발전은 없었을 것이다. 사고, 판단, 학습은 모두 기억을 바탕으로 한 대뇌 기능이다.

인지심리학자들은 인간의 기억이 어떻게 이루어지고 어떤 구조를 가지고 있는지 오랫동안 연구해 오다 1960년대 이후에 이르러서야 체계적인 정보처리모형들을 제안하기 시작하였다. 즉, 우리가 컴퓨터에 정보를 입력하고 저장하였다가 필요할 때 불러내어 다시 사용하듯이 인간의 기억도 감각기관을 통해 입력된 정보가 뇌의 기억영역에 저장되었다가 필요할 때 꺼내는 일련의 인지과정으로 보았다.

2. 기억의 과정

Getty Images

중학생 때 들었던 광고 음악은 쉽게 기억나는 반면 고등학생 시절 외웠던 수학 공식은 왜 그렇게 기억나지 않을까? 영화의 장면들은 쉽게 기억나지만, 주기율표의 원소들은 좀처럼 기억나지 않는다.

기억의 불일치를 설명하기 위해서는 기억의 형성과정에 대해 살펴볼 필요가 있다. 기억의 형성과정은 부호화(encoding), 저장(storage), 인출(retrieval)의 3단계로 구분된다. 부호화란 새로운 정보가 뇌의 기억체계 속에 입력되는 과정을 의미한다. 이는 감각기관을 통해 들어온 다양한 형태의 감각정보를 처리하고 저장하기 위해 그 정보를 기억체계가 이해하고 기억할 수 있는 형태로 변형시키는 과정이다. 컴퓨터에 비유한다면 키보드로 자료를 입력하는 것에 해당한다.

저장은 부호화된 정보를 기억체계 속에 유지시키는 것이다. 이는 컴퓨터 파일에 자료를 저장하는 것에 해당한다. 흔히 기억의 저장을 반복적인 노력이 필요한 과정으로 생각하기 쉽다. 그러나 낮 동안에 있었던 일을 집에 가서 자연스럽게 이야기할 수 있는 것처럼 결코 노력하거나 집중하지 않아도 대규모의 기억이 자동적으로 저장되는 수동적 기억이 있다. 반면, 수학공식이나 영어단어처럼 집중해서 반복적으로 외워야 겨우 저장되는 능동적 기억도 있다.

인출은 하나 또는 그 이상의 단서를 토대로 하여 저장된 정보를 재생하는 것으로 컴퓨터 파일에서 자료를 여는 것에 해당한다. 인출은 자동적으로 이루어지기도 하지만 재인(recognition)과 회상(recall)처럼 능동적으로 노력을 해야 이루어지는 경우도 있다.

아래의 선택지에서 나라의 수도는 어느 것인가?

브라질리아 　헤이그 　상파울루 　오사카 　쿠알라룸푸르 　암스테르담
베를린 　리우데자네이루 　에든버러 　니스 　뉴욕 　뮌헨

정답 브라질리아, 헤이그, 쿠알라룸푸르, 암스테르담

이런 유형의 기억 인출을 재인이라고 한다. 재인은 기억에 접근하기 위해 외부 프로세스와 내부 프로세스를 결합한다. 우리 뇌는 질문에 포함된 정보를 사용해 각 나라의 수도에 해당하는 도시들을 기억해 낸다. 재인은 경찰들이 범죄 혐의자들 중에서 범인을 찾아내는 작업을 할 때 자주 사용하는 방법이다. 즉, 목격자들이 용의자들의 얼굴을 스캔하는 동안 목격자들의 뇌에서 재인 과정이 일어나는 것이다.

UN 안전보장이사회 상임이사국은 어디인가?

1. ....
2. ....
3. ....
4. ....
5. ....

정답 미국, 영국, 프랑스, 러시아, 중국

이 같은 기억 인출 유형을 회상이라고 한다. 외부의 도움을 받는 재인과 달리, 회상은 어떤 외부의 단서도 없이 오직 내부적 단서들만을 활용하여 기억을 인출한다. 위 질문을 읽은 다음 여러분의 뇌는 한때 여러분이 읽었던 책, 들었던 이야기, 수업시간에 배웠던 내용, 시청한 뉴스 등에 신호를 보낼 것이다. 특정 기억을 떠올리려 할 때 활성화되는 모든 연상들은 그 기억과 강력하게 결합된다. 이것은 미래에 여러분이 'UN 안정보장이사회 상임이사국'이라는 기억을 회상하는 것을 훨씬 쉽게 만들 것이다.

3. 기억의 구조

정보처리모형에서 기억의 구조는 시간 흐름상 배열된 일련의 단계로서 감각기억(sensory memory), 단기기억(short term memory), 장기기억(long term memory)으로 구분할 수 있다. 감각기억은 감각기관으로부터 들어온 정보를 아주 짧은 기간 동안 정확하게 저장하는 체계이다. 단기기억은 인간의 의식 속에 일시적으로 존재하는 활동기억이다. 일생 동안 저장되고 유지되어 필요에 따라 언제든지 인출할 수 있는 기억을 장기기억이라고 한다.

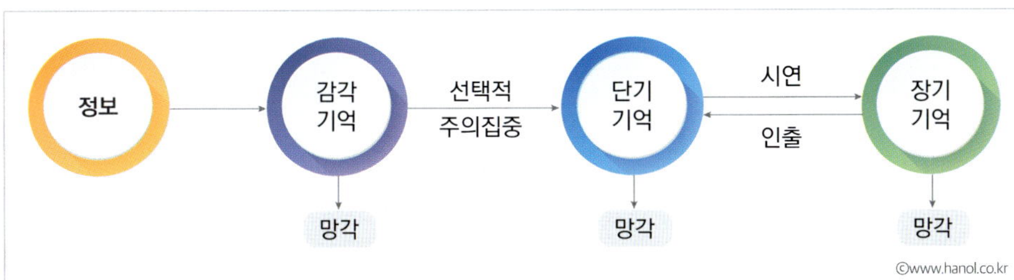

그림 4-1_ 기억의 구조

1 감각기억

책상 위에 펜을 놓고 오늘 하루를 어떻게 보냈는지 이야기해 보자. 여러분은 아침에 일어나 세수를 하고 식사를 한 후 버스를 타고 학교에 등교하였을 것이다. 학교에서는 강의실에서 수업을 듣고 학생식당에서 친구들과 식사를 했을 것이며 도서관에 들렀을 수도 있다. 모든 일과를 마친 후 저녁이 되어 다시 버스나 지하철을 타고 집으로 돌아왔을 것이다. 오늘 하루를 지내며 보았던 것들, 들었던 음악, 사람들의 목소리, 코끝을 스치며 지나간 냄새들을 모두 말해보라. 예를 들면, 건물들의 간판, 거리의 차들, 지나가는 행인들, 핸드폰으로 시청한 유튜브 영상, 일과 중에 만난 사람들과의 대화, 그들의 행동과 옷차림, 이어폰으로 들었던 음악 등이다. 여러분은 오늘 접한 모든 정보를 다 기억할 수 있나? 아마 특이한 몇 가지는 기억할 수 있을 것이다. 하루 동안 우리 눈으로 들어오는 정보만 해도 3만 가지 이상이라고 한다. 그러므로 자신이 보고 들은 것을 모두 기억하는 사람은 아무도 없다. 즉, 사람들이 하루 중 기억할 수 있는 정보는 극히 일부분이다. 이때 사라진 정보가 아주 짧은 기간 저장되었다가 망각된 감각기억이다.

감각기억은 외부 정보가 우리의 감각기관으로 들어오는 순간 일어나는 정보처리 과정으로 아주 짧은 시간에 사라지는 특징을 가지고 있다. 오감각 등을 통해 감각기억을 가질 수 있으며, 대표적인 것이 시각 및 청각과 관련된 기억이다.

시각에 대한 감각기억을 영상기억(iconic memory)이라고 하며, 청각에 대한 감각기억을 잔향기억(echoic memory)이라고 한다. 영상기억은 시각적 자극이 소멸된 후에도 비교적 뚜렷한 심상을 가지는 것이다. 간단한 실험을 통해 영상기억을 경험해 보자. 몇 초 동안 눈을 감아라. 눈을 뜨고 앞에 있는 물체에 초점을 맞추고 1~2초 정도 있은 후 다시 눈을 감아라. 눈을 감았음에도 여러분은 아주 짧은 시간 동안 초점을 맞추었던 물체의 잔상을 보게 될 것이다.

잔향기억은 자동적으로 일어난다. 즉, 의도적으로 들으려고 하지 않더라도 청각 정보가 잔향기억에 저장된다. 다른 사람과 대화하는 것이 전향기억의 대표적인 예이다. 누군가 말을 하면 여러분의 잔향기억은 각 음절을 기억하여 이전 음절과 연결하여 단어를 인식한다. 인식된 각 단어는 또한 잔향기억에 저장되어 전체 문장을 이해할 수 있도록 한다. 노래를 들을 때도 뇌는 잔향기억을 사용한다. 이전 음표를 잠시 기억한 후 다음 음표와 연결하여 음표들을 노래로 인식한다.

감각기억의 특징은 다음과 같다.

- 감각기억은 감각기관에 의해 처리되는 정보를 위한 것으로 기억의 다중 저장소 중 첫 번째 저장소이다.
- 감각기억은 아주 짧은 시간 동안의 감각작용이지만 중요한 정보는 의식으로 지각된다.
- 감각기억에서 정보를 가지고 있는 시간은 매우 제한적이다. 감각에 따라 약간의

차이는 있지만 시각에 대한 감각은 약 0.3~1초, 청각에 대한 감각은 약 1~2초 저장된다.

- 감각기억의 용량은 무한대이다. 만약 여러분이 영화를 시청한다면, 나중에 그 영화에 대해 이야기할 때보다 영화를 보는 동안 훨씬 많은 정보들이 순간적으로 감각기억에 들어왔을 것이다.

2 감각기억에서 단기기억으로의 전이

감각기억으로 들어온 수많은 정보들은 짧은 시간 동안 어떤 조치를 취하지 않으면 곧 망각된다. 그렇다면 어떻게 해야 감각기억으로 들어온 정보를 단기기억으로 전이시킬 수 있을까?

감각기억으로 들어온 정보가 단기기억으로 들어가기 위해서는 선택적 주의집중(selective attention)이 필요하다. 선택적 주의집중은 감각기억의 정보가 단기기억으로 전이되는 필터의 역할을 해준다. 우리가 노출된 모든 정보들에 주의를 기울이는 것은 불가능하다. 그러므로 많은 정보들 중에서 어떤 정보는 무시되고 어떤 정보는 주의집중을 받는다. 주의를 받지 못한 정보들은 단기기억에 아주 약하게 기록되거나 전혀 기록되지 않는 반면, 선택적으로 주의집중을 받은 정보들은 일시적인 활동기억인 단기기억이 된다.

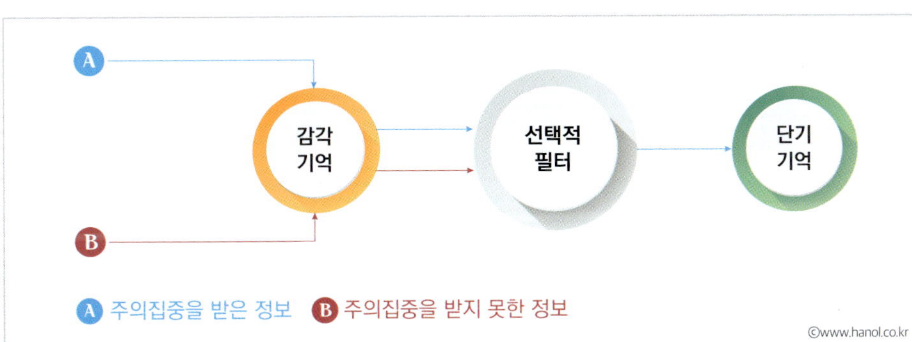

그림 4-2_ 선택적 주의집중

칵테일파티 효과(cocktail party effect)는 선택적 주의집중의 좋은 예이다. 파티장에는 무수히 많은 소리들이 존재하고, 우리의 귀에 수많은 정보들이 들어온다. 하지만 시끄럽고 복잡한 파티장에서 친구의 이야기를 듣고 대화를 나눌 수 있는 것은 칵테일파티 효과 때문이다. 칵테일파티 효과란 주변 환경에 개의치 않고 자신에게 의미 있는 정보만을 선택하여 받아들이는 현상이다.

3 단기기억

감각기억으로 지각된 정보는 초 단위로 연속되면서 단기기억을 구성한다. 단기기억은 최근에 경험한 정보를 단순히 짧은 시간 동안 보관하는 임시 저장소이다. 예를 들어, 여러분이 114에 전화번호를 문의했다고 가정해 보자. 만약 114 안내원이 알려준 전화번호를 받아 적을 수 없다면 입으로 웅얼거리거나 속으로 되뇌면서 전화기에 전화번호를 입력할 때까지 그 번호를 기억하기 위해 노력할 것이다. 그리고 전화를 한 후에는 전화번호를 잊어버린다. 누구나 한 번쯤은 이런 경험을 해보았을 것이다. 짧은 기간 동안 저장했다가 사라지는 기억이 바로 단기기억이다.

단기기억의 특징은 다음과 같다.

- 단기기억에 저장되는 정보의 양은 제한적이다. 즉, 제한된 용량으로 인해 어느 한 시기에 몇 개의 생각만을 활성화시킬 수 있다. 그렇기 때문에 단기기억에 새로운 정보가 들어오려면 이미 저장되어 있는 정보를 버리고 새로운 정보를 위한 공간을 마련해야 한다.
- 밀러(G. Miller)는 단기기억의 용량을 7±2개로 보았다. 그러나 단기기억의 용량이 7±2로 제한되어 있다면 우리는 일상생활을 살아가는 데 많은 어려움을 겪을 것이다. 왜냐하면 일상생활에서 처리해야 할 일들이 대부분 7±2를 초과하기 때문이다. 이렇게 제한된 용량은 청킹(chunking)을 통해 향상시킬 수 있다. 청킹이란 기억의 대상이 되는 정보를 의미 있는 정보 단위로 묶는 작업이다. 우리 일상생활에도 청킹을 활용한 방법들이 많이 사용되고 있다. 예를 들어, 게시판에 전화

번호를 기입할 때 0325874961 대신 032-587-4961과 같이 하이픈을 이용하여 끊어서 기입하는 것이 기억하기에 훨씬 효율적이다. 따라서 단기기억의 용량은 7±2가 아니라 7±2 청킹이라고 할 수 있다.

- 단기기억에서 정보를 저장하는 시간은 제한적이다. 단기기억에 입력된 정보는 장기기억으로 전이하기 위한 조치를 취하지 않을 경우 망각되는데, 최대 유지시간이 20~30초 정도이다.

4 단기기억에서 장기기억으로의 전이

단기기억에 있는 정보도 오랫동안 저장하기 위해 노력하지 않으면 곧 사라지게 된다. 이는 낡은 정보가 새로운 정보로 계속 대체되기 때문이다. 그렇다면 단기기억에 있는 정보가 망각되기 전에 장기기억으로 전이시키기 위해서는 어떤 전략을 사용해야 할까? 바로 시연(rehearsal)이다. 시연이란 정보에 대한 기억을 유지하기 위하여 정보를 여러 번 반복하는 것이다.

시연의 종류는 유지형 시연(maintenance rehearsal)과 정교화 시연(elaborative rehearsal)으로 구분할 수 있다. 유지형 시연은 정보를 단기기억으로 유지하는 데 유용한 기억 시연이다. 이것은 정보에 의미를 부여하지 않고 기계적으로 반복하는 것으로 일반적으로 장기기억으로 전이되지 않는다. 예를 들어, 문 앞에 붙어 있는 음식점 스티커를 본 다음 전화기까지 가는 동안 전화번호를 잊지 않으려고 계속 전화번호를 되뇌이는 경우이다. 단순히 숫자를 반복함으로써 기억을 유지하는 것이다. 이 전화번호는 전화를 걸 수 있을 만큼은 저장되지만 장기기억으로 전이되지는 않는다.

정교화 시연은 단기기억에 있는 정보를 장기기억으로 전달하는 데 유용한 기억 시연이다. 이 시연은 무의미한 정보를 의미가 있는 형태로 바꾸거나, 새로운 정보를 이미 기억하고 있는 정보와 연결시키거나, 정보들을 모아 조직화하는 것으로 장기기억으로 전이하는 데 매우 효과적인 전략이다. 이삿짐센터의 전화번호를 02-***-2424로 한다거나 슈퍼마켓의 전화번호를 02-***-4989로 함으로써 숫자와 낱말 사이의 연상작용을 이용하는 것도 정교화 시연을 활용한 것이다.

런더스(D. Rundus)는 시연의 효과를 검정하기 위해 대학생들에게 20개의 단어를 제시하고 큰 소리로 반복하여 외우게 한 다음 회상검사를 실시하였다. 그 결과, 단어의 회상률이 단어의 순서에 따라 U자형 곡선을 이루며 달라진다는 것을 발견하였다. 즉, 대학생들은 목록의 중간에 있는 단어보다 처음과 끝에 위치한 단어를 더 잘 외었다. 이를 계열위치효과(serial position effect)라고 한다.

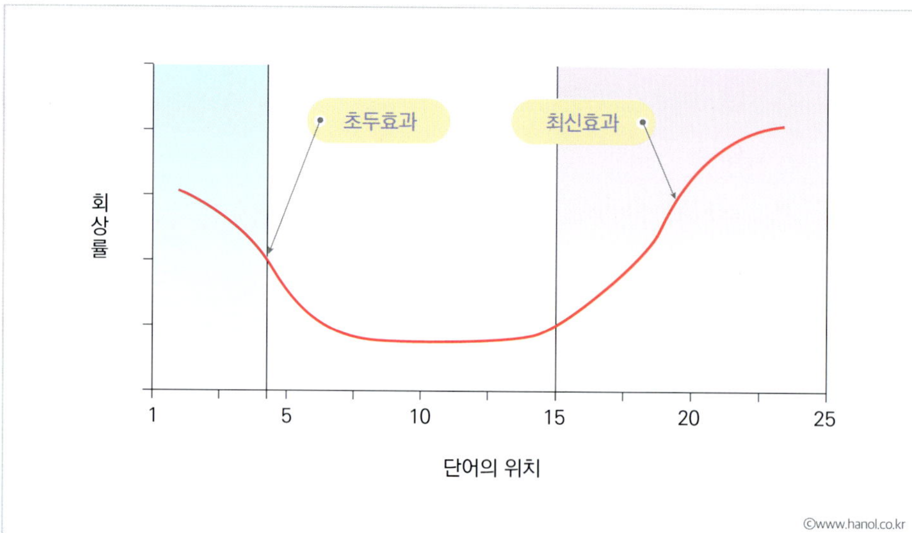

그림 4-3_ 계열위치효과

계열위치효과는 초두효과(primary effect)와 최신효과(recency effect)로 구분할 수 있다. 초두효과란 목록의 앞에 있는 부분이 더 잘 회상되는 것이고, 최신효과란 마지막 부분이 더 잘 회상되는 것이다. 많은 뇌과학자들은 계열위치효과가 나타나는 이유가 단기기억과 장기기억이 각각 독립적으로 기능을 하기 때문이라고 설명한다. 즉, 목록의 앞에 있는 단어는 다른 단어들보다 더 많이 시연되기 때문에 장기기억으로 전이될 가능성이 높아 회상이 잘되고, 뒤에 있는 단어는 다른 단어들보다 최근 단어로 단기기억에서 처리되기 때문에 회상이 잘된다는 것이다. 최근의 뇌 영상 연구 결과들도 이와 같은 주장을 뒷받침하고 있다.

5 장기기억

여러분이 지금 알고 있는 모든 것은 장기기억에서 인출된 것이다. 행복했던 여행의 추억, 우리 가족의 생일, TOEIC 영단어, 좋아하는 음악 등 이 모든 것을 저장하고 있는 것이 장기기억이다.

감각기억에 있던 정보는 선택적 주의집중에 의해 단기기억으로 전이되고, 단기기억에 있던 정보는 시연에 의해 장기기억으로 전이된다. 장기기억에 저장된 정보는 비교적 반영구적으로 기억된다.

장기기억의 특징은 다음과 같다.

- 장기기억의 용량은 무한대이며, 보유할 수 있는 시간도 무한대이다.
- 장기기억의 종류는 서술기억(declarative memory)과 절차기억(procedural memory)으로 분류될 수 있다. 서술기억은 언어로 표현할 수 있는 기억이다. 우리가 무언가 기억이 나지 않는다고 말할 때의 기억이 바로 서술기억이다. 서술기억은 다시 일화기억(episodic memory)과 의미기억(semantic memory)으로 구분된다. 일화기억은 일상생활의 경험에 대한 기억으로 특정 장소에서 일어났던 사건을 시간 순서대로 연결하여 이야기할 수 있는 기억이다. 좋아했던 선생님은 누구였는지, 지난 크리스마스를 어떻게 보냈는지를 회상해 내는 것이다. 일화기억은 노력하지 않아도 대규모의 기억이 즉각 형성되는 수동적 자동기억이다. 이것은 사건이 일어난 장소와 시간에 대한 정보가 기억의 인출단서가 된다.
- 반면, 의미기억은 뇌의 숙고과정이 필요한 능동적 기억이다. 의미기억은 학습을 통해 얻어진 지식과 정보로, 이미 저장된 이전의 기억과 새로운 기억을 연결하는 과정을 포함한다. 또한 기억을 인출하고 조합하는 과정에서 비교와 추론, 예측과 판단을 필요로 한다. 의미기억은 직접 경험하는 것이 아닌 언어로 표현된 정보이기 때문에 노력해도 쉽게 기억되지 않고 반복하여 인출하지 않으면 망각되기 쉬운 기억이다. 예를 들어 갑신정변을 이끌었던 조선 후기 정치가는 누구인지, 융(C. Jung)이 어느 심리학파인지, 심장의 기능은 무엇인지 등이다.

여러분은 지금 새로 산 운동화의 신발끈을 묶으려고 한다. 아래에 신발끈 묶는 방법을 순서대로 써보라.

신발끈을 묶으려면 먼저 각각의 끈을 잡고, 두 끈을 X자로 겹친 다음, 오른쪽 끈을 왼쪽 끈 아래로 끼워 넣고, 그런 다음 팽팽하게 당겨야 한다. 아마도 신발끈을 묶는 방법을 순서대로 쓰는 것이 신발끈을 묶는 것보다 더 어려울 것이다. 어린이와 달리 여러분은 신발끈을 묶을 때 더 이상 순서를 생각하지 않고 기계적으로 굉장히 빠르게 신발끈을 묶을 수 있다.

- 신발끈 묶기와 같이 신체적인 움직임이나 기술 습득과 관련된 무의식적인 능력이 절차기억이다. 이것은 의식이 개입하지 않는 운동 순서 기억이다. 절차기억 덕분에 우리는 아무 생각 없이 자전거를 타고 악기를 연주하며 글씨 쓰기를 할 수 있다.

- 장기기억은 조직화되어 있다. 기억의 조직화는 기억하려는 정보를 서로 관련 있는 것끼리 범주나 집단으로 분류하여 기억의 효율성을 높이는 방법이다. 옷을 정리할 때 비슷한 것끼리 정리하면 나중에 꺼내 입을 때 쉽게 찾을 수 있는 것과 비슷한 원리이다. 이런 조직화 특성을 설명하는 대표적 이론으로 콜린과 로프터스(Collins & Loftus)의 의미 네트워크 모델(semantic network model)이 있다. 이 모델은 장기기억에서 정보는 마치 그물처럼 상호 연결을 통해 망으로 조직되어 있다고 본다. 그래서 하나의 단어가 활성화되면 그것과 연관이 있는 다른 단어들도 함께 활성화되는 경향이 있다고 본다.

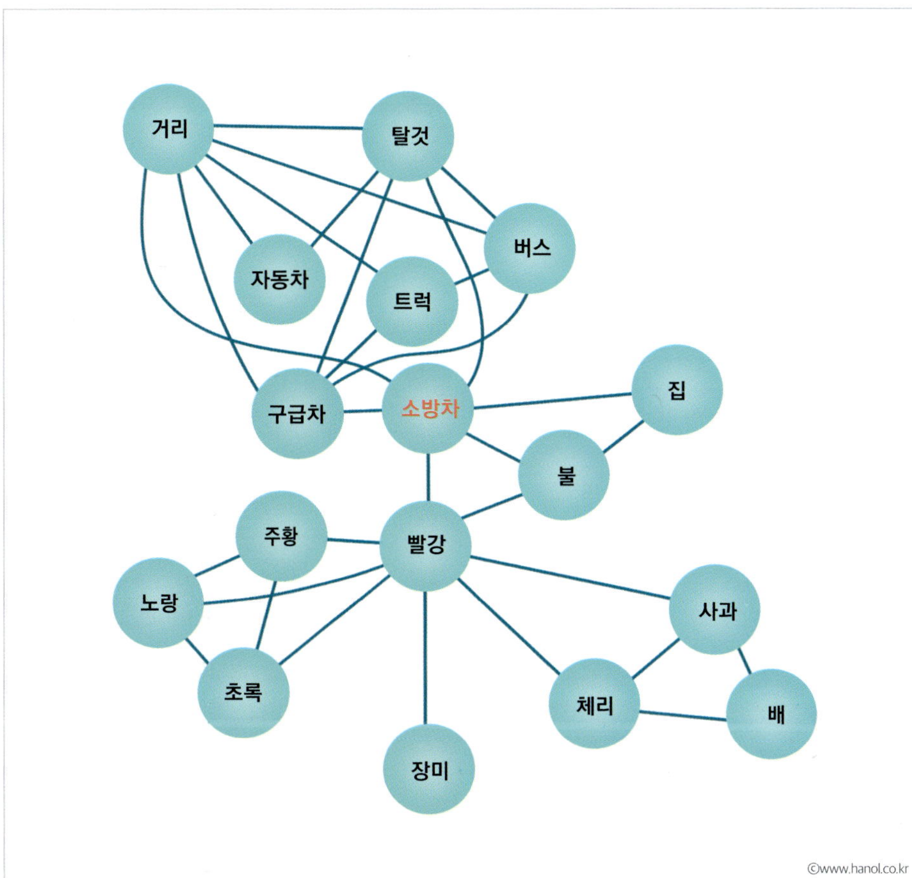

그림 4-4_의미 네트워크 모델

예를 들어 소방차를 보면 소방차와 가까이 있는 빨강, 불, 구급차가 멀리 떨어져 있는 장미, 노랑, 거리보다 더 빨리 회상된다. 의미 네트워크 모델은 정보가 의미기억에서 인출되는 방식을 명료하게 설명하여 인지심리학 연구에 많은 영향을 주었다.

6 장기기억에서의 망각

장기기억의 정보가 비교적 반영구적으로 기억된다고 하더라도 어떤 정보는 망각되는 경우가 있다. 독일의 심리학자 에빙하우스(H. Ebbinghaus)는 과학적 실험을 통해 시간의 경과에 따른 망각 정도를 발견하여 망각곡선으로 제시하였다.

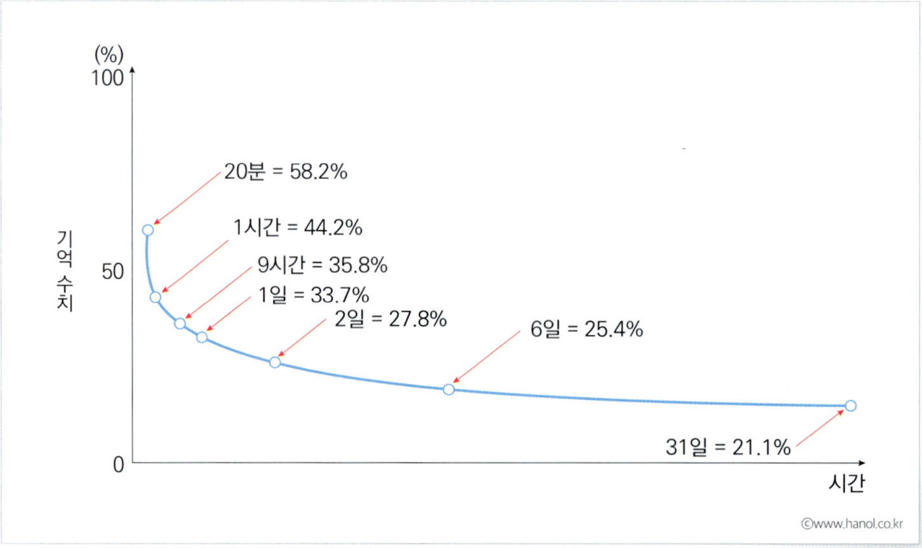

그림 4-5_ 에빙하우스의 망각곡선

이 그래프에 따르면, 사람들은 20분이 지나면 배운 것의 약 40%를 잊어버리며, 24시간이 지나면 약 70%를 잊어버린다. 특히 망각은 학습한 직후에 가장 빠르게 발생하며 시간이 흐르면서 속도가 느려지는 것을 볼 수 있다. 이를 통해 학습한 내용을 오래 기억하기 위해서는 일정 시간 이내에 반복학습을 시행하는 것이 필요하며 규칙적으로 시간 간격을 두고 분산학습을 시행하는 것이 효과적이라는 결론을 내릴 수 있다.

이제 장기기억에서 망각이 발생하는 원인을 설명하는 몇 가지 이론들을 살펴보자.

1) 인출실패이론

인출실패이론(retrieval failure)에서는 망각의 원인을 정보를 저장하는 것에 문제가 있는 것이 아니라 저장된 정보의 위치를 찾는 것에 어려움이 발생한 것으로 본다. 즉, 장기기억에 저장된 정보에 접근할 수가 없어 기억이 나지 않는다고 한다. 인출실패를 지지하는 증거 중 하나가 설단현상(tip of the tongue)이다. 이것은 인출하려는 정보가 혀끝에서 맴돌기는 하지만 기억이 나지 않는 현상이다. 이때 적절한 인출 단서가 주어지면 정보를 인출할 수 있다.

2) 쇠퇴이론

쇠퇴이론(decay theory)은 기억이 영구적이지 않기 때문에 망각이 일어난다고 보는 이론이다. 즉, 시간이 경과함에 따라 기억흔적이 점점 희미해지기 때문이라고 한다. 쇠퇴이론에 의하면 망각을 유발하는 것은 시간의 흐름 그 자체이다. 그래서 인출단서가 주어지더라도 기억이 나지 않는다.

3) 간섭이론

간섭이론(interference theory)은 기억된 정보가 서로 간섭을 일으켜 망각이 발생한다는 주장이다. 배들리와 힛치(Baddeley & Hitch)는 운동선수들에게 경기에서 맞붙은 상대팀 선수들의 이름을 기억하게 하는 실험을 진행하였다. 실험 결과, 시간의 경과보다는 동일한 시간 안에 경기가 많을수록 상대방 선수의 이름을 외우는 것이 더 어려웠다. 그리고 간섭은 정보 간에 유사성이 높을수록 더 쉽게 발생한다. 상대방 선수들의 이름이 비슷할수록 이름을 기억하기가 더 어려울 것이다. 간섭에는 순행적 간섭(prospective interference)과 역행적 간섭(retroactive interference)이 있다. 순행적 간섭은 이전의 정보가 새로운 정보에 간섭을 일으켜 인출을 방해하는 것이고, 역행적 간섭은 새로운 정보가 이전의 정보에 간섭을 일으켜 인출에 문제를 일으키는 것이다.

4) 동기적 망각

때로는 인지적 이유 때문이 아니라 심리적 이유로 인해 망각이 나타날 수 있다. 이를 동기적 망각(motivational forgetting)이라고 한다. 이것은 과거의 어떤 특정한 사건이나 경험 중 고통이나 불안을 유발하는 내용을 기억하지 못하는 것을 의미한다. 예를 들어, 심각한 교통사고로 남편을 잃은 부인은 사고 당시의 상황을 기억하지 못할 수 있다. 프로이트(S. Freud)는 이러한 동기적 망각이 무의식적 방어기전에 의해 나타나는 것이라고 하였다.

4. 기억의 재구성

영국 케임브리지대학의 심리학 교수 바틀릿(F. Bartlett)은 영국인 20명에게 '유령들의 전쟁'이라는 19세기 아메리카 원주민의 전설 이야기를 2번 읽게 하고 15분간 기다린 후 읽은 이야기를 최대한 많이 회상해 보라고 요구하였다. 그 결과, 대상자들은 이야기를 기억해 내는 과정에서 어떤 부분을 잊어버리거나, 다른 내용으로 바꾸거나, 혹은 없었던 내용을 추가하는 오류를 범하였다.

아마 여러분도 오랜만에 만난 친구와 대화하는 중에 옛 추억에 대한 기억이 서로 다른 것을 발견한 적이 있었을 것이다. 우리가 기억한다는 것은 정보를 있는 그대로 뇌 속에 저장해 두었다가 고스란히 꺼내는 것이 아니라 자신의 감정, 경험, 지식, 문화 등의 틀에 맞추어 재구성하는 것이다. 우리가 끊임없이 받아들이는 새로운 정보는 기존의 정보와 비교하고 분석하는 과정을 통해 예전의 정보와 결합하며 저장된다. 즉, 이제 막 얻어진 정보는 과거의 경험 및 지식 등과 연관된 기억 속으로 배어들어가면서 재구성되는 것이다.

기억의 정확성이라는 주제는 범죄심리학에서도 중요하게 다루어진다. 목격자의 진술에 따라 범죄자의 형량이 바뀔 수 있기 때문이다. 콜롬비아대학의 범죄학 교수인 로프터스(E. Loftus)는 기억의 재구성이 목격자 증언에서 흔히 일어난다고 지적하였다. 그녀는 실험대상자들에게 자동차 사고에 대한 비디오 테이프를 보여주고 나서 두 그룹으로 나누어 서로 다른 질문을 하였다. 한 그룹에게는 "두 자동차가 서로 부딪혔을 때 차들이 얼마나 빨리 달리고 있었나요?"라고 질문하였고, 다른 그룹에게는 "두 자동차가 서로 충돌해 박살이 났을 때 차들이 얼마나 빨리 달리고 있었나요?"라고 질문하였다. 그 결과, '서로 충돌해 박살이 났을 때'라는 표현이 들어간 그룹의 대상자들이 자동차의 속력이 더 빨랐다고 대답하였다. 또한 사고현장에서 깨진 유리파편을 보았느냐는 질문에도(실제 비디오 속에는 깨진 유리가 나오지 않음) '서로 충돌해 박살이 났을 때'라는 질문을 받은 피험자들이 깨진 유리조각을 보았다는 대답을 더 많이 하였다. 이처럼 질문방식에 따라 목격자의 기억이 조작되거나 변형될 수 있다. 목격자의 진술이 사건을 해결하는 중요한 단서가 되는 것을 고려할 때 질문자의 방식에 더욱 객관적이고 과학적인 절차와 도구가 필요함을 알 수 있다.

5. 기억과 관련되 뇌 부위

인도의 야채 판매자 샤르나(S. Sharna)는 원주율의 7만 30 자리를 정확히 암기하였다. 스웨덴의 작가 말로(J. Mallow)는 이진수 형태의 문자열 1천80자리를 정확하게 암기하였다. 의심할 여지없이 이들은 대단한 기억력의 소유자들이다. 그러나 더 놀라운 것은 이런 엄청난 기억력을 가진 사람들이 우리와 같은 너무나 평범한 사람들이라는 사실이다.

지난 수백 년 동안 뇌과학자들은 기억이 뇌의 어느 곳에 저장되는지 알기 위해 노력해 왔지만 아직까지도 정확하게 알지 못한다. 실제로 기억의 형태가 전자적인 것인지 분자적인 것인지도 확신하기 어렵다. 다만 지금까지 연구된 결과를 바탕으로 종합해 볼 때, 기억의 핵심이 되는 뇌 구조는 해마, 편도체, 대뇌피질이다. 이들은 기억의 통합과 조작에 중요한 역할을 한다.

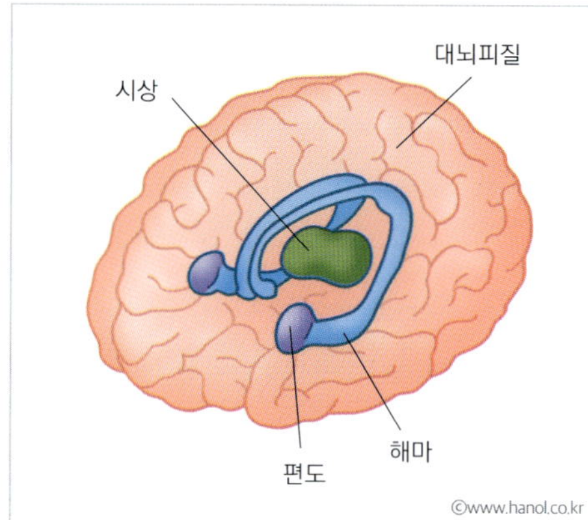

그림 4-6_해마, 편도체, 대뇌피질

1 해마

해마(hippocampus)는 양쪽 귀 뒤, 즉 측두엽 안쪽에 앞뒤로 길게 위치해 있다. 전체적인 모양이 해마(seahorse)를 닮아 그리스어 'hippo(말)'와 'kampos(바다 괴물)'에서 유래하였다. 해마는 새로운 기억의 저장과 학습에 중요한 역할을 담당하며, 단기기억 정보를 운용하다가 필요한 경우 장기기억으로 전환시키는 기능을 담당한다. 해마가 손상된 사람은 새로운 일화기억을 형성할 수 없고 새로운 경험의 축적으로 생성되는 의미기억이 매우 저하된다.

해마의 중요성은 H. M.으로 알려진 몰래슨(H. Molaison, 1926~2008)을 통해 밝혀지기 시작했다. H. M.은 일곱 살 때 자전거 사고를 당한 후 간질 증상을 보이기 시작했다. 간질 증상은 이후 점점 심해져 직업을 가질 수 없을 정도로 악화되었다. H. M.은 1953년 간질 발작을 막기 위해 내측 측두엽 절제술을 받았다. 수술은 간질 조절에 부분적으로 성공했고 언어 사용과 지능검사에서도 이상이 발견되지 않았다. 그러나 그는 심각한 부작용으로 새로운 기억을 형성할 수 없게 되었다. 수술 전 경험은 모두 기억하고 있었지만 수술 후 새로운 정보를 기억하는 데 문제를 보였다. 그 후 H. M.에 대한 많은 연구가 이루어졌고, 그 결과 수술로 인해 해마가 손상된 것이 밝혀졌다.

해마 기억의 핵심은 새로움이다. 새로운 기억은 해마에서 임시 저장되었다가 대뇌피질로 이동하여 장기기억이 된다. 즉, 기억의 출발점은 해마의 신경세포이다.

2 편도체

편도체(amygdala)는 측두엽 전방, 즉 해마 앞쪽에 위치한다. 모양이 아몬드처럼 생겨서 그리스어 'almond'에서 유래하였다. 편도체는 해마와 밀접하게 연결되어 끊임없이 소통하며 감정이 개입된 사건에 대한 기억을 형성하는 데 중요한 역할을 담당한다. 특히 기억에 공포나 공격성 같은 강한 감정이 결부된 경우, 단기기억의 내용 중 일부를 시연 없이 바로 장기기억으로 전환시켜 평생 기억하게 하는 데 핵심적인 역할을 한다. 예를 들어 아프리카의 가젤은 사자의 추격을 받던 상황을 기억하여 나중에 다시 사자를 만나면 즉시 도망친다. 편도체가 형성한 공포기억이 즉각적인 운동을 촉발하여 신속히 위험에서 벗어나게 해주는 것이다.

3 대뇌피질

대뇌피질(cerebral cortex)이란 대뇌 표면에 위치하는 신경세포들의 집합체이다. 대뇌피질은 부위에 따라 기능이 다르며, 기억, 사고, 언어, 운동 및 의식 등의 주요기능을 담당한다. 이곳은 해마를 포함한 다른 뇌 부위들과 상호 정보를 주고받으며 새로운 기억의 부호화, 기억의 저장 및 인출과정에 모두 밀접하게 관여한다. 예를 들어 정서적 감정을 일으키는 사건이 발생할 경우 사건에 대한 감정은 편도체에서 처리되며, 사건의 내용은 해마에 임시저장되었다가 대뇌피질로 이동하여 장기기억으로 저장된다.

6. 기억향상법

장기기억은 단기기억과 비교해 저장 용량과 보유시간 이외에 큰 차이가 없는 것 같지만 뇌세포의 분자 수준으로 내려가면 두 종류의 기억은 완전히 다르다. 단기기억일 때는 뉴런과 뉴런 사이에 새로운 신경회로망이 만들어지지 않는다. 단지 뉴런 말단에서 신경전달물질의 분비가 단기적으로 증가하여 일시적인 잔상으로 기억이 남아 있을 뿐이다. 하지만 장기기억이 생성될 때에는 뉴런에서 회로를 만드는 유전자의 스위치가 켜져 뉴런과 뉴런 사이에 새로운 신경회로망이 만들어진다. 하지만 이러한 물리적 연결도 회로를 강하고 두껍게 만들기 위해 노력하지 않으면 분해되어 사라지고 만다. 그렇다면 기억을 향상시키기 위해 사용되는 원리들에는 무엇이 있는지 살펴보자.

1 반복학습

장기기억을 더 오랫동안 보관하기 위해서는 반복학습이 중요하다. 기억한 것을 잊어버리기 전에 다시 학습하는 것은 신경회로를 굵게 강화하는 방법이다. 반복학습의 횟수가 증가하면 정보에 친숙성이 증가할 뿐만 아니라 중요한 부분에 선택적으로 초점을 둘 수 있다. 영어 단어를 외울 때 7시간 이내, 7일 이내, 30일 이내 3번 이상 복습하라는 공부법은 반복학습에 의한 효과를 강조하는 한 예이다. 그런데 정보의 회상률은 정보를 중요하

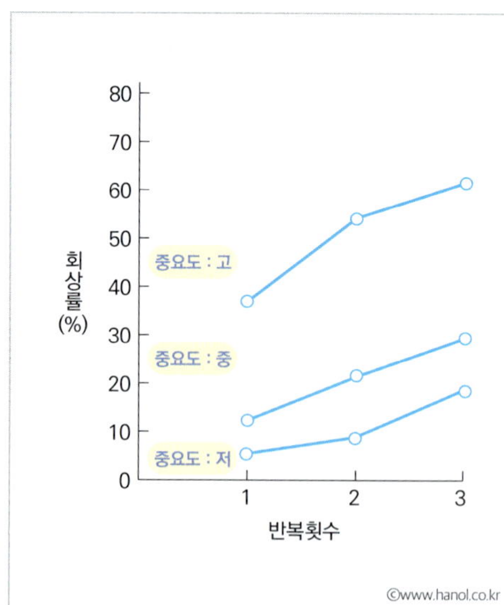

그림 4-7_ 반복과 중요도가 기억에 미치는 효과

다고 인지할수록 높게 나타났다(그림 4-7). 따라서 기억력을 높이려면 반복학습과 더불어 정보의 중요도를 높이기 위한 노력이 병행되어야 할 것이다.

2 깊은 처리

처리수준론적 접근에 의하면 정보를 단순히 반복학습하는 것보다는 그 정보의 의미를 충분히 파악하여 깊게 처리하는 것이 기억에 도움이 된다. 따라서 기억력을 향상시키기 위해서 기계적 단순 반복보다는 정보의 의미에 관심을 두고 그것을 분석하는 데 충분한 시간을 할애해야 한다. 특히 정보에 개인적인 의미를 부여하는 것이 도움이 되었다. 예를 들어, 고전적 조건형성을 공부할 때 자신의 행동 중 고전적 조건형성에 의해 획득된 행동을 연관 지어 생각해 보는 것이다.

3 분산학습

연구결과에 의하면 집중학습보다는 분산학습이 기억력 향상에 더 효과적이었다. 특히 학습시간이 길수록 분산학습이 더 효과적이었다. 예를 들어 시험 준비를 위해 9시간을 공부해야 한다고 할 때 9시간 동안 계속 공부하는 것보다는 3일 동안 3시간씩 공부하는 것이 도움이 된다. 하지만 분산 학습이 효과를 거두기 위해서는 '충분한' 학습이 먼저 선행되어야 한다. 60일 동안 1분씩 수학을 공부하는 것이 하루에 60분 동안 공부하는 것보다 효과가 있을 리 없다.

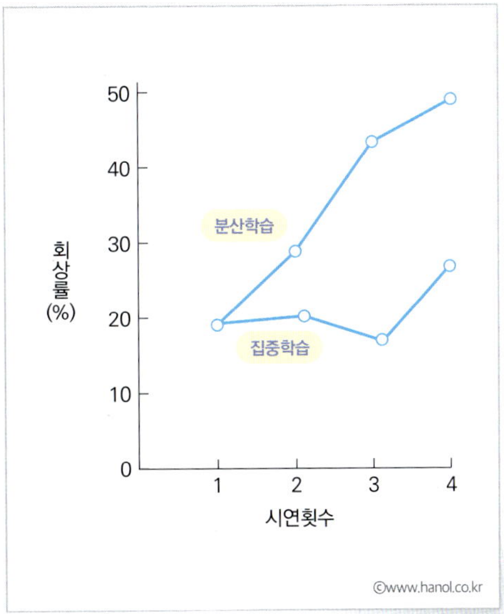

그림 4-8_집중학습과 분산학습이 기억에 미치는 효과

4 간섭의 최소화

간섭이 망각의 주요한 원인 중 하나이기 때문에 간섭을 최소화하는 것이 기억 향상에 도움이 된다. 손다이크와 헤이스로크(Thorndyke & Hayes-Roch)는 유사한 자료라도 학습 날짜를 다르게 하면 간섭이 적게 발생한다고 하였다. 따라서 가능하다면 시험 보기 전날에는 다음 날 시험 보는 과목을 공부하는 것이 성적 향상에 더 효과적이다. 만약 시험 전날 다른 과목을 공부해야 한다면 시험 볼 과목을 제일 마지막에 공부하는 것이 좋다.

5 적절한 수면

수면과 학습의 상관관계는 많은 연구를 통해 밝혀졌다. 적절한 수면은 장기기억을 만드는 데 아주 중요하다. 해마는 학습할 때 가장 현저하게 활성화되는데 꿈을 꾸는 동안에도 활발하게 작동한다. 즉, 학습을 할 때와 꿈을 꿀 때 활성화되는 뇌 부위가 같다는 의미이다. 때문에 수면은 휴식을 취하며 신체를 회복하고 에너지를 보존하는 시기일 뿐만 아니라 낮에 있었던 기억이나 학습한 내용들을 재음미하는 과정이다. 잠을 잔다는 것은 학습과 기억을 담당하는 뇌 부위를 재보정함으로써 학습한 내용을 이전의 다양한 정보들과 연결시켜 종합적으로 활용할 수 있게 만드는 시간이다. 그러므로 학습의 효율을 높이려면 밤을 새워 공부하는 것보다는 적절한 수면을 취하는 것이 훨씬 더 도움이 된다.

참고문헌

- 정종진(2016). 교양으로 읽는 생활 속의 심리이야기(2판). 공동체.
- 박문호(2017). 박문호 박사의 뇌과학 공부. 김영사.
- 정의석(2019). 대학생을 위한 심리학(3판). 시그마프레스.
- 윤가현 · 권석만 · 김경일 · 김신우 · 남종호 · 서수연 · 송현주 외(2019). 심리학의 이해(5판). 학지사.
- 김이영 · 배헌석 · 이우언(2015). 인간이해를 위한 심리학. 양서원.
- 현성용 · 곽금주 · 김미리혜 · 성한기 · 신종호 · 유태용 · 윤병수 외(2020). 현대심리학의 이해(4판). 학지사.
- Jared Cooney Horvath. 김나연 역(2020). 사람은 어떻게 생각하고 배우고 기억하는가. 토네이도.

Chepter 5

동기와 정서

학습목표

- 동기의 정의와 관련된 개념을 이해할 수 있다.
- 동기이론의 개념을 이해하고, 인간행동 이해를 위한 시사점을 확인할 수 있다.
- 정서의 정의와 관련된 개념을 이해할 수 있다.
- 정서의 기능과 정서이론을 이해하고, 인간행동 이해를 위한 시사점을 확인할 수 있다.
- 정서 표현에 대해 이해할 수 있다.

전체개요

동기란 인간의 행동을 유발하고 그 행동을 지속시키며 행동의 강도와 방향을 결정하는 힘이다. 정서는 동기와 같이 행동을 활성화할 수도 있고, 행동의 방향을 결정지을 수도 있으며 동기화된 행동을 수반한다. 사람들은 언어적·비언어적 표현을 통해 자신의 정서 상태를 표현하는데 타인과의 상호작용에서 긍정적 정서와 부정적 정서를 언어나 얼굴 표정, 행동 등의 방식으로 적절하게 표현하는 것은 매우 중요하다. 이 장에서는 동기와 정서를 살펴보고자 한다.

1. 동기

1 동기의 정의

우리가 일상에서 자주 하는 "왜?"에 대한 질문은 동기를 확인하고자 하는 질문 중 하나이다. 우리가 어떤 행동의 원인을 알고자 하는 것은 보통 그 행동의 원인에 따라 적절하게 대처하기 위해서 또는 어떤 현상을 이해하고자 하는 욕구에 의해서이다.

동기(motivation)의 개념은 인간행동의 촉진 역할을 하는 추동(drive), 욕구(need), 가치(value) 및 태도 등이 연관되어 있다. 동기는 인간의 행동 변수를 야기하는 근원으로, 인간행동의 에너지이고 활성을 조절하며 목표와 방향을 잡아주는 심리적 요인이다.

간단하게 정의하자면 동기는 유기체를 행동하게 하는 것이다. 행동을 유발하고 지속시키며 행동의 강도와 방향을 결정하는 힘을 동기라고 할 수 있는데 이것은 내부와 외부에서 나타난다.

2 동기이론

심리학자들은 다양한 이론을 통해 인간과 동물이 왜 행동하는지를 이해하고자 하였다. 동기에 대한 다양한 이론을 함께 살펴보자.

1) 추동감소이론

헐(C. Hull, 1884~1952)은 추동감소이론(drive-reduction theory)에서 인간의 행동은 유기체 내부에서 특정한 결핍에 의해 발생되는 욕구를 해소하기 위한 추동을 감소시키기 위해 유발되는 것으로 설명하였다. 즉, 결핍된 상태는 생물학적 욕구를 유발하는데 이것이 해결되지 않으면 생리적 추동이 생성되며 추동은 유기체가 생리적 욕구를 해결하는 행동을 하도록 이끈다.

그림 5-1 _추동감소이론

내외 환경에 직면하는 동안 안정된 내적 상태를 유지하기 위해 균형을 회복시키는 방식으로 행동하도록 동기를 부여하게 되는데 안정된 상태를 유지하려는 경향을 항상성(homeostasis)이라고 한다. 예를 들어 인간의 체온이 너무 떨어지게 되면 생리적 현상을 안정적으로 조절하기 위해 혈관이 수축되고, 옷을 더 입거나 불을 피우는 등 생리적, 행동적 수단을 통해 체온을 보존하고자 한다.

추동 감소는 욕구뿐만 아니라 유인자극(incentive), 즉 행동을 동기화시키는 긍정적이거나 부정적인 환경적 자극에도 영향받는다. 이것은 과거 개인의 학습 경험에 의해 행동이 동기화될 가능성을 시사한다.

2) 각성수준이론

각성수준이론(optimal arousal theory)은 인간이 최적의 각성상태를 유지하기 위한 방향으로 행동한다고 본다. 각성 수준이 낮으면 높이려고 하고, 각성수준이 높으면 낮추려고 행동함으로써 최적의 각성상태를 유지하고자 하며, 개개인은 최적의 각성 상태가 다를 수 있다.

적당한 각성이 최적의 수행을 이끈다는 여키스-도슨의 법칙(Yerkes-Dodson law)에서 각성수준과 수행능력 간의 관계는 역 U자 곡선을 나타낸다. 여키스-도슨은 각성이 증가함에 따라 수행이 증가하다가 각성 수준이 특정 지점에 이르면 수행이 감소한다고 설명한다. 과제의 난이도에 따라 수행수준도 달라지며 쉬운 과제는 각성수준이 높을 때 수행능력이 함께 증가하고, 어려운 과제는 각성수준이 낮을 때 수행능력이 증가하는 것으로 본다. 따라서 어려운 과제일수록 최적의 각성상태를 유지해야 하는데 중요한 시험을 앞두고 있다면 부담감을 조절하기 위해 대처전략을 통한 최적수준으로 각성상태를 유지하는 것이 도움이 된다.

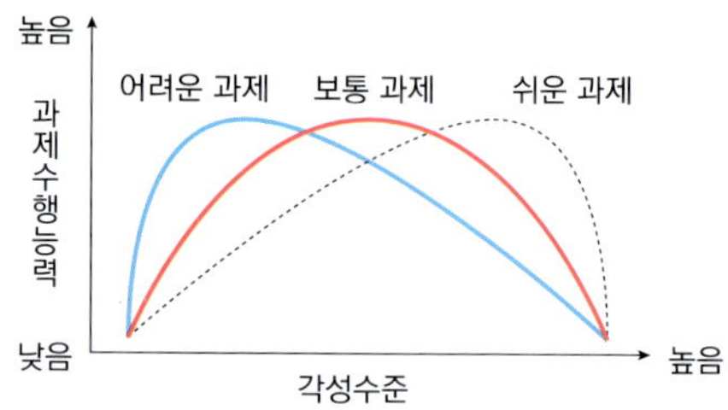

그림 5-2_ 여키스-도슨의 법칙

3) 욕구위계이론

매슬로우(A. Maslow, 1908~1970)는 인간의 욕구를 단계별로 체계화하였는데 그는 외적인 동기화만 강조하고 개인의 내적인 측면을 무시하는 행동주의 강화이론에 반하여 개인의 욕구나 내적 상태 등을 강조하였다.

욕구위계는 생리적 욕구, 안전의 욕구, 소속과 사랑의 욕구, 자존감의 욕구, 자아실현의 욕구가 있는데 이것이 단계적으로 생긴다는 것이다. 이러한 욕구들은 하위단계의 욕구가 충족되면 다음 단계의 욕구가 생긴다는 의미에서 위계적이며, 생리적 욕구가 어느 정도 충족되어야 그다음 단계인 안전의 욕구가 생겨난다.

욕구위계이론의 동기 위계가 모든 사람에게 적용하기에는 개인적 차이가 많고 욕구의 순서가 보편적으로 고정된 것이 아니라는 비판의 목소리도 있다. 즉, 사람은 때때로 자신의 신념을 위해 단식을 선택하여 목숨을 잃기도 하고 불안정한 가정의 자녀는 학교에서 인정받고 성취하고자 노력한다.

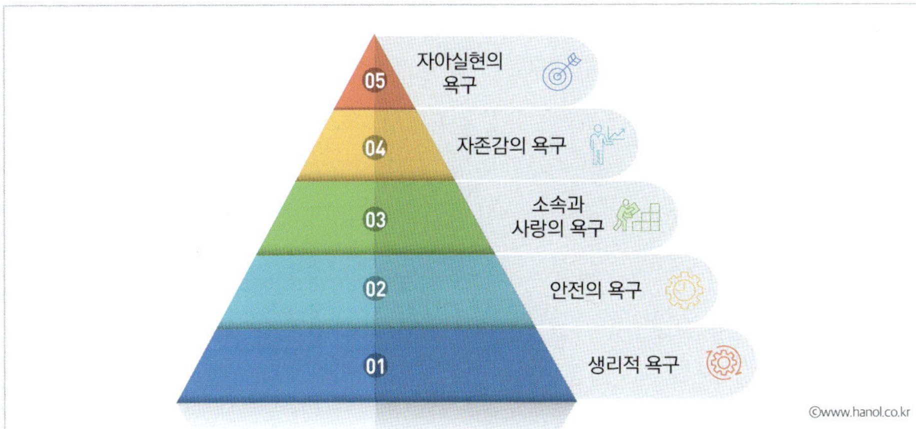

그림 5-3_매슬로우의 욕구위계

표 5-1_매슬로우의 욕구위계

구분	내용
생리적 욕구	배고픔, 갈증, 수면, 통증 회피, 성적 해소 등 기본적인 욕구
안전의 욕구	위험, 공포 등 환경으로부터 안전감과 안정감의 욕구
소속과 사랑의 욕구	친밀한 관계, 의미 있는 집단(사회단체, 친구)에 소속되고자 하는 욕구
자존감의 욕구	자신감, 성취, 유능감, 타인에게 인정받고 존중받고자 하는 욕구
자아실현의 욕구	자신의 잠재력과 가능성을 목적에 맞게 최대한 발휘하고자 하는 욕구

4) 성취동기이론

동기는 사람의 행동을 결정하는 원동력으로써 개인의 생리적, 심리적 조건에 영향을 받는다. 성취동기는 심리학자 맥크릴랜드(D. McClelland)에 의해 이론화되었으며 성취동기이론(achievement motivation theory)은 과제를 보다 잘 수행해 내려는 욕구가 주어진 상황에서 자신을 적절히 조절하고 능력을 배양시키는 행위로 나타난다고 보았다.

그는 어떤 일을 보다 잘 수행하고 보다 능률적으로 수행하여 결과를 이룩하려는 동기를 성취동기라고 정의하였다. 즉, 성취동기는 성취해 내고 수행하며 실현하려는 인간이 가진 고유의 내재적 동기를 의미하며, 그것은 거시적인 경제 차원에서나 미시적인 조직 차원에서 대단히 중요한 의의를 갖는다.

머레이(H. Murray)는 겉으로 나타난 행동보다 인간의 사고방식에 초점을 두고 동기를 파악하기 위한 성취동기 측정 방법으로 주제통각검사(TAT: Thematic Apperception Test)를 개발하였다. 이 방법은 애매모호한 자극을 개인에게 제시하여 의식의 검열과정을 거치지 않고 즉각적인 반응을 나타내도록 함으로써 대상자의 내면성과 동기적 특성을 파악한다.

그림 5-4_주제통각검사 카드 예시

동기는 원래 이전에 경험했던 쾌락 및 고통과 연합되어 있는 단서에 의해 나타나는 감정의 연상망으로 이루어지는데, 과거에 성취로 인해 유쾌한 감정을 느낀 경험에서 성취동기에 대한 연상을 더 많이 하도록 할 때, 더 높은 성취동기를 추구하게 된다. 이처럼 성취동기도 학습된 결과에 의해 크게 영향을 받는다.

성취동기는 학습된 것이기 때문에 적절한 환경조건의 제시와 훈련으로써 그 수준을 변경시킬 수 있다. 즉, 동기는 학습되는 것이고 그것은 강도나 중요도에 의해서 여러 위계로 배열되고 있으며 감정적 연상망으로 구성되어 있기 때문에 성취동기의 연상이 많아지도록 하고 성취동기가 욕구계층에서 다른 욕구보다 우세하도록 함으로써 낮은 성취동기를 높은 성취동기로 바꿀 수 있다. 성취동기가 높은 사람은 도전에 대한 불굴의 정신 덕분에 더 많은 것을 성취한다.

5) 귀인이론

귀인이란 어떤 일이 발생하게 된 이유, 어떤 사람이 무엇인가를 행하거나 말하게 된 이유, 또는 우리 자신이 어떤 방식으로 행하거나 말하게 된 이유 등에 대한 심리적인 추론을 말한다. 즉, 행동의 원인을 찾아 그 원인을 어떤 것에 귀속시킨다는 의미에서 귀인이론(attribution theory)으로 불리게 되었다. 귀인의 과정은 긍정적인 경우보다는 부정적인 경우에 더 흔하게 이루어지는 것을 볼 수 있다.

귀인이론은 사람들이 자신에게 일어난 사건을 해석하는 데 사용하는 여러 가지 심리적인 절차와 관련된 이론으로서 설득적 의사소통 과정에서 수용자가 설득적 메시지에 노출되었을 때 그 메시지를 있는 그대로 받아들이는 대신, 커뮤니케이터가 그 메시지에서 취하고 있는 입장이나 의견에 대한 원인 또는 동기를 유추, 곧 귀인하고 이러한 귀인의 결과에 따라 수용자 자신의 의견이나 태도를 바꾸게 된다는 것이다.

귀인이론은 개인이 사건을 어떻게 지각하는지에 따라 후속적인 행동이 조정된다는 공통적인 가정에 기초를 두고 있다. 사람들은 예측하지 못한 의외의 사건이나 실패에 효과적으로 대처하기 위해서 원인을 찾기도 한다. 사건에는 원인이 있다고 생각하기 때문이다.

하이더(F. Heider)와 로터(J. Rotter)에 의해 시작된 귀인이론은 켈리(H. Kelly)와 존스(E. Jones)를 거쳐 와이너(B. Winer)에 이르게 되는데 그는 다양한 분야에 걸친 귀인연구를 시도했다. 기존의 귀인이론을 더욱 구체화하여 발전시킨 와이너는 귀인을 원인소재, 안정성, 통제성이라는 3가지 차원으로 분류하였다. 개인에게 발생할 수 있는 귀인 관련 상황과 개인 간 상황에서 발생하는 광범위한 귀인 문제들을 다루었다. 특히 결과의 성공과 실패에 대한 생각에 귀인이 성취동기로 작용함을 주장하였는데, 여기서 주된 전제가 바로 사람들은 자신의 성공과 실패의 원인을 알고자 하는 특성이 있다는 것이다. 즉, 성취상황에서 성공과 실패에 대한 귀인과정과 성취동기와의 관계를 연구함으로써 귀인과정의 인지적 측면과 동기적 측면을 함께 고려할 수 있는 접근이 가능하게 된 것이다.

와이너는 귀인의 3가지 차원은 감정 또는 정서적 반응과도 관련이 있음을 제시하여 성공과 실패의 상황에서 귀인-정서적 반응-행동의 과정을 설명하였다. 자신의 노력으로 성공하였을 경우 자부심과 긍지를 느낄 수 있지만, 실패하였을 경우에는 수치심이나 죄책감을 느낄 수도 있다. 운이나 과제의 난이도와 같은 외적 요인에 귀인할 경우 성공 상황에서는 감사하는 마음을 갖게 되지만 실패 상황에서는 분노를 느끼게 된다. 통제가능성은 자신감과 미래에 기대를 반영하게 되는데, 자신이 통제가능한 것으로 귀인하면 자부심을 느끼지만 통제 불가능한 요인으로 귀인하면 좌절을 느끼고 요행을 바라게 된다는 것이다. 이렇게 인과관계의 세 차원은 자부심, 희망, 기대, 절망, 동정과 같은 다양한 정서 반응에 영향을 주고, 이러한 감정은 행동결과에 영향을 미친다.

와이너는 귀인의 소재, 안정성과 통제성으로 나타난 책임이 어떤 사건 또는 결과와 관련된 개인의 신념과 차후의 행동을 의미 있게 바꿀 수 있는 잠재성을 지니고 있는 것으로 보고 있다.

2. 정서

1 정서의 정의

정서(emotion)는 동기와 같이 행동을 활성화할 수도 있고, 행동의 방향을 결정지을 수도 있다. 또한 정서는 동기화된 행동을 수반한다. 즉, 유기체가 대상에 접근하거나 회피하는 행동을 정서가 유발하는 것으로 본다. 정서는 주로 외부적 자극에 의해 유발되지만 때로는 내부적 자극에 의해 유발되는 경우도 있다. 인간의 정서는 매우 다양하지만 대부분 인간관계의 맥락에서 체험되는 것이다.

정서는 특정 대상이나 상황이 있으며 지속 시간이 비교적 짧은 기분(mood)과 구분되는 개념으로, 다차원적인 측면을 가지고 있다. 주관적 차원의 정서는 개인적 중요성과 의미를 지닌 경험으로 정의되며, 생물학적 차원의 정서는 적응을 위한 대처행동을 준비하고 조절하는 데 관여하는 자율신경계와 내분비 체계의 활동을 포함한다. 기능적 차원의 정서는 개인이 상황에 적절한 대처반응을 하려는 욕구를 발생시킴으로써 생존에 도움을 준다. 마지막으로 표현적 차원의 정서는 소리, 표정, 신체 자세를 통해서 사회적 의사소통에 관여한다.

정서는 표현하는 정도에 따라 기쁨, 행복, 즐거움 등을 나타내는 긍정적 정서와 화, 분노, 불안, 슬픔 등을 나타내는 부정적 정서로 나뉜다. 높은 긍정적 정서는 사람이 활동적이고 민감함을 느끼는 정도를 반영하지만, 낮은 긍정적 정서는 슬픔과 무기력의 특징을 갖는다. 반대로 부정적 정서는 불쾌한 감정을 의미하는 것으로 높은 부정적 정서는 혐오적인 기분 상태를 많이 느끼게 하지만 낮은 부정적 정서는 침착하고 평온한 상태를 많이 느끼게 한다.

2 정서의 기능

정서는 인간이 주어진 환경에서 살아남고 적응할 수 있도록 도와주며 개인이 생존하고 적응하도록 기능한다. 당면한 환경이나 상황에서 생존에 필요한 행동과 상황에 맞는 적절한 행동을 유발함으로써 생존과 적응을 돕는다.

정서는 자극이 자신에게 유쾌한 것인지 불쾌한 것인지 또는 그 자극에 가까이 다가가야 할 것인지 물러서거나 회피해야 할 것인지에 대한 정보를 제공하며 다른 사람과의 관계 상태에 정보를 제공한다.

의사결정에 필요한 근거 중 하나가 바로 자신의 욕구와 관심사이다. 정서는 자신의 욕구와 관심사가 무엇인지 알게 해주므로 판단을 내리고 의사결정을 할 때 결정적인 역할을 한다고 볼 수 있다. 또한 정서는 상황의 요구에 적절한 인지 양식을 형성하게 하고 기억의 증진에도 영향을 미친다.

정서는 궁극적으로 유기체를 보호하는 역할을 하며 정서를 유발시킬 상황이나 자극에 반응할 준비를 하게 한다. 그뿐만 아니라 사회에 적응하는 기능이나 심리적인 안녕감과 대인관계에서 중요한 역할을 담당하고 있다.

두려움은 위험을 인지하고 물러나도록 동기화하며 분노는 생존과 관련된 자원 획득을 동기화하고 슬픔은 무언가를 상실했을 때 주변으로부터 지지 행동을 유발해 내는 경향이 있다.

사람들은 특정한 정서를 최대화하거나 최소화하려는 경향을 지닌다. 긍정적 정서는 사람들이 건강한 상태에 머무를 수 있도록 도와주며 신체적 건강을 증진시키기도 한다. 또한 개인의 안녕감을 증진해 주고 개인의 사고와 행동목록을 확장하여 심리적 자원을 증강시킨다. 긍정적 정서가 높다는 것은 몰입이나 즐거움 또는 높은 에너지 등의 상태를 의미하며 부정적 정서를 감소시킨다.

부정적 정서는 주관적인 괴로움과 불쾌한 일에 대한 반응으로 높은 부정적 정서는 회피 및 포기와 대처전략, 그리고 자살사고를 높인다. 부정적 정서를 자주 경험할수록 부적응적인 양상을 보일 가능성이 높다. 공포, 분노와 같은 부정적 정서는 외부 자극이나 위협을 대비하도록 한다.

긍정심리학자들은 인간의 삶에서 불안이나 걱정 같은 부정적 정서를 완전히 없애는 것은 바람직하지 않다고 본다. 부정적 정서가 어느 정도 수준에서는 긍정적인 기능을 하기 때문이다. 부정적 정서는 인간의 내부에 자리하면서 필요시 도움을 주는 유익한 감정이다. 두려움은 위험한 상황에 직면하지 않도록 사전에 미리 대처할 수 있게 하고 화는 부당하거나 억울한 일을 당할 때 자신을 보호해 주며, 우울은 사람의 마음을 진정시키고 차분하게 하여 몰입도를 높여준다.

정서의 기능(롤스, Rolls)

- 위기를 대처하기 위해 자율신경 반응을 이끌 낸다.
- 특별한 문화적 조건에 알맞은 반응을 하도록 한다.
- 목표 달성을 위해 행동하도록 동기화시킨다.
- 타인에게 자신의 의도를 전달하게 한다.
- 사회적 유대를 증가시킨다.
- 사건에 대한 기억과 평가에 영향을 준다.
- 특정 기억의 저장을 향상시킨다.

Getty Images

3 정서이론

심리학자들은 무엇이 정서경험을 유발하는지에 대한 물음에 답하기 위해 여러 이론을 제안하였다. 최근까지 진행되어 온 정서이론을 살펴보자.

1) 제임스-랑게 이론

19세기 말경 미국의 심리학자 제임스(W. James)에 따르면 정서는 어떤 사건에 반응하여 발생하는 신체적인 변화에 대한 지각이라고 제안하였다. 즉, 정서유발 상황에서 행동이 정서경험보다 먼저 발생한다고 하였다. 거의 동시에 덴마크 생리학자 랑게(C. Lange)도 유사한 주장을 하여 이것을 제임스-랑게 이론이라고 부른다.

인간은 상식적으로 커다란 산짐승을 만나면 무서워서 도망친다. 그러나 제임스와 랑게에 따르면 커다란 산짐승을 만났을 때 자율신경계의 흥분으로 신체적 변화가 생겨서 일단 도망치기 위해 뛰고, 신체적 변화에 대한 지각은 후속적으로 자신이 두려워하고 있다는 정서를 경험하게 한다는 것이다.

제임스-랑게 이론은 사건에 대한 인간의 행동적 측면, 정서적 측면의 반응에서 인지적 평가와 개인의 가치 및 선택의 역할을 부정한다.

2) 캐논-바드 이론

생리학자 캐논(W. Cannon)은 제임스-랑게 이론에 반박하였다. 그는 환경에서 정서를 유발하는 자극이 시상에 전달되면 시상은 다시 대뇌피질과 신체의 여러 부위에 정보를 보내어 정서적 경험과 신체적 변화를 동시에 유발한다고 보았다. 캐논의 이론은 바드(P. Bard)에 의해 확장되어 캐논-바드 이론이라고 한다.

캐논-바드는 사건이 신체반응과 정서경험을 동시에 유발한다고 보았다. 즉, 커다란 산짐승이 갑자기 눈앞에 나타나면 심장이 두근거리고 두렵다는 반응이 동시에 함께 나타나게 된다.

3) 샥터-싱어 이론

샥터(S. Schachter)는 정서와 인지의 상호작용 가설을 제안하였고 싱어(J. Singer)도 샥터와 유사한 입장을 보였다. 샥터-싱어 이론에서는 상황에 대한 인지적 평가와 해석이 정서경험에 필수적이라고 주장하였다. 신체 상태를 초래하는 내적·외적 원인에 대한 인지적 해석에 근거해서 정서적으로 모호한 신체적 상태를 설명함으로써 정서적 느낌이 만들어진다고 보았다. 커다란 산짐승을 만났을 때 심장이 두근거리고, 도망치기 위해 뛰면서 지금은 무서운 상황이라고 명명하면 두려움을 느끼게 된다는 것이다.

신체적 각성과 인지가 함께 정서를 만들어내는 것이라고 제안하였기 때문에 정서에 대한 2요인 이론(two-factor theory)이라고도 부른다.

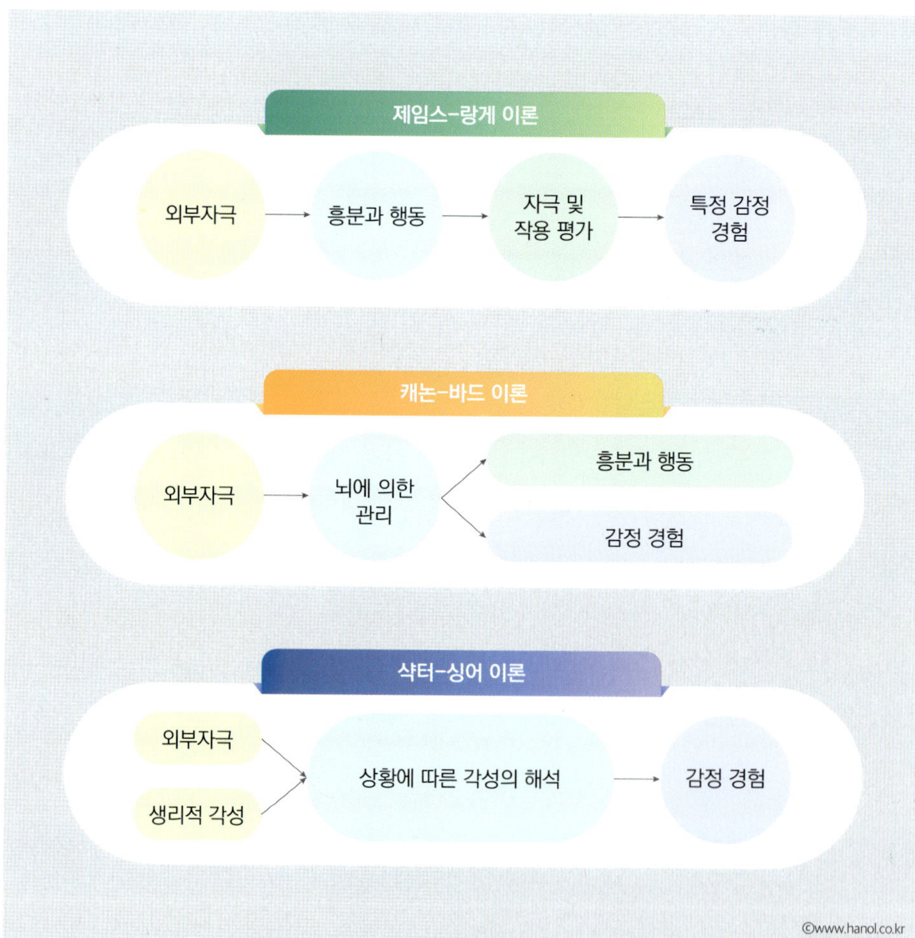

그림 5-5_정서이론

4 정서표현

정서표현(expression of emotions)은 정서 상태의 변화를 나타내는 것으로, 사람들이 언어적인 표현 또는 비언어적인 표현을 통하여 자신의 정서 상태를 드러내는 것을 의미한다. 정서표현 능력은 인식한 정서를 분명하게 표현하고 자신의 정서와 관련된 욕구와 목표를 성취하기 위하여 정확하게 표현할 수 있는 능력이다.

타인과의 상호작용에서 긍정적 정서와 부정적 정서를 언어나 문자, 몸짓, 얼굴 표정, 행동 등 비언어적인 것까지 포함하여 자신의 정서를 적절하게 표현하는 것은 매우 중요하다. 상황에 맞게 자신의 정서를 표현하는 것은 자신뿐만 아니라 상대의 정서 반응을 이해하고 타인을 지지하고 자신을 위한 타인의 지지를 이끌기 위한 기본적인 공감대 형성의 방법과 전략을 갖추도록 한다. 정서표현은 타인으로부터 사회적 지지를 획득하게 하는 역할을 하고, 이러한 사회적 지지는 개인의 심리적 안녕감과 연결된다.

일상생활에서 긍정적 정서뿐만 아니라 부정적 정서를 경험하고 자신이 느끼는 기분이나 감정을 인식하여 상황에 맞게 표현하는 것은 인간관계에 긍정적인 효과를 준다.

정서표현은 주로 얼굴 표정이나 음성, 몸짓 등을 통해 다양하게 나타날 수 있는데, 이를 언어적 정서표현과 비언어적 정서표현으로 나누어 살펴보자.

1) 언어적 정서표현

언어는 사고 과정과 의사소통의 도구로서 사람은 언어를 사용하여 자신의 정서를 분명하게 인식하고 타인에게 전달한다. 자신의 생각이나 감정을 인식하고 표현할 때 가장 기본이 되는 것이 어휘이다. 어휘는 인간의 사고 과정과 의사소통에서 가장 기본이 되는 필수 요소이다. 어휘를 사용하지 않고서는 자신의 생각이나 감정을 인식하거나 언어로 표현하는 것이 불가능하며 타인과의 의사소통도 어렵게 된다.

표 5-2_정서어휘 예시

정서	정서 어휘
기쁨	정겹다, 만족하다, 좋다, 감개무량하다, 감동하다, 즐겁다, 뭉클하다, 안정되다, 보람차다, 고맙다, 반갑다, 평안하다, 사랑스럽다, 평온하다, 통쾌하다, 뿌듯하다, 행복하다, 기쁘다, 설레다, 유쾌하다, 흥미진진하다, 자랑스럽다, 흐뭇하다, 흥겹다, 신나다, 재미있다, 신바람나다, 떳떳하다, 들뜨다, 자신만만하다, 온정, 애정, 성취감
슬픔	가엾다, 아쉽다, 안쓰럽다, 안타깝다, 불쌍하다, 찡하다, 불행하다, 구슬프다, 외롭다, 기죽다, 상심하다, 서글프다, 서러워하다, 허전하다, 서럽다, 허탈하다, 낙담하다, 우울하다, 서운하다, 울적하다, 섭섭하다, 속상하다, 슬프다, 쓸쓸하다
분노	증오하다, 진노하다, 격분하다, 밉다, 격하다, 짜증내다, 경악하다, 발끈하다, 분노하다, 분하다, 괘씸하다, 토라지다, 언짢다, 화나다, 원망하다, 성나다, 노발대발, 노하다, 흥분, 시기하다, 발끈하다, 원통하다, 역정, 분노, 원한
괴로움	갈등하다, 싫증나다, 좌절하다, 죄스럽다, 죄책감, 무덤덤하다, 지겹다, 거부감, 지긋지긋하다, 거북하다, 지루하다, 미안하다, 민망하다, 질리다, 창피하다, 부럽다, 처참하다, 고독하다, 고민하다, 불만족하다, 불쾌하다, 꺼리다, 서먹하다, 후회하다, 답답하다
두려움	막막하다, 조마조마하다, 주눅들다, 아찔하다, 무섭다, 걱정하다, 무안하다, 겁나다, 반감, 부끄럽다, 초조하다, 불안하다, 공포, 근심걱정, 염려하다, 기겁하다, 긴장하다, 끔찍하다, 위압감, 위축감, 소름끼치다, 당황하다, 두렵다

2) 비언어적 정서표현

언어적 표현 이외의 얼굴 표정, 몸짓, 음성적 특성 등은 비언어적 방식이다. 비언어적 정서표현 방식 중 대표적인 것은 얼굴 표정이다. 얼굴 표정에는 당사자의 내적 심리 상태에 대한 정보가 담겨 있어 상대방의 정서 상태를 파악하는 중요한 수단이 되고 상대방이 의도하는 메시지를 보다 정확하게 이해할 수 있게 한다.

얼굴 표정이나 몸짓은 개인이나 문화적 배경에 따라 다르게 해석될 수 있으므로 얼굴 표정이나 몸짓만으로 개인의 정서를 정확하게 파악하는 데는 한계가 있어 해석에 신중해야 한다.

그림 5-6_비언어적 정서표현 (행복, 놀람, 공포, 슬픔, 분노, 혐오)

3) 정서표현에 영향을 미치는 요인

정서표현에 영향을 미치는 요인은 다양하게 존재한다. 정서인식, 정서표현신념, 부정적 평가에 대한 두려움은 정서표현에 영향을 미치는 요인이라고 볼 수 있다.

정서인식은 그 자체가 정보로서 기능하며 인간의 인지과정과 행동선택에 중요한 영향을 미친다. 정서인식이 떨어지는 경우, 타인의 정서를 잘못 판단할 가능성이 높고, 그로 인해 부적절한 반응을 하게 되기 때문에 사회적 관계에서 부적응을 경험할 것이라 볼 수 있다. 이처럼 자신이 경험하는 정서를 정확히 인식하고 관리하는 능력은 타인의 정서를 추론하는 능력에 큰 영향을 미치기 때문에 자신과 타인의 정서를 이해하고 정리하는 데 도움이 되며 경험하는 정서와 상황에 효과적으로 대처할 수 있을 뿐만 아니라 개인의 심리적 적응과 사회적 적응에 중요한 요인이 될 수 있다.

타인과의 관계에서 자신이 경험한 적절한 정서를 표현하는 것은 깊이 있는 관계를 맺는 데 도움이 될 수도 있지만, 때로는 자신의 감정을 드러내 보이는 것이 적절하지 않은 상황도 있으므로 개인은 각각의 상황에서 자신의 정서를 표현해야 할지 억제해야 할지 선택을 하게 되고, 이러한 선택은 독특한 상황뿐만 아니라 자신이 가지고 있는 정서표현 신념에 따라 달라지게 된다.

타인에게 부정적으로 평가받는 것을 지나치게 의식하고 두려워하는 사람들은 그렇지 않은 사람들에 비해 외부적인 상황에 더 많은 영향을 받으며 자신이 경험하고 인식한 정서를 표현하는 데 어려움을 겪을 수 있다. 주의 초점이 타인이 아닌 자신에게 향하고, 타인들이 자신에 대해 어떤 생각을 가지고 있는지 타인을 관찰하며 주위 단서에 집중하기보다는 자신이 타인에게 어떻게 보일지에만 집중하고 그것이 곧 타인의 평가라고 스스로 가정하게 된다. 특히 정서표현은 다른 사람들이 자신을 부정적으로 평가할 것이라는 생각에 의해서 큰 영향을 받는다.

참고문헌

- 강명숙·이현림(2007). 진로탐색 집단상담 프로그램이 학습부진 중학생의 자아존중감 및 성취동기에 미치는 효과. 한국직업교육학회. 26(2). P. 1-18.
- 김별님(2012). 부모의 성취압력, 성취동기와 스트레스 대처방식이 학업소진에 미치는 영향. 대구가톨릭대학교 석사학위논문.
- 김연실·김영선·박성원·박애영·박정은·서승경·우상우 외(2021). 인간심리의 이해. 메디시언.
- 김옥경(2012). 정서표현에 대한 정서 관련 태도와 정서표현 갈등의 영향. 대구대학교 박사학위논문.
- 김지현(2010). 그림책을 활용한 정서인식 및 표현 프로그램이 유아의 정서적 능력 및 사회적 행동에 미치는 효과. 열린유아교육연구. 15(5). P. 83-85.
- 남윤곤(2016). 학업스트레스와 자기조절학습전략의 관계: 학업동기의 매개효과. 한양대학교 석사학위논문.
- 변은경·박민희·이수정·이춘이·최숙희·최정임(2020). 인간심리와 친해지기. 청운.
- 오세진·김청송·신맹식·양계민·이요행·이장한·이재일 외(2015). 인간행동과 심리학(4판). 학지사.
- 윤가현·권석만·김문수·남기덕·도경수·박권생·송현주 외(2016). 심리학의 이해(4판). 학지사.
- 이미형·김민녀(2021). 인간심리의 이해. 현문사.
- 임현희·최명희(2020). 인간심리의 이해. 청운.
- 정지연(2002). 조직체의 위기발생 시 공중관계성이 공중의 위기인식에 미치는 영향에 관한 연구: 귀인이론을 중심으로. 연세대학교 석사학위논문.
- 한주희(2016). 상황에 따른 유아 정서어휘 표현 프로그램 개발 및 적용 효과. 중앙대학교 박사학위논문.
- 현성용·김교헌·김미리혜·김아영·김현택·박동건·성한기 외(2016). 현대 심리학의 이해. 학지사.
- David G. Myers, C. Nathan DeWall. 신현정 역(2015). 마이어스의 심리학. 시그마프레스.
- Emmons, R. & Colby, P. M.(1995). Emotional conflict and well-being: relation to perceived avail ability daily utilization, and observer reports of social support. Journal of Personality and Social Psychology. 68. P. 947-959.

재미있는 **심리여행**

Chepter 6
스트레스

학습목표

- 스트레스를 정의하고 다양한 스트레스 원인을 알 수 있다.
- 심리학과 건강과의 관계를 확인하고, 스트레스 반응을 설명할 수 있다.
- 스트레스 측정방법을 알 수 있다.
- 스트레스에 대처하는 방법을 모색할 수 있다.

전체개요

우리는 일상에서 항상 스트레스와 함께 생활한다. 가벼운 것에서부터 큰 것까지 스트레스의 크기도 다양하다. 시험을 앞두고, 친구와의 관계에서, 가족 간의 관계에서, 위험한 상황에 처할 때 스트레스를 받는다. 그러나 같은 상황이라도 사람에 따라 스트레스가 다르게 작용한다.

스트레스는 부정적인 것만은 아니며 잘 대처하고 긍정적으로 작용하면 일의 능률이 향상되거나 삶의 동기를 부여해 주는 등 자극제로서 창조적인 능력을 발휘하게 한다. 반대로 적절히 대처하지 못하고 긴장과 불안을 심하게 느끼게 되면 불균형 상태가 지속되고 이로 인해 신체적인 문제와 정신적인 문제가 발생하게 된다. 이 장에서는 스트레스란 무엇이며, 스트레스의 원인과 대처방법에 대해 알아보고자 한다.

1. 스트레스의 개념

1 스트레스의 정의

일상생활에서 많은 사람들이 스트레스라는 용어를 자주 사용한다. 스트레스는 인간의 모든 삶에서 피할 수 없고 오히려 삶의 과정에서 적응해야 하는 부분으로 받아들여야 한다.

스트레스(stess)는 '쪼이다', '긴장하다'라는 의미인 stringer의 어원에서 유래한 것으로 사전적인 정의는 '적응하기 어려운 환경에 처할 때 느끼는 심리적, 신체적 긴장상태'를 말한다. 또는 '지각된 요구와 그것에 반응할 수 있는 개인의 지각된 능력의 불균형'으로 정의되기도 한다. 물리학에서는 스트레스를 신체에 가해지는 압력 또는 힘으로 설명하고 있으며, 무거운 물체가 서로 부딪치거나 끊어지기 전까지 당기는 고무줄 같은 물리적 스트레스뿐 아니라 중요한 것을 결정할 때 압박으로 인해 눌리거나 위축되는 심리적인 힘으로 설명하고 있다.

스트레스라는 용어에는 스트레스원(stressor)과 스트레스 반응의 의미가 함께 내포되어 있다. 셀리에(H. Selye)는 '스트레스원'이라는 원인으로 인해 유기체가 경험하는 반응을 스트레스라고 명명하였다. 즉, 스트레스원이란 스트레스를 일으키는 원인 인자 또는 자극을 의미한다. 예를 들어 공부하는 것을 힘들어하는 아이가 시험 때만 되면 머리가 아프다고 한다면, 전자(시험)는 원인을 의미하고 후자(머리 아픔)는 스트레스에 의해 다양하게 나타나는 반응으로 이해될 수 있다. 이러한 원인과 반응은 사람마다 다르며 스트레스 시 나타나는 반응이 무엇인지 파악하는 것은 스트레스를 대처하는 것에 도움이 된다. 반응은 정서 및 신체적인 변화나 인지 행동적인 대처반응으로 나타난다.

스트레스는 양면성을 가지고 있다. 실질적인 신체적 위험과 같은 부정적인 자극에서부터 사랑에 빠지거나 좋은 결과를 얻었을 때와 같은 흥분되는 일에 이르기까지 우리가 적응해야 하는 어떤 변화들을 모두 포함한다. 모든 스트레스가 나쁜 것이 아니라 바람직한 부분도 있고 건강을 증진시켜 일상생활에 전념할 수 있도록 하는 등 우리에게 유익하게 작용하기도 한다. 예를 들면 건강에 대한 스트레스는 면역력을 증가시켜 질병을 예방하기도 하며, 엉뚱한 생각을 떨치고 현실을 직시하여 일상생활에 집중할 수 있도록 도와주기도 한다. 이를 유용한 스트레스(eustess)라고 한다. 학업의 성공과 휴가도 유용한 스트레스에 해당된다. 생활의 변화를 수반해 긴장을 일으키기 때문이다. 이렇듯 좋은 변화에도 적응이 필요하기 때문에 적응할 때까지는 스트레스로 작용할 수 있다. 그러나 해로운 스트레스(distress)는 우리가 조절할 수 있는 능력을 벗어나 있는 상태가 많으며, 이는 결국 기분에 영향을 미치고 즐거움을 경험하지 못하게 하거나 신체에 해를 끼칠수도 있다. 〈그림 6-1〉에서 보여주듯이 스트레스의 양이 늘어날수록 기능이 높아졌다가 다시 떨어지는 것을 볼 수 있으며 기능이 떨어지는 경우에는 해로운 스트레스로 작용했다고 할 수 있다.

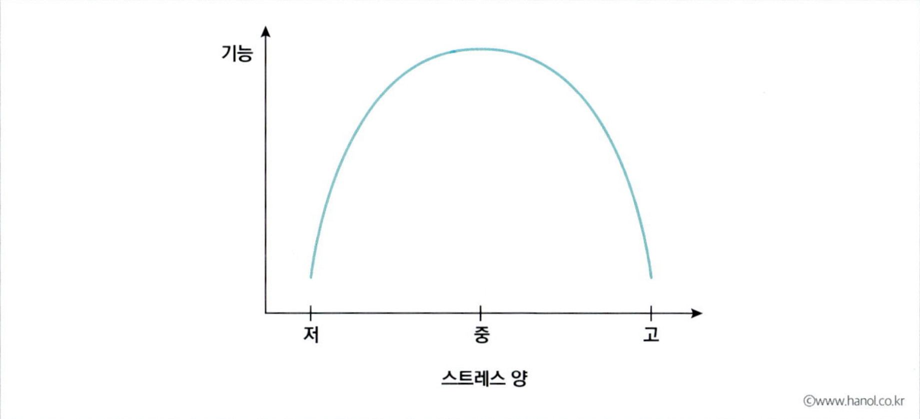

그림 6-1_ 스트레스 양과 기능의 관계

2 스트레스의 원인

스트레스의 원인은 다양하게 확인할 수 있다. 일상생활에서 발생하는 사소한 골칫거리나 생활의 변화부터 갈등상황, 개인의 비합리적 신념으로 인해 발생하기도 한다. 이렇듯 스트레스의 원인은 다양하며, 이 책에서는 몇 가지 대표적인 원인에 대해 알아보고자 한다.

1) 일상생활에서의 스트레스

스트레스의 일부는 일상의 사소한 일에서 발생하며, 이것으로 인해 우리는 고통스러운 경험들을 하게 된다. 가정에서 식사를 준비할 때나 쇼핑을 하는 소소한 일상에서도 스트레스가 발생한다. 질병에 걸렸거나 치료를 위해 약물을 시간에 맞춰 복용하는 일, 혹은 약물 부작용으로 불편함을 겪는 일 등도 건강과 관련된 행동이지만 스트레스를 받게 된다. 해야 할 일이 너무 많고, 시간이 충분치 않을 때에도 우리는 시간에 압박을 받으며 스트레스를 받고 있다는 것을 깨닫게 되며, 혼자 있을 때에도 사회적 고립감이나 외로움을 느끼는 경우 내적인 스트레스를 경험할 수 있다. 미디어에서 보도되는 범죄들을 간접적으로 경험하는 일이나, 덥거나 추운 날씨, 소음이나 미세먼지 등과 같은 환경오염을 접했을 때에도 스트레스를 경험하게 된다. 재정적으로 여유가 없거나 빚이 있는 경우에도 스트레스를 받게 되며, 직장인의 경우 직업에 대한 불만족, 동료와의 갈등 등 업무에서 발생하는 스트레스도 있다. 이렇듯 복잡한 일상과 변화하는 환경은 우리에게 스트레스로 다가오게 된다.

일상의 또 다른 스트레스로는 갈등이 있다. 이사를 할지 말지, 친구를 만날지 말지 등 모든 선택은 우리를 갈등하게 한다. 갈등은 심리학에서는 상반된 동기에 의해 둘 이상의 방향으로 끌려가는 느낌으로 설명하고 있으며 이러한 갈등이 긴장을 일으킨다. 접근-접근(approach-approach)갈등은 가장 스트레스가 적은 갈등으로 두 가지 갈등이 모두 바람직하고 성취 가능한 것으로 이런 갈등은 보통 결정하면 해결된다. 예로 밥과 라면 중에 무엇을 먹을지 결정하는 것이다. 회피-회피(avoidance-avoidance)갈등은 부정적인 두 가지 결과를 피하고 싶은 것으로 더욱 스트레스가 된다. 하나를 피하려면 다른 하나를 선택해야 하는 것으로, 상사에게 혼나는 것이 두려워 말하지 않으면 자신이 잘못 처리한 일이 더 심각해지는 경우가 여기에 해당한다. 스트레스가 높고 해결 방법이 없는 경우, 어떤 사람들은 다른 문제에 초점을 맞추지 않고 아무것도 하지 않으면서 갈등을 철회하는 방법을 사용하기도 한다. 접근-회피(approach-avoidance)갈등은 같은 행동이 접근과 회피 동기를 유발하는 경우로 장단점이 모두 포함되어 있다. 예로 케이크를 먹고 싶은데 칼로리가 높은 경우가 여기에 해당된다.

2) 성격적 특성

성격은 오랜 시간에 걸쳐서 지속되는 개인의 독특한 사고, 감정 및 행동 양식으로, 개인의 성격에 따라서 스트레스의 영향 정도가 달라지게 된다. 그중 A 유형과 B 유형의 성격이 스트레스와 어떻게 관련되는지 확인해 보자.

A/B 성격유형의 분류를 위해 사용된 설문지는 프레이밍햄 심장연구소(Framingham Hert Study)에서 개발한 것으로, 총 10문항의 4단계 평정척도로 되어 있다. 이 척도는 경쟁적 추동, 시간 긴박감 및 일에 대한 압력의 지각을 평가하는 것으로 점수가 높을수록 A 성격유형의 경향을 나타내며 점수가 낮을수록 B 성격유형의 경향을 나타낸다.

A 유형 행동(type A behavior)의 특징은 서두르고 압박을 느끼며 시간에 집착하는 등 시간개념이 강하여 약속을 잘 지킬 뿐 아니라 종종 일찍 가기도 하고, 또한 빨리 먹고 빨리 걸으며 빠르게 말하는 경향이 있다. 참을성이 없고 자동차 사고가 나기 쉬울 정도로 매우 경쟁적이며 공격적이다. 승부욕이 강하며, 성취지향적이고 정력적인 모습을 보인다. 심미안과 감정이 결여되어 있는 것도 특징이다. A 유형은 다른 사람들이 천천히 일을 할 때에도 쉬지 않고 일하며 집단 토론을 주도하려고 하고 힘을 통제하거나 나누며 복종하는 것을 어려워한다. 또한 직장에서 권위를 위임하는 것을 꺼리기 때문에 자신의 업무량이 늘어난다. 이 유형은 지속적인 자기개발을 위해 노력하고 자신이 하는 모든 일을 성취할 수 있도록 계속 고군분투하며 자신을 지나치게 몰아붙이는 모습을 보인다.

반대로 B 유형 행동(type B behavior)의 특징은 좀 더 편히 쉬면서 삶의 질에 더 집중한다. 덜 야심적이고, 덜 성급하며 스스로 속도를 조절한다.

표 6-1_ A/B 성격유형 검사지

다음 내용은 사람들의 성격이나 항상 하고 있는 행동 모습을 알아보기 위한 것입니다. 여기에는 좋고 나쁜 답은 없습니다. 여러분의 성격과 행동을 잘 생각해 보고 자기를 가장 잘 나타낸다고 생각되는 정도에 O표를 해주십시오.

번 호	여러분 자신이 느끼기에는 여러분이 어떠하다고 생각합니까?	전혀 그렇지 않다	가끔 그렇다	대체로 그렇다	항상 그렇다
1	나는 할 일 없이 노는 것은 싫다.				
2	나는 항상 바빠서 시간에 쫓기는 느낌이 든다.				
3	나는 모든 일에서 남보다 우수해야 한다는 생각을 항상 갖고 있다.				
4	나는 다른 사람에 비해 밥을 빨리 먹는 편이다.				
5	나는 가끔 시간에 쫓긴다는 생각이 든다.				
6	나는 일을 끝마친 후에도 그 일에 대해 계속 생각한다.				
7	나는 다른 사람에 비해 해야 할 일이 많은 것 같다.				
8	나는 내가 한 일에 항상 할 일이 더 남은 것 같다는 생각이 든다.				
9	나는 약속시간을 잘 지키는 편이다. 그러므로 시간이 늦어지면 기다리지 않는다.				
10	나는 다른 사람에 비하여 말을 빨리하는 편이다.				

3) 외부적 요인

① 환경요인

환경은 우리에게 끊임없이 적응을 요구하고 있다. 날씨의 변화나 꽃가루, 미세먼지, 알레르기 유발 물질, 소음, 교통공해 등 우리는 다양한 환경에 적응을 요구받으며 살아가고 있고, 이러한 환경에 스트레스를 받게 된다.

② 사회적 요인

인간은 사회에서 다양한 상호작용을 하면서 많은 영향을 받고 있다. 업무에서 동료와의 관계, 상사와의 문제, 마감시간, 재정적인 문제, 취업을 위한 활동, 실적의 저조, 의견 대립과 충돌, 달성해야 하는 성과, 사랑하는 사람과의 이별 등 사회적 스트레스가 요인으로 작용한다.

③ 생리적 요인

인간은 성장과 발달 주기에서 신체적·정신적으로 급격한 변화가 일어나는 특정 시기가 있다. 청소년기에는 신체적·정신적으로 급속한 성장과 변화가 있으며, 여성의 폐경기나 노화, 부상과 질병, 수면부족, 영양상태의 변화, 일상생활에서 발생하는 근육통, 위통, 두통 등의 생리적 요인들이 스트레스로 작용한다.

2. 스트레스 반응

1 일반적응증후군

셀리에는 스트레스를 신체 생리적 항상성에 영향을 주는 실제적, 혹은 지각된 위험으로 정의하였다. 일반적응증후군(GAS: General Adaptation Syndrome)은 스트레스 노출 후 발생하는 경고반응(놀람반응), 저항, 소진의 3단계 스트레스 모델을 제시하며 스트레스가 단순한 심리적 반응에 그치는 것이 아니라 근육긴장이나 소화기능의 변화, 내분비계 호르몬의 변화 등 생리적 반응을 일으킨다고 설명하였다.

1) 1단계: 경고반응

경고반응(alarm reaction)은 스트레스 요인을 인식함으로써 촉발된다. 이 반응은 생물학적으로 몸을 움직이게 하거나 각성시킨다. 이런 움직임은 본능적인 반응으로 투쟁-도피 반응(fight-flight reaction)에 기초한다고 20세기 생리학자 캐논(W. Cannon)이 연구를 통해 주장하였다.

2) 2단계: 저항단계

경고반응을 통해 스트레스 요인이 제거되지 않았을 경우에는 적응단계 또는 저항단계(stage of resistance)로 들어가게 된다. 저항단계는 내분비계와 교감신경의 활동 수준이 정상보다 높고, 긴장감이 계속 지속되는 상태이다.

3) 3단계 : 소진단계

저항단계에서도 스트레스 요인이 적절하게 처리되지 않은 경우 소진단계(stage of evhaustion)에 이르게 된다. 근육은 지속적인 긴장에 급속히 피곤해지고, 신체의 스트레스를 해소하는 데 필요한 자원들은 고갈된다. 소진상태에서는 자율신경계의 부교감 신경이 우세해질 수 있다. 따라서 심장박동과 호흡이 늦어지고 알레르기, 두드러기, 심장병 등 다양한 결과를 일으킬 수 있다.

2 신체적 반응

1) 신체적 반응

스트레스를 받을 때를 어떻게 알 수 있을까? 코헨(S. Cohen)은 생리적 항상성에 영향을 줄 수 있는 자극에 의해 스트레스를 지각하게 되고, 스트레스가 부정적인 감정, 생리적, 행동적 반응을 일으키고 결과적으로 신체적·정신적 질환의 발생 위험도를 높인다고 하였다. 우리는 스트레스에 각각 다르게 반응하고 있지만 미국심리학회는 공통적인 스트레스 반응을 설명하고 있다. 두통, 근육긴장, 목 또는 허리 통증, 배탈, 구강건조, 흉부통증, 빠른 심장박동, 불면, 피로, 식욕상실 또는 과식, 감기 빈도의 증가, 집중력 부족, 건망증, 초조함, 성급함, 불안 등이 나타난다고 하였다.

2) 면역체계와 만성건강문제

급성 또는 만성 스트레스는 건강을 손상시키고 질병위험을 높인다. 스트레스는 만성질환을 초래할 수 있으며 질병의 급성 증상을 유발할 수 있고 현재 가지고 있는 증상을 악화시킬 뿐만 아니라 상처 치유나 회복을 지연시킬 수 있다. 스트레스는 스테로이드 생산을 자극하여 면역체계의 기능을 억제한다. 스테로이드가 지속적으로 분비되면 항체의 형성을 방해하여 감염에 더욱 취약해진다. 뇌하수체 및 부신 호르몬 등을 포함한 내분비계의 신체적 변화는 면역체계에 영향을 미친다. 수면 패턴의 손상과 불안 및 우울은 면역반응의 변화와 직접적으로 관련되어 있다. 이와 같이 스트레스는 인체의 다양한 영역에 부정적인 영향을 미치고 있어 면역체계가 손상된 질환을 가진 환자나 노화로 인해 면역기능이 약화된 노인, 중증환자, 영양결핍이 있는 대상자를 돌볼 때에는 스트레스를 경감시키기 위한 관리방안이 필요하다.

표 6-2_ 스트레스의 다양한 반응

	신체적 반응	정서적 반응	인지적 반응	행동적 반응
부정적 반응	불면, 소화불량, 식욕감소 또는 증가, 공황발작, 두통, 근 긴장, 면역기능 감소, 통증 증가	분노, 두려움, 안절부절 못함, 불안, 슬픔, 우울, 화남	혼란, 집중저하, 결정장애, 걱정 증가, 실패감, 무력감, 절망감	우울, 비합리적 행동, 폭식 또는 절식, 음주, 흡연, 약물남용, 일상 활동의 취소 및 중단
긍정적 대처 시 반응	활력 증가, 면연반응 증가	낙관, 안녕감	자신감 증가, 동기부여	자기관리 증가, 생산성 증가

3. 스트레스 측정

우리는 수없이 많은 스트레스를 경험하면서 살아가게 되는데 스트레스를 보다 체계적으로 이해하기 위해서는 스트레스를 어떻게 측정할 것인가를 알아보는 것이 필요하다. 스트레스는 객관적으로 스트레스를 유발할 만한 상황과 이러한 상황을 주관적으로 인식하는 정도, 즉 객관적인 면과 주관적인 면으로 나누어 생각해 볼 수 있다. 대표적으로 홈스(T. Holmes)와 라헤(R. Rahe)의 사회적 재적응 평가척도는 객관적인 스트레스 상황에 대한 평가도구로서 객관적 사건의 존재 여부나 개수가 중요하다. 반면 코헨 등의 스트레스 자각척도는 스트레스를 어떻게 지각하고 있는지에 초점을 맞춘 것으로 라자루스(R. Lazarus) 등은 스트레스의 외적 사건보다 주관적으로 인지하는 정도와 스트레스를 조절하는 능력을 더 중요하게 보고 스트레스를 측정할 때 개인이 스트레스를 어떻게 지각하고 있는지를 측정하는 것이 중요하다고 하였다. 또 다른 스트레스 평가방법으로는 스트레스인자, 스트레스 반응, 개인적 특성(개인적 자원, 행동양상, 대응양상) 3가지로 구분할 수 있다. 이러한 구분은 문제를 분명하게 하여 해결을 위한 계획을 세우는 데 도움이 된다는 점에서 의의가 있다. 각 영역을 측정하는 방법으로는 면담, 평가척도와 같은 설문, 직접적인 관찰이 있으며 주로 자가평가척도가 많이 이용되고 있다. 이 책에서도 지금까지 국내에서 사용된 스트레스에 관한 척도를 안내하고자 한다.

1 대학생활 스트레스 척도

대학생활 스트레스 척도(전겸구·김교헌·이준석, 2000)는 8가지 하위요인을 포함한 50문항으로 구성되어 있다. 각 하위요인은 경제문제(7문항), 이성과의 관계(6문항), 교수와의 관계(6문항), 가족과의 관계(7문항), 장래문제(7문항), 가치관 문제(5문항), 학업문제(7문항), 친구와의 관계(5문항)에서 경험하는 스트레스이다. 점수가 높을수록 대학생들이 느끼는 스트레스 수준이 높은 것을 의미한다.

표 6-3_ 대학생활 스트레스 척도

번호	문 항	전혀 그렇지않다	그렇지 않다	보통이다	그렇다
1	취업을 위한 준비가 계획대로 진행되지 않았다.	0	1	2	3
2	졸업 후 취직을 못할 것 같아 걱정이다.	0	1	2	3
3	진로와 취직에 필요한 정보를 얻기 힘들었다.	0	1	2	3
4	사회적 편견(예: 성차, 지방대학 등) 때문에 취업이 어렵다고 생각했다.	0	1	2	3
5	이성 친구와의 사이가 매우 악화되었다.	0	1	2	3
6	이성 친구가 나의 의견에 따라주지 않았다.	0	1	2	3
7	이성 친구와 심하게 싸웠다.	0	1	2	3
8	이성 친구와 헤어졌다.	0	1	2	3
9	경제적으로 부족해서 대학생활이 위축되었다.	0	1	2	3
10	학자금 조달이 어려웠다.	0	1	2	3
11	용돈이 부족해서 행동에 제약을 많이 받았다.	0	1	2	3
12	경제생활이 어려워서 취미생활을 충분히 할 수 없었다.	0	1	2	3
13	부모와 의견충돌이 있어서 싸웠다.	0	1	2	3
14	부모와의 갈등이 심화되었다.	0	1	2	3
15	집안 식구가 나에게 불필요하게 간섭했다.	0	1	2	3
16	친구들로부터 따돌림을 받았다.	0	1	2	3
17	친구로부터 배척을 받았다.	0	1	2	3
18	친구가 나를 무시했다.	0	1	2	3
19	교수의 인격에 실망했다.	0	1	2	3
20	교수가 말하는 것과 행동하는 것이 달랐다.	0	1	2	3
21	교수의 불성실한 강의 때문에 학습의욕이 저하되었다.	0	1	2	3
22	나의 가치관이 올바른 것인지 회의에 빠졌다.	0	1	2	3
23	왜 사는지에 대한 의문 때문에 방황했다.	0	1	2	3
24	내가 중요하다고 생각하는 가치를 실천하지 못했다.	0	1	2	3
25	공부해야 할 분량이 너무 많았다.	0	1	2	3
26	노력한 만큼 성적이 나오지 않았다.	0	1	2	3
27	전공 공부가 너무 어려웠다.	0	1	2	3
28	취업이나 진로에 필요한 적성을 알 수가 없어서 고민했다.	0	1	2	3
29	졸업 후 진로를 결정하지 못해 방황했다.	0	1	2	3
30	대학을 졸업하더라도 가족들의 기대만큼 성취하지 못할 것 같은 생각이 들었다.	0	1	2	3
31	사회적 불안정(예: 정치, 경계 등) 때문에 직장을 얻기가 어렵지 않을까 생각했다.	0	1	2	3
32	이성 친구와 말을 하지 않았다.	0	1	2	3
33	이성 친구가 나 이외에 다른 사람에게 관심이 있음을 알았다.	0	1	2	3
34	집안의 경제사정이 악화되었다.	0	1	2	3
35	사 입고 싶은 옷을 살 돈이 없었다.	0	1	2	3
36	경제적으로 친구들과 수준 맞추기가 힘들었다.	0	1	2	3
37	가족으로부터 억울한 비난을 받았다.	0	1	2	3
38	부모님이 내가 하고자 하는 일을 허락하지 않았다.	0	1	2	3
39	형제나 자매와 심하게 싸웠다.	0	1	2	3
40	친구로부터 무례한 행동을 당했다.	0	1	2	3
41	마음에 맞는 친구를 사귈 수 없었다.	0	1	2	3
42	교수가 나의 인격을 무시했다.	0	1	2	3
43	교수의 강의가 산만해서 요점을 파악하기가 어려웠다.	0	1	2	3
44	교수로부터 생활에 필요한 지혜와 안목을 얻을 수 없었다.	0	1	2	3
45	확고한 인생관이 없어서 방황했다.	0	1	2	3
46	이상과 현실 간의 격차 때문에 갈등을 경험했다.	0	1	2	3
47	공부해야 할 내용이 너무 많았다.	0	1	2	3
48	성적이 나쁘다.	0	1	2	3
49	전공 공부가 적성에 맞지 않았다.	0	1	2	3
50	중요한 시험을 잘 치지 못했다.	0	1	2	3

2 사회적 재적응 평정척도

배우자의 사망, 결혼과 이혼, 실직과 같은 일은 삶에 큰 영향을 미치는 주요 생활사건이라고 할 수 있다. 삶에 큰 변화를 가져오는 주요 생활사건들은 강한 스트레스를 유발하며, 이로 인해 신체에 질병을 갖게 될 확률이 높아진다고 하였다. 주요 생활사건이 유발하는 스트레스의 양을 측정하기 위해 사회 재적응 평정척도로 주요 생활사건과 스트레스 점수를 나타내고 있는데, 스트레스 점수는 각각의 주요 생활사건이 개인의 생활에 미치는 영향을 고려해 스트레스 양으로 나타낸 것이다.

사회적 재적응 평정척도(SRRS: Social Readjustment Rating Scale)는 객관적인 스트레스 상황에 주목하여 잠재적인 여러 스트레스 사건을 나열한 것으로, 홈스와 라헤가 1967년도에 고안하였다. 이 척도는 배우자의 사망, 별거 등의 사건에 대한 점수의 합산으로 스트레스 정도를 평가하게 된다. 지난 6개월 동안 경험한 주요 생활사건의 스트레스 총합이 300점을 넘거나 지난 1년 동안 경험한 주요 생활사건의 스트레스 총합이 500점이 넘는다면 최근 상당히 높은 수준의 스트레스를 경험하고 있다는 것을 나타낸다.

3 스트레스 자각척도

심리검사를 통해 자신이 느끼는 스트레스 수준을 파악하는 것이 중요한데, 스트레스 자각척도(PSS: Perceived Stress Scale)는 코헨 등이 개발한 것으로, 특정 스트레스

표 6-4_ 점수에 따른 스트레스 지각 수준

총 점	스트레스 지각 수준	건강을 염려해야 할 수준
0~7점	평균보다 아주 낮음	매우 낮음(very low)
8~11점	평균보다 조금 낮음	낮음(low)
12~15점	평균 수준	평균(average)
16~20점	평균보다 조금 높음	높음(high)
21점 이상	평균보다 아주 높음	매우 높음(very high)

사건 자체가 아니라 지난 한 달간 전반적으로 스트레스를 어떻게 지각하고 느끼고 해석했는지를 중요하게 생각하는 심리검사이다. 따라서 이 척도는 개인이 실제로 느끼는 스트레스 정도를 평가하는 데 적합하다고 할 수 있다. 총 10문항으로 되어 있으며 점수가 높을수록 지각된 스트레스 정도가 심한 것을 의미한다.

표 6-5_ 지각된 스트레스 척도(PSS)

성별	남 여	연령		실시일	

다음 문항들은 최근 1개월 동안 당신이 느낀 생각에 대한 것입니다.
각 문항의 내용을 얼마나 자주 느꼈는지 ○로 표시해 주시기 바랍니다.

번호	문항	전혀 없음	거의 없음	때때로 있음	자주 있음	매우 자주
1	최근 1개월 동안, 예상치 못했던 일 때문에 당황했던 적이 얼마나 있었습니까?	0	1	2	3	4
2	최근 1개월 동안, 인생에서 중요한 일들을 조절할 수 없다는 느낌을 얼마나 경험하였습니까?	0	1	2	3	4
3	최근 1개월 동안, 신경이 예민해지고 스트레스를 받고 있다는 느낌을 얼마나 경험하였습니까?	0	1	2	3	4
4	최근 1개월 동안, 당신의 개인적 문제들을 다루는 데 있어서 얼마나 자주 자신감을 느끼셨습니까?	4	3	2	1	0
5	최근 1개월 동안, 일상의 일들이 당신의 생각대로 진행되고 있다는 느낌을 얼마나 경험하였습니까?	4	3	2	1	0
6	최근 1개월 동안, 당신이 꼭 해야 하는 일을 처리할 수 없다고 생각한 적이 얼마나 있었습니까?	0	1	2	3	4
7	최근 1개월 동안, 일상생활의 짜증을 얼마나 자주 잘 다스릴 수 있었습니까?	4	3	2	1	0
8	최근 1개월 동안, 최상의 컨디션이라고 얼마나 자주 느끼셨습니까?	4	3	2	1	0
9	최근 1개월 동안, 당신이 통제할 수 없는 일 때문에 화가 난 경험이 얼마나 있었습니까?	0	1	2	3	4
10	최근 1개월 동안, 어려운 일들이 너무 많이 쌓여서 극복하지 못할 것 같은 느낌을 얼마나 자주 경험하셨습니까?	0	1	2	3	4
	각 칸별로 점수를 더해주세요.					
	총점					

표 6-6_ 사회적 재적응 평정척도

아래 문항들은 우리가 때때로 경험하는 문제들을 모아놓은 것입니다. 우선 하나하나 자세히 읽어보시고 당신이 지난 1년간 이런 문제에 직면했는가를 잘 기억하십시오. 그런 후에 각 문항의 오른쪽에 있는 3가지 대답 가운데 하나를 골라서 X표를 하십시오. 한 문항도 빼지 말고 반드시 한 가지로만 대답해 주십시오.

번 호	생활상의 변화	전혀 없다	6개월 이내	7-12개월 이내	점 수
1	배우자의 사망				100
2	이혼				73
3	별거				65
4	유죄신고				63
5	가족의 사망				63
6	상해나 질환				53
7	결혼				50
8	해고				47
9	부부간의 불화				45
10	정년퇴직				45
11	가족의 건강상태 변화				44
12	임신				40
13	성문제				39
14	새로운 가족구성원의 출현				39
15	사업의 재조정				39
16	재산 상태의 변화				38
17	친우의 사망				37
18	직업의 변경				36
19	배우자와의 말다툼 횟수의 변화				35
20	1,000만 원을 초과하는 저당				31
21	저당분의 경매처분				30
22	일에서의 책임상의 변화				29
23	자녀의 출가				29
24	고부간의 갈등				29
25	탁월한 개인적 갈등				28
26	아내가 일터로 나가거나 사직함				26
27	입학이나 졸업				26
28	생활조건상의 변화				25
29	개인적 습관의 수정				24
30	상급자와의 갈등				23
31	작업시간이나 조건의 변화				20
32	주소의 변경				20
33	학교의 불편				20
34	오락의 변경				19
35	교회활동의 변화				19
36	사회활동의 변화				18
37	100만 원 이하의 저당				17
38	수면습관의 변화				16
39	가족이 만나는 횟수의 변화				15
40	섭식습관의 변화				15
41	휴가				13
42	명절				12
43	경미한 법률 위반				11

4. 스트레스 대처방법

스트레스를 대처하기 위해서는 여러 가지 확인이 필요하다. 스트레스의 근거를 확인하고 자신이 스트레스를 받고 있는지 스트레스의 신호를 파악하는 것이 중요하다. 또한 스트레스를 다루는 방법을 알아보고 스트레스를 관리하는 건강한 방법을 찾는 것이 중요하다. 특히 자신을 돌보고 정서적 지지를 받는 것도 중요한 스트레스 대처 방법이 될 수 있다. 스트레스와 대처기술은 상호적 관계를 가지는데, 대처기술이 좋을수록 스트레스 정도가 감소하며 효과적이지 않은 대처기술은 스트레스를 증가시킬 수 있다. 이 장에서 스트레스를 대처하는 여러 가지 대처방법을 알아보고자 한다.

1 문제 중심 대처 vs 정서 중심 대처

문제 중심 대처는 스트레스원을 변화시키는 데 목적이 있으며, 반면 정서 중심 대처는 스트레스 지각에 수반되는 정서를 관리하는 데 초점을 두고 있다. 문제 중심 대처는 문제를 해결하기 위해 정보를 구하고 필요한 행동을 적극적으로 실행에 옮기는 것으로, 능동적이고 접근적인 대처전략이며 통제가 가능한 상황일 때 가장 효과적이다.

정서 중심 대처는 스트레스로 인해 유발된 괴로운 감정 완화를 목적으로 하며, 어려운 상황에서 통제가 불가능하다고 평가할 때 정서적 대처를 선택하기 쉽고, 단기적으로 불안을 경감시켜 준다. 정서 중심 대처는 문제에 대한 부정과 회피로 나타나기도 하는데, 이러한 대처는 문제를 잠시 잊게 해줄 수는 있으나 근본적인 해결책은 아니다. 그러나 스트레스의 원인이 통제가 불가능할 경우에는 현실적이고 적응적인 대처방식이라고 할 수 있다. 예를 들자면 치과진료로 인해 스트레스를 받을 때는 진료를 통제하기가 어려우므로 진료를 받는 동안 치료에 대한 불쾌한 감정으로부터 벗어나는 것이 최선의 대처 방법일 것이다.

엔들러와 파커(Endler & Parker, 1990)의 스트레스 상황에 대한 대응척도는 4가지 방식으로 대처방법을 측정하는데, 과제 지향적 대처는 문제 중심 대처와 동일한 개념이며, 사회적 지지 추구는 스트레스를 해결하기 위해 다른 사람에게 도움을 요청하는 대처방법이다. 감정 지향적 대처는 부정적인 감정으로 스트레스 상황을 대처하는 것이며, 회피 지향적 대처는 스트레스를 유발하는 상황이나 문제의 존재를 부정하고 외면하려고 하며 문제를 직시하지 않고, 재미있고 쾌락적인 것에 집중하여 문제를 잊으려고 하는 대처이다.

표 6-7_ 스트레스 상황에 대한 대응척도에 근거한 스트레스 대처방식

스트레스 대처 방식	구체적인 행동
과제 지향적 대처	• 시간을 좀 더 효율적으로 사용할 수 있도록 계획한다. • 문제의 핵심에 집중하여 그것을 해결할 방법을 찾는다. • 일의 우선순위를 정한다. • 문제의 본질을 정확히 이해하려고 한다. • 문제 해결을 위해 구체적인 행동 계획을 세우고 그대로 따른다. • 주도적으로 문제 상황에 대처한다. • 문제에 대한 다양한 해결책을 모색한다.
사회적 지지 추구	• 혼자 문제를 해결하기 힘들 때 다른 사람에게 도움을 요청한다. • 문제로 인해 괴로울 때 잘 통하는 사람과 이야기를 나눈다. • 나를 잘 이해해 주는 사람에게 내 문제를 솔직히 이야기한다. • 객관적인 조언을 해줄 수 있는 사람에게 나의 문제를 상의한다. • 문제로 인해 힘들어질 때 나의 심정을 남에게 솔직히 털어놓는다. • 나에게 따뜻한 위로와 용기를 주는 사람을 만나 새 힘을 얻는다.
감정 지향적 대처	• 문제에 압도되어 어찌할 바를 모른다. • 문제로 인해 느끼는 아픔과 고통에 사로잡혀 헤어나오지 못한다. • 이런 상황에 처하게 된 자신을 원망한다. • 문제가 너무 복잡해 보여 해결할 엄두를 내지 못한다. • 문제를 잘 해결하지 못할 것 같아 긴장되고 불안해진다. • 당황하고 안절부절못한다. • 내가 앞으로 무엇을 해야 할지 걱정한다.
회피 지향적 대처	• 괴로운 마음을 잊기 위해 폭식한다. • 노래방이나 춤추는 곳에 자주 간다. • 고스톱이나 포커 같은 도박게임에 몰두한다. • 인터넷과 컴퓨터게임에 빠진다. • 술을 취하도록 마신다. • 영화나 TV를 많이 본다. • 사려고 계획하지 않았던 옷이나 물건을 충동적으로 산다.

스트레스 해소를 위해 문제 중심 대처나 정서 중심 대처를 하는데, 일반적으로는 문제 중심 대처가 효과적인 방법이지만 모든 상황과 문제에 절대적이지 않으며, 한 가지 대처방식에만 과도하게 집착하는 경우 문제가 발생하므로 적절히 융통성 있게 두 가지 대처방법으로 대응하는 것이 좋다.

표 6-8_ 문제 중심 대처의 예와 정서 중심 대처의 예

문제 중심 대처의 예	정서 중심 대처의 예
• 주어진 상황에서 앞으로 어떻게 할 것인지 계획 세우기 • 협상 기술 사용하기 • 다음 단계에 집중하기 • 자기 주장하기 • 같은 문제에 다른 해결책 만들어보기 • 시간 관리 기술 적용하기 • 다른 사람의 관점에서 보기 • 과거 경험 돌아보기 • 살아가면서 도움이 되는 기술 습득하기 • 체계적으로 접근해서 문제 다루기	• 유머 사용하기 • 정서적 지지 구하기 • 상황 받아들이기 • 주의를 다른 곳으로 돌리기 • 운동하기 • 이완요법 사용하기 • 용서하기 • 다른 측면에서 상황을 보거나 상황에 대한 긍정적인 측면 찾기 • 생각과 감정을 기록하기 • 부정적인 생각에 도전하기

표 6-9_ 대처전략의 비교 연습

대학생이 시험을 준비하고 있는데 학생들은 각각 서로 다른 방법으로 스트레스를 대처한다. 자신이 자주 사용하는 대처전략을 분석해 보자.

- 시간표를 만드는 등 체계적으로 복습하는 방향을 선택한다.
- 시험에 대한 생각을 피하고 평소처럼 외출한다.
- 친구들에게 복습자료를 요청하고 의존한다.
- 복습을 늦추거나 잘 준비하지 못하는 이유를 찾는다.
  - → 다른 친구들과 스트레스 상황을 어떻게 대처하는지 얘기해 보고, 그 대처방법이 어떤 방법인지 분석해 보자.
  - → 누가 스트레스를 가장 많이 받는 방법을 사용하는지, 어떤 방법이 스트레스를 가장 잘 개선시킬 수 있는지 토론해 보자.

Getty Images

2 심리적 조절 요인

심리적 요인은 스트레스 요인이 우리에게 미치는 영향을 감소해 주거나 중재시켜 준다. 스트레스의 영향을 감소시켜 주는 심리적 요인을 알아보고자 한다.

1) 자기-효능 기대감

자기 효능감은 어떤 일이 일어날 수 있게 하는 능력으로, 자신의 노력으로 원하는 변화를 가져올 수 있다는 신념은 스트레스를 견디는 능력에 영향을 준다. 자기-효능 기대감이 높은 사람들은 침착함을 유지할 수 있고 부정적인 일로 혼란스러워질 가능성이 낮으며, 체중조절과 알코올 섭취조절 가능성이 높고 통증에도 더 잘 기능할 수 있다.

2) 유머 감각

유머는 스트레스를 대처하는 데 도움이 된다. 유머 감각이 있는 학생들이 긴장된 실험 상황에서도 스트레스에 영향을 덜 받는다. 유머는 기분을 개선하고 스트레스 요인에서 벗어나게 하며, 사물에 대한 관점을 넓혀준다. 특히 웃음은 면역계 기능을 강화시킬 수 있는 엔돌핀의 방출을 자극하게 되고, 유머에 수반되는 긍정적인 인지 변화와 긍정적인 정서가 스트레스 대처에 도움이 된다.

3) 예측가능성과 통제

스트레스 요인을 예측하는 것만으로도 그 영향력을 완화시킬 수 있다. 예측가능성은 피할 수 없는 상황을 대비하게 하고, 여러 경우의 수를 생각하여 대처할 수 있는 방법을 계획해 낸다. 예측가능한 경우에는 자신이 상황을 통제할 수 있거나 통제 가능하다는 생각으로 연결되어 스트레스를 완화하는 결과를 가져온다. 예측가능성은 외적 통제보다 내적 통제를 잘하는 사람에게 유리하며, 의학적인 처치 정보를 알고 있다가 상황에 처했을 때 더 잘 대처하는 경우가 여기에 해당된다.

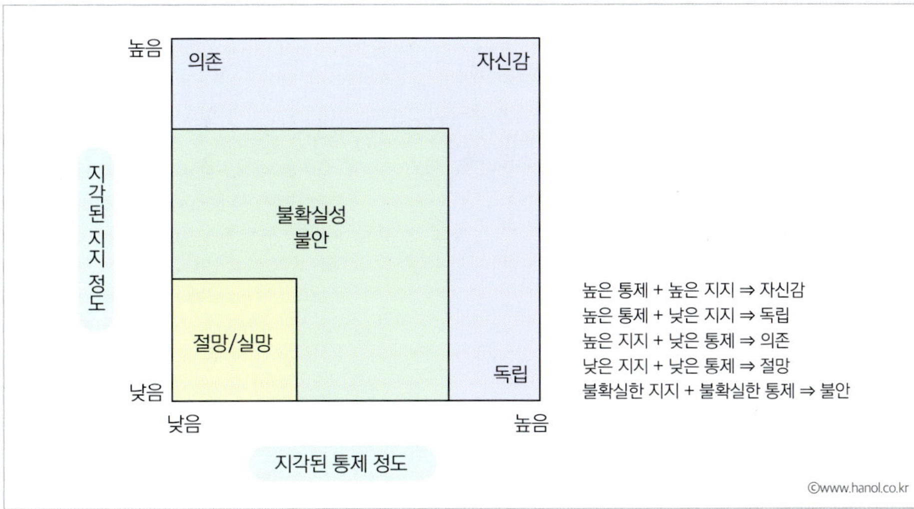

그림 6-2_ 지각된 통제 정도와 지각된 지지 정도에 대한 상호작용

4) 정서적 지지

사람은 사회적 존재로 살아가기 때문에 정서적 지지는 스트레스에 중요한 완충 작용을 한다. 정서적 지지는 여러 가지 형태로 나타날 수 있다. 정서적 관심은 문제에 귀를 기울이며 배려하고 이해하거나 확신을 표현하는 것으로 나타난다. 지침이나 조언과 같은 정보제공도 정서적 지지에 속한다. 누군가와 대화하거나 함께 오락을 즐기거나 쇼핑을 가는 등의 행동도 정서적 지지에 해당하며, 적응행동을 잘할 수 있도록 물질적인 지원을 해주는 것도 정서적 지지 중 하나이다.

5) 심리적 강인성

강인성(hardiness)이란 스트레스를 잘 견디는 성격특성을 말하며, 강인성은 헌신, 도전, 통제의 영역으로 설명할 수 있다. 헌신은 자신이 하고 있거나 당면하고 있는 일에 소외감을 느끼기보다 스스로 참여하려는 경향을 보인다. 도전은 인생에서 안정보다는 변화가 정상이라고 믿는 것이며, 통제는 자신의 삶에 통제력이 높은 경우로 이러한 심리적 강인성은 스트레스에 영향을 미친다. 따라서 심리적 강인성은 스트레스 대처에 도움을 주며 이러한 사람들을 내적 통제자라고 한다. 내적 통제자들은 스트레스에 직면하기를 선택하기 때문에 스트레스에 더 강하게 저항할 수 있다. 또한 스트레스가 인생을 더 재미있게 만든다고 해석하고 스트레스를 위협보다는 기회로 인식한다.

6) 낙관주의

낙관주의는 세상이나 인생을 희망적으로 보는 긍정적인 태도나 시각을 말하며 따라서 자신에게 좋은 일이 일어날 것이라고 믿고 기대하는 성격적 특성이다. 낙관적인 사람이 스트레스를 적게 느끼며, 스트레스와 관련된 신체 질환이 적은데 이는 문제가 발생했을 때 불평보다는 문제 해결에 에너지를 더 집중하기 때문이다. 낙관주의와는 반대로 비관주의는 자신에게 나쁜 일이 일어날 것이라고 믿는 것으로 문제가 발생했을 때 회피하려는 경향이 높고 분노와 짜증, 두려움 등과 같은 부정적 정서를 강하게 느끼는 것으로 나타났다. 부정적 정서는 신체질환으로 이어질 수 있고, 평상시 분노를 강하게 느끼는 사람이 심장질환에 걸릴 확률이 4배 더 높게 나타났다.

3 스트레스 관리기법

1) 불필요한 스트레스 피하기

거절하는 법 배우기, 스트레스 유발하는 사람 피하기, 환경 통제하기, 논쟁을 일으키는 대화 주제 피하기, 할 일 줄이기 등이 있다. 모든 스트레스를 피하는 것은 불가능하지만 위와 같은 방법을 활용하여 불필요한 스트레스를 어느 정도 피할 수 있다.

2) 스트레스 상황 바꾸기

감정을 밖으로 표현하기, 타협하기, 자기 주장하기, 시간을 효율적으로 쓰기 등의 방법이 있다. 스트레스 상황을 피할 수 없다면 그 상황을 바꾸려고 노력하는 것이 도움이 된다. 다시 같은 문제가 반복되지 않도록 하는 것이 필요한데 이를 위해 의사소통하는 방법이나 자기관리하는 방법을 바꾸게 된다.

3) 스트레스원에 적응하기

문제 재조명하기, 좀 더 큰 맥락에서 스트레스 상황 보기, 기준 수정하기, 긍정적인 면에 초점 두기 등이 있다. 스트레스원을 바꿀 수 없다면 스트레스원에 반응하는 방법을 바꾸는 것이 좋다. 기대나 태도를 바꿈으로써 스트레스원에 어느 정도 적응하고 스트레스에 대한 통제감도 얻을 수 있다.

4) 바꿀 수 없는 것 수용하기

통제할 수 없는 것은 통제하지 않기, 상황을 다른 면에서 보기, 감정 공유하기, 용서하는 법 배우기 등이 여기에 속한다. 죽음이나 질병과 같이 사전에 예방할 수 없는 경우나 스트레스원을 바꿀 수 없는 경우 가장 좋은 스트레스 해결방법은 있는 그대로를 인정하고 받아들이는 것이다. 수용하는 자세는 쉽지 않으나 바꿀 수 없는 상황에 맞서는 것보다는 쉽다.

5) 여가시간을 만들어 이완하거나 건강한 생활양식 만들기

이완시간을 따로 만들기, 다른 사람과 어울리기, 좋아하는 일 매일 하기, 유머 감각 유지하기 등 자신을 직접 돌보는 방법으로 스트레스를 줄일 수 있다. 또한 꾸준하게 운동하거나 건강한 식사를 하는 것, 카페인이나 설탕을 줄이고 음주, 흡연, 약물복용을 피하는 것, 수면을 충분히 취하는 것 등 신체건강을 증진시킴으로써 스트레스에 견디는 능력을 높일 수도 있다.

표 6-10_ 스트레스 관리기법(APA: American Psychological Association, 미국심리학협회)

구분	내용
스트레스의 근거 확인	긴장감을 주는 사건이나 상황은 어떤 것인가? 스트레스가 가족, 재정, 직장 등 어떤 것과 관련이 있는가?
스트레스 신호 파악	여러 가지 방식으로 스트레스를 경험하게 된다. 집중하는 데 어려움이 있거나 짜증, 화, 두통, 근육 긴장 등 스트레스의 신호를 확인하자.
스트레스 해소 방법 확인	건강에 해로운 행동(음주, 흡연, 과식 등)으로 해결하고 있는지 확인하고, 스트레스를 해결하는 방법이 건강에 좋지 않은 경우에는 변경이 필요하다.
스트레스 관리 방법 확인	명상, 운동 등 건강하게 스트레스를 줄이는 방법을 찾아보고 해로운 행동으로 스트레스를 해결했다면 건강한 행동으로 바꾸어보자.
자기 자신 돌보기	바르게 먹고, 수면과 휴식을 충분하게 취하고, 규칙적인 신체활동을 하는 등 아무리 바쁘더라도 자신을 위한 시간을 가지는 것이 좋다.
정서적 지지	가족과 친구의 도움을 받으면 스트레스 관리능력이 향상될 수 있다. 필요하면 전문가와 상담을 통해 스트레스를 관리하고 건강에 해로운 행동 변화에 도움을 받는 것이 좋다.

Getty Images

표 6-11_스트레스 관리(스트레스원 탐색 → 인지적 평가 → 내적 · 외적 중재요소 → 대처반응 확인)

1. 나의 스트레스에 대해 구체적으로 기술해 보자.

2. 1번에서 발견한 나의 스트레스에 대해 어떻게 인지하고 있는지를 기술해 보자.

나는 앞의 상황을 왜 스트레스로 여기는지(어떤 이유로 그것이 스트레스인지), 구체적으로 기술해 보자.

3. 앞서 나온 스트레스와 관련하여 본인이 가지고 있는 내적, 외적 중재요인에 대해 알아보자.

앞의 상황에 대한 나의 내적인 특징을 구체적으로 적어보자.

앞의 상황에 대한 나의 외적인 특징(요인)을 구체적으로 알아보자.

4. 앞의 스트레스와 관련하여 본인의 증상과 대처반응을 알아보자.

신체적 증상과 대처반응

행동적 증상과 대처반응

인지적 증상과 대처반응

정서적 증상과 대처반응

참고문헌

- 이수식(1991). 성격 Type A와 B의 성취열에 관한 연구. 경성대학교 논문집. 12(1).
- 이종하·신철민·고영훈·임재형·조숙행·김승현·정인과·한창수(2012). 한글판 스트레스 자각척도의 신뢰도와 타당도 연구. 정신신체의학. 20(2). P. 127-134.
- 전겸구·김교헌·이준석(2000). 대학생용 생활스트레스 척도 개발 연구 개정판. 한국심리학회지: 건강. 5(2). P. 316-335.
- 조대경·이관용·김기중(1984). 정신위생. 중앙적성출판부. P. 75-101.
- Lazarus, R. S. & Folkman, S.(1984). Stress, appraisal, and coping. New York: Springer Pub. Co. P. 445.
- Lazarus, R. S.(1966). Psychological stress and the coping process. New York: McGraw-Hill. P. 466.
- Selye, H.(1956). The stress of life. New York: McGraw-Hill. P. 324.
- Selye, H.(1950). The physiology and pathology of exposure to stress. Oxford, England: Acta, Inc. P. 203.
- Holmes, T. H. & Rahe, R. H.(1967). The social readjustment ratingscale. J Psychosom. Res. P. 213-217.
- Friedman, M. D. & Rosenman, R. H.(1974). Type A behavior and your heart. New York: Knopt.
- Chrousos, G. P.(1998). Stressors, stress, and neuroendocrine integration of the adaptive response. The 1997 Hans Selye Memorial Lecture. Annals of the New York Academy of Sciences. 851. P. 311-335.

재미있는 **심리여행**

Chepter 7
지능

학습목표

- 지능의 개념과 주요 이론을 학습할 수 있다.
- 지능에 영향을 미치는 요인을 학습할 수 있다.
- 지능의 측정 방법을 이해할 수 있다.

전체개요

지능은 개인이 문제를 합리적으로 사고하고 해결하는 인지 능력과 학습 능력을 포함하는 총체적인 능력을 말한다. 지능지수는 지능의 발달 정도를 나타내며 지능 이론으로는 2요인설, 다요인설, 복합요인설, 다중 지능이론, 삼원지능이론 등이 있다. 지능의 영향요인은 유전적 요인과 환경적 요인이 있으며 함께 상호작용한다. 지능의 측정에는 스탠포드-비네 지능검사, 웩슬러 지능검사, 다중 지능검사 등이 활용된다.

1. 지능의 이해

1 지능의 정의

지능(intelligence)은 개인이 문제를 합리적으로 사고하고 해결하는 인지 능력과 학습 능력을 포함하는 총체적인 능력으로, 내·외부 환경으로부터 자극을 인지하고 기억하며 사고·판단하여 과거의 경험을 살려서 현재의 과제를 해결하는 일련의 심리적 활동이다. 문제나 상황에 부딪혔을 때 개인의 행동을 보다 효과적으로 적절하게 재조직하는 적응 능력과 개인이 교육받고 학습할 수 있는 학습 능력을 함께 설명하기도 한다.

2 지능지수

지능의 발달 정도를 나타내는 지수로서 정신연령 척도, 비율 지능 및 편차 지능 지수로 구분된다. 최초의 현대적 지능검사는 비네(A. Binet, 1857~1911)에 의해서 정규 교과과정 교육을 받기 힘든 아동을 분류하기 위한 목적으로 1881년 처음 제안되었다. 최초의 지능검사는 1905년 비네-시몽 검사(Binet-Simon Scale)였고, 이때는 단순히 연령척도로 정신연령을 사용하였으나 이것은 개인의 지적 발달을 충분히 나타내 주지 못하였다. 아동의 생활연령(CA: Chronological Age)에 따라 정신연령(MA: Mental Age)의 의미가 전혀 달라지므로 생활연령의 기준에 의한 정신연령의 표현이 필요하게 되었다. 슈테른(W. Stern)은 1912년 이 개념을 바탕으로 정신연령을 생활연령으로 나눈 비율에 100을 곱한 지능지수(IQ: Intelligent Quotient)의 개념을 제안하였다. 이것이 IQ로서 본질적으로는 비율 지능지수(ratio IQ)이다. 이후 터만(L. Terman)이 기존의 비네 검사를 미국문화에 맞게 표준화하여 1916년부터 스탠포드-비네(Stanford-Binet) 검사가 사용되었다.

지능검사의 목적은 학업성취 및 추론능력, 향후 직업, 심리적인 적응 정도 등을 예측 가능하도록 하는 것이다.

2. 지능이론

1 2요인설

스피어만(C. Spearman, 1863~1945)은 지능의 구조가 G 요인(General factor: 일반요인)과 S 요인(Specific factor: 특수요인)으로 구성되어 있다고 하였다. 일반요인은 태어나면서 가지는 생득적 요인으로 모든 지적 과제 수행에 관여하며, 일반적인 요인의 예로는 이해력, 서로 다른 요인 간 관계 추출, 경험의 인지 등이 있다. 특수요인에 의해 대표되는 능력들은 모든 지적 과제 수행에 관여하지는 않고 특정 영역의 과제를 수행하는 데 필요한 능력을 말하며 숫자, 언어, 주의력 등이 여기에 속한다. 스피어만은 자신이 제안한 G 요인의 개인차는 개인이 지적 과제 수행에 사용할 수 있는 정신 에너지의 개인차와 관련하여 이해해야 한다고 보았다.

헵(D. Hebb, 1904~1985)은 뇌에 관한 신경심리학적 시각에서 지능 A(유전자에 의한 결정)와 지능 B(유전과 환경의 상호작용) 등 2개의 지능이 존재한다고 보았다.

2 다(多)요인설

서스톤(L. Thurston, 1887~1955)은 지능의 구조를 여러 개의 구성요인으로 설명하는 입장으로, 지능에 포함된 7가지의 요인을 밝혀낸 후 이를 인간의 기본 정신 능력(PMA: Primary Mental Abilities)으로 보았다. 7가지 요인은 단어의 이해력을 측정하는 언어

이해 요인(V: Verbal comprehension factor), 단어의 신속한 연상을 요구하는 단어 유창성 요인(W: Word fluency factor,), 기초적인 산수문제로 측정하는 수리 요인(N: Numerical factor), 공간 속에서 어떤 물체를 전환시켰을 때의 상상능력을 보는 공간 시각 요인(S: Spatial visualization factor), 단순한 기억력을 측정하는 기억 요인(M: Memory factor,), 일반 원칙을 알아내서 적용하는 추리 요인(R: Reasoning factor), 상징의 신속한 제안을 요구하는 지각 속도 요인(P: Perceptual speed factor) 등을 말한다. 각 능력들은 서로 고유한 특성을 갖는 독립적인 본질을 갖고 있지만, 개인의 지능을 의미할 때에는 이 능력들이 하나로 통합되어 정의된다.

3 복합요인설

길포드(J. Guilford, 1897~1987)의 지능 구조 모형(SOI: Structure Of Intelligence)은 서스톤의 다요인설을 확장·발전시켰다. 지능을 구성하는 독립적인 180개 요인을 설명하기 위해 필수 요소를 축으로 하는 입방형 모형을 제시하였다. 인간의 정신과제가 지능의 세 가지 차원과 관계되고 내용(content) 차원과 조작(operation) 차원, 결과(product) 차원으로 구성되어 있다고 주장하였다. 지능의 내용은 지능의 정보, 지능의 조작은 정신활동이 수행되는 논리적 사고 과정, 지능의 산출은 정보처리의 결과를 말한다. 3차원의 입방체 구조인 3차원 모형을 개발하였고 이후에 정보처리 과정이론(information processing theory)의 기초를 제공하게 되었다. 길포드는 창의성을 지능으로 보았으며 종래 지능검사에 의해서만 측정되던 지능의 협소한 개념을 연구자나 교사들이 확장시킬 수 있도록 하였다. 한계는 모델의 복합성 때문에 학교에서 공식적으로 적용하기 어렵다는 것이다.

4 다중 지능이론

가드너(H. Gardner, 1943~)는 지능이 서로 다른 특징을 지닌 여러 유형의 능력으로 구성되어 있으며, 이들은 각자 같은 비중을 갖고 서로 독립적인 특성을 지닌다고 주장했다. 다중 지능이론(MI: Multiple Intelligence theory)은 8가지의 독립적 지능으로 구성되어 있다. 신체-운동(bodily-kinesthetic) 지능, 언어(linguistic) 지능, 공간(spatial) 지능, 논리-수학(logical-mathematical) 지능, 음악(musical) 지능, 대인관계(interpersonal) 지능, 자기이해(intrapersonal) 지능, 자연 친화(natural) 지능 등을 말한다.

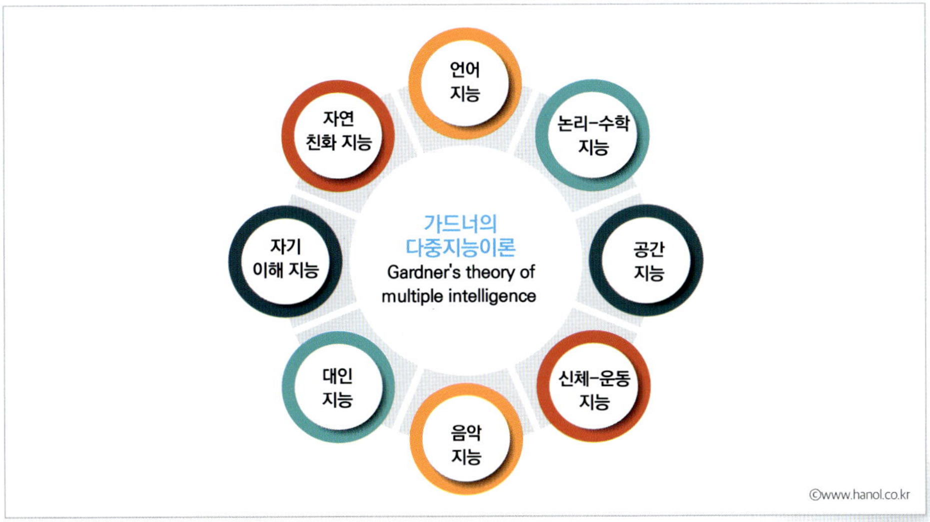

그림 4-1_ 가드너의 다중 지능이론

다중 지능이론과 기존 이론들과의 가장 큰 차이는 지금까지 지능으로 생각하지 못했던 능력들이 지능의 기능을 할 수 있다고 보는 것이다.

1 신체-운동 지능

몸의 움직임을 조정할 수 있는 능력과 관계되며 몸을 통하여 생각과 감정을 표현하는 능력이 포함된다.

2 언어 지능

글을 쓰고 말하는 능력과 관계되며 이 지능이 높으면 언어를 빨리 습득하고 효과적으로 사용한다.

③ 공간 지능

입체적 공간 인지 능력과 관계되며 시각적 감각과 지리적 방향감각 등의 지각능력이 뛰어나다.

④ 논리-수학 지능

논리적 기호나 숫자를 이해하고 다루는 능력과 관계되며 논리적 추론을 잘한다.

⑤ 음악 지능

리듬, 멜로디, 화음 등을 인지하고 사용하는 능력과 관계되며 예술적으로 음악을 표현하는 능력을 포함한다.

⑥ 대인관계 지능

다른 사람의 마음 상태나 의도를 파악하고 대인관계를 맺고 유지하는 능력과 관계된다. 다른 사람의 기분과 동기 등을 알아차리고 그에 맞춰 대응하는 능력을 포함한다.

⑦ 자기이해 지능

자신의 생각과 느낌, 감정상태를 스스로 파악하고 관리하는 능력과 관계되며 자신의 충동을 통제하고 감정을 조절하는 능력이 포함된다.

⑧ 자연 친화 지능

자연에 있는 사물이나 현상을 분간하고 분류하며 그 종류를 인식해 내는 능력과 관계된다.

5 삼원지능이론

스턴버그(R. Sternberg, 1949~)의 삼원지능이론(triarchic theory of intelligence)은 가드너의 다중 지능이론과 달리 지능이 서로 관련을 맺고 있는 3개의 하위요인으로 구성되어 있다고 가정한다. 인간의 지능을 구성하는 3가지 측면은 분석 능력(analytic ability), 창의 능력(creative ability), 실제적 능력(practical ability) 등으로 나뉘며 이 3가지 능력은 삼원지능이론의 3가지 하위요소인 요소하위이론과 경험하위이론, 상황하위이론을 구성하는 핵심요소이다.

1 분석 능력

요소하위이론(componential sub-theory)의 핵심 능력으로, 새로운 지식을 획득하고 그 지식을 논리적인 문제를 해결하는 데 적용하는 능력을 말한다. 학문적인 영역의 지능을 의미하며 요소하위이론은 메타요소, 수행요소, 지식습득요소로 이루어진다.

2 창의 능력

경험하위이론(experimental sub-theory)을 구성하는 능력으로, 인간의 경험과 긴밀하게 연관되어 있으며 창의적인 능력을 의미한다. 과제 수행에서 경험의 영향을 중요시하고 지능 측면에서 매우 중요한 함의를 제공한다. 경험하위이론은 신기성과 자동화 능력으로 이루어진다.

3 실제적 능력

상황하위이론(contextual sub-theory)을 구성하는 요인으로써, 현실상황에 적응하거나 상황을 선택하여 변형하는 능력이다. 일상생활에 인간의 정신작용이 적용되는 것과 관련이 있고 일상에서 개인의 경험을 통하여 획득되고 발달된다.

3. 지능의 영향요인

일반적으로 유전 관계가 가까울수록 지능이 유사한 것으로 볼 수 있지만, 환경에 의한 변화도 가능하다. 많은 연구에서 지능에 영향을 미치는 요인으로 출생 순위, 형제 수, 쌍생아 여부, 부모의 사회경제적 지위, 양육 태도 등의 다양한 요소로 설명하고 있다. 인간의 지능은 태어날 때부터 선천적으로 고정되어 있고 불변한다는 유전적 요인과 개인이 경험하는 개인적, 사회적, 환경적 영향에 의해 변화된다는 환경적 요인으로 구분한다. 이 두 가지 요인 모두 지능의 영향요인이지만, 최근 연구에서는 환경적 요인보다는 유전적 요인이 더 큰 영향을 미친다는 결과를 얻고 있다.

1 유전적 요인

지능의 유전적 영향에 관하여 쌍생아 연구, 입양 아동 연구, 가족 연구 등을 통해 혈연관계에 있는 사람들 간 지능의 상관관계를 밝히고 있다. 상관의 정도가 높으면 높을수록 유전인자에 의한 영향이 크다고 볼 수 있다. 쌍생아 연구에서 일란성 쌍생아(유사성=0.90)가 이란성 쌍생아(유사성=0.55)보다 더 지능이 비슷하며 비혈연관계보다 혈연관계일수록 상관관계가 높은 것으로 나타났다.

또한 친부모와 자식 간의 관계가 양부모와 양자 간의 관계 정도보다 높게 나타나, 많은 연구결과에서 지능에 미치는 유전적 영향이 큰 것으로 주장되었다.

2 환경적 요인

지능은 유전이나 환경 중 어느 하나의 요인으로만 결정되는 것은 아니고 특히 환경만을 지능의 요인인자로는 볼 수는 없지만 인간의 심리적 특성을 변화시키는 것에는 유전적 요인보다 환경적 요인이 큰 역할을 한다고 강조되고 있다.

여러 환경 중 특히 교육 환경이 지능 발달에 미치는 영향이 크다고 할 수 있다. 많은 연구에서 교육 환경이 아이들의 지능에 영향을 미칠 수 있다고 보고한다. 학교제도와 교육시설, 교육내용 등에 따라 아동의 지능발달에 영향을 미치는 것으로 나타났다. 또한 가정환경과 지능의 관계 연구에서도 가정의 양육 분위기, 학습기회 및 교육 환경의 제공 등이 개인 지능에 영향을 미치는 것으로 보고되었다. 지능에 대한 환경자극의 영향은 출생 전부터로 보며 많은 연구가 태내환경이 지능을 결정하는 데에 결정적인 영향을 미친다고 주장하고 있다. 이처럼 환경주의자들은 일반적인 지능에 대한 유전의 영향을 강조하지만, 환경자극이 없다면 아동의 지능은 발달하지 않을 것이라고 주장한다. 현대사회가 전반적으로 정신적인 활동을 요구하는 사회가 되었고 교육이나 대중매체의 발달로 인해 지적 자극이 다양해지고 많아지면서 세대가 지나갈수록 지능지수가 증가된다는 주장도 제기된다.

유전과 환경, 두 요소 모두 지능에 영향을 주지만 환경적인 요소보다는 유전적인 요소가 더 결정적인 역할을 한다고 전반적으로 보고되어 있다. 그러나 아나스타시(A. Anastasi, 1958)는 유전과 환경자극 중 어느 것이 인간행동의 원인이며 각각 어느 정도가 행동의 원인이라는 식의 과거 유전, 환경 문제에 대한 연구와 접근의 한계성을 지적하였다. 유전과 환경의 관계를 보는 시각은 두 요인이 어떻게 상호작용하느냐로 보아야 한다고 주장했다. 유전적 요인으로는 태어나면서 개인이 취할 수 있는 지능의 범위가 결정된다고 볼 수 있지만, 그 범위 중에서 개인의 지능을 어느 수준으로 변화시킬지를 결정지어 주는 것은 환경이라고 볼 수 있다.

3 유동지능과 결정지능

카텔(R. Cattell, 1905~1998)은 지능이 문화적 영향을 받지 않는 유전적 또는 생리학적 영향하에 있는 능력의 유동지능(flued intelligence)과 문화적인 환경 요인에 영향을 받으며 이전의 경험이나 지식 등을 다루는 결정지능(crystallized intelligence)으로 나뉜다고 주장하였다.

❶ 유동지능

선천적으로 가지고 태어나는 지능으로서 상식이나 경험과는 관련 없고 추상적인 내용을 해결하는 능력이다. 유동지능에는 단순암기력, 지각력, 일반적인 추론 등이 포함된다.

❷ 결정지능

선천적으로 결정되는 것이 아니라 개인의 경험과 지식에 바탕을 두고 교육, 문화와 같은 환경적 요인의 영향을 많이 받는다. 세상의 법칙이나 절차 등에 관여된 지능으로써 어휘 이해력, 일반적인 지식, 상식, 논리적인 추리 능력, 산술 능력 등이 포함되며, 나이가 들어도 결정지능은 유지되거나 경험의 축적으로 인해 향상되기도 한다.

4. 지능의 측정

최초의 지능검사는 프랑스의 심리학자인 비네에 의해서 1881년에 제작되었으며, 정규 교과 과정을 교육받기 힘든 아동을 분류하기 위한 목적으로 정부에서 만들도록 제안하여 시행되었다. 지능을 측정하는 검사에는 여러 가지가 있지만, 그중 대표적으로 스탠포드-비네 검사와 웩슬러 지능검사(Wechsler scale of intelligence)가 있다. 이러한 지능검사를 통해 표현되는 지능지수는 다른 영역에서의 수행을 예측해 주기도 하는데, 예를 들어 학업 수행이나 직업에서의 수행이 그러하다.

1 스탠포드-비네 지능검사

최초의 지능검사인 비네-시몽 검사를 미국문화에 맞게 표준화하여 1916년부터 시행된 검사이다. 대표적인 어린이용 지능검사로 비네 지능검사 중 가장 많이 알려지고 가장 많이 사용되는 검사이다. 언어중심의 개인지능검사로서 언어, 기억, 조작, 산수, 추리, 평가, 인지, 문제해결 등의 하위영역이 포함되어 있으나 지나치게 지능의 언어적 측면을 강조하여 언어나 문화의 차이를 반영하기 쉽지 않으며 매우 우수한 학생들에게는 부적절할 수도 있다. 본래 아동을 대상으로 제작되었으나 2~18세 연령에 사용이 가능하다.

2 웩슬러 지능검사

웩슬러(D. Wechsler)가 1939년에 제작한 개인지능검사로 전 세계적으로 가장 많이 사용되는 지능검사이다. 언어적 검사와 비언어적인 동작 검사를 따로 측정하고, 개인이 수행한 수준을 같은 연령의 집단 점수와 비교하여 지능지수를 산출한다. 이전의 검사들이 지능에 따라 사람들을 구분하려는 목적으로 시행되었다면, 웩슬러 지능검사는 각 연령 집단 내에서 상대적인 위치를 밝히는 편차 개념을 도입하여 측정한 검사이다. 또한 조직화된 11개의 소검사로 다양한 인지능력의 차이를 확인할 수 있다.

대상 연령을 다양화하여 현재 성인용, 아동용, 유아용으로 구분하여 시행되며, 특히 5~15세 아동들에게 적용하는 아동용 웩슬러 지능검사가 현재 가장 널리 사용된다. 우리나라에서는 한국판 웩슬러 지능검사를 표준화하여 사용하고 있다.

3 다중 지능검사

가드너의 다중 지능이론에 따라 8개 영역의 지능을 측정하는 검사로, 100년이 넘게 사용해 온 IQ검사가 주로 언어와 수리에 관련된 두뇌의 기능을 측정한 것이라면 다중 지능검사는 한 가지 지능뿐 아니라 다양한 분야에서 여러 종류의 지능을 가지고 있다는 이론에 기반하고 있다.

다중 지능검사를 통하여 지능이 높은 아동이 모든 영역에서 우수하다는 기존의 획일적인 지능관이 아니라, 자신이 가장 잘하고 좋아하는 한 가지 지능을 강점으로 살리는 강점영역과 약점영역을 확인할 수 있다. 다중지능에 포함된 요소는 언어, 논리, 수학, 공간, 신체 운동, 음악, 대인 관계, 자기이해, 자연 탐구 등으로 이루어지며 이를 통해 강점을 개발하고 부족한 지능 영역을 적절하게 상호작용하여 활용할 수 있도록 돕는다.

참고문헌

- 김명혜(2017). 간호심리학. 대한나래출판사.
- 변은경·박민희·이수정·이춘이·최숙희·최정임(2020). 인간심리와 침해지기. 청운.
- 송인섭·최명구·김누리·남궁정·박소연·이희현·한윤영 외(2006). 교육심리학. 학지사.
- 윤가현·권석만·김경일·김신우·남종호·서수연·신민섭 외(2019). 심리학의 이해. 학지사.
- 이경화·김수연(2018). 성인 다중 지능검사 개발 및 타당화. 영재와 영재교육. 17(2). P. 55-79.
- 이귀연·이길재(1999). 생물적 요인과 환경 요인이 지능에 미치는 영향 및 지능과 학업 성취도와의 관계 분석. 한국생물교육학회지. 27(2). P. 151-160.
- Anastasi, A.(1958). Differential psychology: Individual and group differences in behavior(3rd ed.). Macmillan.
- Bouchard, T. J. & McGue, M.(1981). Familial studies of intelligence: A review. Science. 212(4498). P. 1055-1059.
- Cronbach, L. J.(1960). Essentials of Psychological Testing. New York: Irvington Publishers.
- Guilford, J. P.(1959). Three faces of intellect. American Psychologist. 14(8). P. 469-479.
- Jensen, A. R.(1966). Verbal mediation and educational Potential. Psychology in the Schools. 3. P. 99-109.
- Jensen, A. R.(1969). How much can we boost IQ and scholastic achievement. Harvard educational review. 39(1). P. 1-123.
- Neisser, U., Boodoo, G., Bouchard, T. J., Boykin, A. W., Brody, N., Ceci, S. J. & Halpern, D. F. et al.(1996). Intelligence: Knowns and unknowns. American Psychologist. 51(2). P. 77-101.
- Richard J. Gerrig. 이종한·박권생·박태진·성현란·이승연·채정민 공역(2015). 심리학과 삶(20판). 시그마프레스.
- Rowland W. Folensbee. 송현주 역(2010). 신경과학으로 보는 심리학적 치료. 시그마프레스.
- Spiller, G.(1932). Francis Galton on Hereditary Genius. Sociological Review. a24(1). 47-56.

Chepter 8
성격

학습목표

- 성격의 정의와 결정요인을 이해할 수 있다.
- 성격이론과 성격형성 과정을 이해할 수 있다.
- 다양한 성격검사 방법을 이해할 수 있다.

전체개요

성격은 한 인간을 대표하는 지표 중 하나로 생김새만큼이나 매우 다양하기 때문에 개인의 독특함을 나타내는 중요한 근거가 된다. 우리는 성격의 결정요인과 형성과정을 통해 인간이 저마다 다양성과 독특함을 지닌 존재라는 것을 잘 이해할 수 있을 것이다. 이 장에서는 여러 학자들이 제시한 성격이론과 성격형성의 결정요인 및 성격형성 과정 등을 알아보고 나아가 다양한 성격검사 방법에 대해서도 알아보고자 한다.

1. 성격의 정의

성격(personality)의 어원은 그리스시대 연극에서 배우들이 사용하던 페르소나(persona)라는 가면에서 기원된 용어로 인간의 외적인 특성을 의미한다. 즉, 성격이란 한 인간이 갖는 독특하고 고유한 성질로서 환경과 상호작용하면서 나타나는 특정 행동이며, 인간이 성장하고 발달하면서 유지하고 발전시켜 나가는 자기만의 행동방식이다.

성격에 대한 정의는 학자들의 관점이나 기준에 따라 매우 다양하다. 카텔(R. Cattell)은 '어떤 상황에서 인간이 어떻게 행동할 것인가를 다른 사람들이 예상할 수 있도록 하는 것'이라고 하였고, 올포트(G. Allport)는 인간이 환경에 적응하는 고유한 방식으로서 정신적·물리적으로 형성된 개인의 역동 체제'라고 하였다. 설리반(H. Sullivan)은 '타인과 상호작용하는 관계 속에서 인간의 행동을 특징지어 주는 비교적 일관적이고 지속적인 심리적 특성'이라고 정의하였다.

성격의 사회적 측면을 강조한 메이(R. May)는 '성격이란 사회에서 개인의 역할과 상태를 규정하는 모든 성질의 총체'라고 정의하였으며, 힐가드(E. Hilgard)는 '개인이 환경에 독자적으로 적응하도록 하는 다양한 특성과 행동 양식의 총체적 통합체'라고 하였다.

이처럼 성격은 여러 학자들의 다양한 관점에서 정의되고 있다. 학자들이 강조하는 성격의 정의를 종합해 보면 다음과 같다.

- 성격은 개인이 환경에 적응해 나가며 보여주는 일관한 방식이다.
- 성격은 개인을 행동하게 하는 고유한 것으로 독특성과 지속성을 갖는다.
- 성격은 인간이 환경과 상호작용하는 데 필요하며 개인마다 차이가 있어 저마다 환경에 적응하는 방식을 결정한다.
- 성격은 개인이 성장함에 따라 지속적인 발달과정 안에서 형성되며 환경자극이나 학습 등의 외부조건에 따라 변화될 수 있다.

2. 성격의 결정요인

사람마다 성격이 다른 이유는 무엇일까? 성격은 변할 수 있을까? 만약 성격이 변할 수 있다면 그것은 어떤 이유 때문일까? 성격에 대해 우리는 이러한 의문을 갖게 된다. 아마도 타고난 유전적 성향과 후천적인 환경적 측면 중 어느 쪽에 더 큰 영향을 받을지 의문이 들기 때문일 것이다. 성격을 연구해 온 학자들은 두 가지 영향 중 어떤 것이 더 우선적인지에 대한 많은 논의와 연구를 하고 있으나 아직까지 정확한 결론은 없다. 따라서 우리는 이 두 가지 측면을 모두 살펴보고자 한다.

1 유전적 요인

인간의 성격은 태어날 때부터 영향을 받는다는 관점으로 유전적 요인이나 기질에 의해 선천적으로 결정된다는 것이다. 유전적 요인이 성격 형성에 어떠한 영향을 미치는가를 알기는 매우 어렵고 연구결과도 명확하지 않지만 유전적 관점에서 성격의 결정요인을 잘 증명하는 것이 쌍둥이 연구이다. 특히, 일란성 쌍둥이의 경우 유전자가 거의 일치하기 때문에 종단 연구를 시도한 사례가 많다.

미국 콜로라도대학 쌍둥이연구소의 헬렌마셜 박사의 연구에 따르면 400~420쌍의 쌍둥이가 참여한 연구에서 다른 형제자매에 비해 일란성 쌍둥이의 성격이 훨씬 유사한 결과를 보여주었다고 한다. 유전의 힘이 더 크다는 것을 증명하는 예이다.

2 환경적 요인

영화 〈트윈스터즈〉는 쌍둥이 자매인 두 사람이 환경의 차이로 인해 성격에도 차이가 있음을 보여주었다. 사만다는 오빠들과 화목한 가정에서 자랐고, 아나이스는 외동딸로 외롭게 자랐는데 타고난 유전적 성향이 같아도 성장한 환경에 따라 타고난 기질대로 살 수도 있고, 기질을 누르며 살 수도 있다는 것과 성숙한 성격이 될 수도 있고, 미성숙한 성격이 될 수도 있음을 시사한다.

성격은 인간이 환경에 적응해 가는 동안에 스스로 행동양식을 습득하여 형성된다. 특히 가족 구성, 부모의 양육방식, 형제 간의 서열, 가족의 사회문화적 경험, 또래집단 내 상호작용, 성인기의 직장 내 환경이 영향을 미친다. 이뿐만 아니라 문화적 배경이나 교육 등 독특한 개인의 경험들이 성격을 변화시킬 수 있다.

3 유전적 요인과 환경적 요인의 상호작용

많은 학자들은 성격형성에 대한 유전적 요인과 환경적 요인의 모순적인 대립 관계를 비판하고 있다. 즉, 본성과 양육을 서로 대립적으로 볼 것이 아니라 인간성격 형성에서 유전적 요인과 환경적 요인을 모두 고려하여야 한다는 것이다. 「본성과 양육(Nature via Nurture)」의 저자인 리들리(M. Ridley)는 "유전자는 양육의 자기표현 수단이고, 양육은 유전자의 자기표현 수단이다. 유전자는 우리의 행동을 지배하는 것이 아니라 행동에 의해 지배된다"라고 하였다. 그는 모든 현상을 본성과 양육 또는 유전과 환경의 스펙트럼 위에 1차원적으로 분포시키는 것은 완전한 모순이라고 지적하였다.

따라서 인간 성격형성에 대해서는 유전과 환경적 영향의 상호작용 측면에서 고려할 필요가 있다. 유전자는 환경과 분리되어 독립적으로 작용하지 않는다는 것이다. 실제로 유전자가 환경요인에 의하여 변화되거나 억제되는 것을 보여주는 많은 연구가 유전자와 환경의 상호 밀접한 관계를 증명하고 있다. 유전학자들의 많은 연구에서도 유전자의 작용 및 효과는 환경과 분리될 수 없으며 환경은 유전자를 활성화하거나 유전자의 작용을 정지하게 하여 유전자의 효과를 좌우한다는 점을 강조하였다.

3. 성격이론

1 정신역동적 관점

정신역동 이론이란 정신에너지의 역동적 움직임에 의한 심리현상을 설명하는 것으로 프로이트의 정신분석이론, 융의 분석심리이론, 아들러의 개인심리학 등이 있다.

Getty Images

1) 프로이트의 정신분석이론

프로이트(S. Freud, 1856~1939)는 오스트리아의 정신과 의사이자 정신분석학의 창시자이다. 그는 인간의 성격을 체계적으로 이해하려고 노력하였으며, 최초의 정신역동적 성격이론을 주장하였다. 그는 성격발달이 내적 사건과 갈등에 의해 결정된다고 보았으며 인간의 모든 행동에는 원인이 있고 그 원인이 겉으로 드러나지 않을 때는 무의식 내에 있다고 하였다. 인간의 성격은 원초아(id), 자아(ego), 초자아(super-ego)로 이루어져 있고 이것들이 상호작용한 결과가 성격이라고 하였다.

표 8-1_ 프로이트의 성격구조

분류	설명	특징
원초아 (id)	• 성적, 공격적인 충동을 포함한 본능을 포괄. • '쾌락 원리'에 따라 본능적 욕구를 충족시키기 위해 비논리적이고 맹목적으로 작용	• 자기중심적 • 비현실적 • 비논리적 · 원시적 사고과정 • 일차 과정(primary process) 사고 • 소망충족적
자아 (ego)	• 원초아의 본능과 외부 현실세계를 중재, 통제하는 역할. • '현실원칙'에 따라서 논리적 사고를 하며 환경에 적응하고 교육이나 경험을 통해 자아가 발달	• 인지적 기능과 감정조절 • 만족지연 • 좌절 인내 등 적응적 기능 담당 • 이차 과정(secondary process) 사고 • 현실검증
초자아 (superego)	• '도덕원리', 부모가 자신에게 원하는 가치를 내면화한 자아 이상이 초자아의 일부를 구성. • 부모의 가치관과 사회적 규범을 내면화. 양심, 이상 등. 죄책감으로 자아를 통해 나쁜 행동, 옳지 못한 본능적인 충동을 억제할 수 있음	• 도덕적인 기준

원초아가 강하면 성격이 충동적이기 쉽고, 초자아가 강하면 이상적·도덕적 측면이 강하다. 자아가 원초아와 초자아의 요구를 절충하며 자아는 성격의 집행자로서 현실의 요구에 대처하는 능력을 결정한다.

그림 8-1_ 성격의 구조와 의식수준

성격(심리성적)의 발달단계

프로이트의 성은 신체가 쾌감을 느끼는 포괄적인 개념을 말하는 것으로 발달단계별로 민감한 신체 부위에 따라 이름을 붙였다. 프로이트 이론의 리비도(libido)는 성적 에너지이며, 행동과 사고의 동기이다. 그는 특정 시기에 리비도가 나타나는 것이 아니라 태어나면서부터 서서히 발달하는 것이라고 보았다.

인간은 성장해 가면서 각 발달단계에서 성적 만족이 지나치게 많거나 부족하게 되면 그 시기에 고착현상이 나타나며 다음 단계로 발달하기 어려워진다.

표 8-2_ 프로이트의 발달단계

시 기	특 성	고착 시 행동
구강기	**출생~1세 또는 1세 반까지** • 리비도가 입에 집중되며, 물고 빨고 삼키기 등 입이나 구강의 자극에 만족감을 얻음 • 구순 쾌락을 위협하는 일이 많이 쌓이면 어머니와 타인에게 지나치게 의존하게 되어 스스로의 노력으로 욕구를 만족시키는 법을 배우지 못함 • 구강 욕구가 적절하지 못하면 성인이 된 후 타인에 대한 강한 불신이 생기며 수동적, 의존적, 낙천적인 성격이 될 수 있음	• 손가락 빨기 • 손톱 깨물기 • 과음 • 과식 • 과도한 흡연 등
항문기	**1세 또는 1세 반~3세까지** • 리비도는 항문에 집중되며, 항문이 성적 쾌감을 주는 원천이 되는 시기로 배설기관에 의한 성적 쾌감이 크며 배설 과정에 많은 관심을 가짐 • 배변훈련이 성격에 미치는 영향이 매우 크며 이 시기에는 부모의 반응이 중요한데 배변훈련을 너무 일찍부터 엄격히 교육하면 유아는 지나치게 청결을 고집하거나 반대로 극도의 불결함을 고집하며 강박적, 공격적 성격을 형성하게 됨	• 결벽 • 인색 • 소극 • 검소 • 고집불통 • 구두쇠 등
남근기	**3세~6세 사이** • 리비도가 항문에서 성기로 옮겨가며 성적 민감성이 나타나며 성기에 관심을 많이 가지며 자위행위나 출산, 성에 관한 질문을 많이 함 • 남아는 자신의 성기의 중요성을 인식하고 자기애적 관심을 보이며, 여아는 남아에게 있는 음경이 자신에게 없다는 사실을 인식하고 열등감을 느끼고 남근 선망을 보임 • 반대 성의 부모에게 강한 매력을 느끼게 되며 아들은 오이디푸스 콤플렉스 딸은 엘렉트라 콤플렉스를 경험하며 미해결 시 권위적 인물에 대한 과도한 두려움, 복종적 태도, 지나치게 경쟁적이 됨 • 콤플렉스의 해결로 초자아를 형성하게 되고, 원초아, 자아, 초자아 간의 관계가 만들어지며 이것이 아동의 기본성격을 형성하게 됨	• 남자의 경우 : 경솔하고 과장된 야심적인 행동 • 여자의 경우 : 난잡하고 유혹적이며 경박한 행동, 불감증 등

시기	특성	고착 시 행동
잠복기	**만 6세~사춘기(12세)** • 리비도는 동성의 친구나 또래에게 있고 동일시가 많이 나타나 동성 부모의 다른 성인들과의 관계를 통해 적절한 성역할을 배움 • 학교생활을 시작하고 다양하고 활발한 지적 탐구가 많아지며 다양한 인간관계를 통해 사회화, 학습 기술을 익힘 • 자아가 성숙하고 초자아가 확립되는 시기이며, 이 시기에 과도한 성적 억압을 받게 되면 수치심, 도덕적 반동형성, 혐오감에 빠질 수 있음	• 이성과의 정상적 친밀감 결여 • 이성과의 성적 관계 회피 • 정서적 감정 없이 공격적 성행위 • 수치심 등
성기기	**사춘기 또는 청소년기 이후(12세 이후)** • 육체적 성숙과 성적인 측면에서 성인으로 발전하는 시기로 성적 관심의 대상은 주로 이성친구 • 성욕구가 증가되고 이성과의 상호작용을 통해 욕구를 충족 • 부모로부터의 심리적 독립과 자기정체성의 확립과 성격형성이 완결되며 이 시기까지 순조로운 발달을 성취한 사람은 타인에 대한 관심과 협력적 관계를 이루게 됨	• 권위에 대한 적대감 • 이성에 대한 적응 곤란 등

2) 융의 분석심리이론

융(C. Jung, 1875~1961)은 스위스의 정신의학자로 분석심리학의 개척자이다. 융은 프로이트와 더불어 20세기에 무의식 이론인 심층심리학(depth psychology)을 이끌었던 대표적 인물로 프로이트와 6년간 함께 지내며 정신분석에 심취하여 무의식적 동기의 개념을 발전시키기 위해 노력하였다. 그러나 융은 프로이트의 무의식에 대한 견해에 반대하였고, 프로이트가 초자연적인 것으로 중요하게 여기지 않았던 현상에 크게 관심을 가졌으며, 융의 이론은 후에 성격 유형 분류검사의 기초가 되었다.

융은 프로이트처럼 인간의 정신세계를 의식과 무의식의 구조로 보았지만 인간의 정신구조는 생물학적인 본능에 지배되는 것 이상으로 인류의 역사를 통해 발달되었다고 주장하였다. 그는 성격의 기본요소를 자아, 개인무의식, 집단무의식으로 보았다.

자아는 의식적 사고, 감정, 감각, 직관의 기능을 통해 성장한다. 개인무의식은 프로이트의 무의식과 유사하며 억압, 억제, 망각, 무시된 경험과 의식되기에는 약한 경험들로 구성된다. 집단무의식은 인류 전체의 원시적 이미지, 인간이 조상에게 물려받은 잠재적인 기억흔적의 저장소로서 원형들로 구성되어 있다. 원형(archetype)은 여러 시대를 통해 누적된 경험이 마음속에 영구히 축적된 것이다.

융이 언급한 대표적인 원형으로는 페르소나(persona), 아니마와 아니무스(anima & animus), 그림자(shadow), 자기(self)가 있다. 아니무스는 여성 성격의 남성적 측면의 원형이며, 아니마는 남성 성격의 여성적 측면을 의미하는데 모든 사람들은 이 두 가지 성격의 원형을 함께 가지고 있어 서로 조화를 이룬다고 보았다.

페르소나는 타인에게 보여지는 인간의 외적 인격이며, 그림자는 인간 본성의 악하고 어두운 면, 사회화되지 않은 동물적 본능으로 동성과의 관계에서 종종 부정적으로 투사된다. 자기는 집단무의식의 내용을 통합하고 조직하는 중심적 원형으로 성격의 통일성, 완전성, 전체성을 향해 노력하는 성격의 모든 부분이다.

3) 아들러의 개인심리학

아들러(A. Adler, 1870~1937)는 오스트리아의 유대계 의사, 심리치료사로서 개인심리학의 창시자이기도 하다. 그는 정신분석 사회집단에 참여한 초기 구성원 중 한 사람이었지만 자신을 프로이트 학파로 여기지는 않았다. 아들러는 프로이트의 이론이 지나치게 생리적이며 성적인 관점에 치우쳐 있음을 못마땅하게 여겼기 때문에 프로이트와 좋은 관계를 형성하지는 못하였다. 아들러는 세 편의 논문을 통해 프로이트의 성적 주장에 강한 반대를 표명하였고 1921년 '개인심리학회(Society for Individual Psychology)'를 만들었다.

아들러와 프로이트 이론의 차이점은 프로이트가 인간행동을 결정하는 주된 동기를 무의식으로 보는 반면에 아들러는 인간행동의 동기를 열등감으로 보았다는 것이다. 그는 모든 행동은 목적을 갖고 행해지며 과거의 경험보다는 미래의 기대에 의해 좌우되며, 인간은 창조적이며 낙관적인 존재라고 보았다.

아들러의 열등감은 인간이라면 누구나 느끼는 것으로 열등감은 삶의 추진력이며 발전의 원동력이 된다. 사람들은 열등감을 가지고 있기 때문에 더 높은 목표 우월성(목표 완전성)을 향하여 노력한다. 즉, 우월성 추구 경향이 생긴다는 것이다. 아들러의 우월성은 높은 지위나 지도적인 위치를 말하는 것이 아니라 좀 더 나은 인간, 온전한 인간이 되기 위한 개념이다.

열등감을 극복하고 우월성을 추구하는 노력은 인간마다 다른데 이것이 독특한 자신만의 생활양식으로 나타난다. 우월성을 추구하는 노력의 차이가 곧 '성격'이며, 생활양식의 차이가 성격 기능의 핵심이다. 그는 초기 아동기(4~5세)에 형성된 성격이 전 생애를 통해 유지된다고 보았다. 5세 이전에 생활양식이 형성되고 이러한 생활양식에 영향을 미치는 요인들로는 부모의 양육태도, 출생순위, 성별 등이 있으며 이러한 요인이 성격형성에 영향을 준다고 하였다.

2 사회심리학적 관점

에릭슨(E. Erikson, 1902~1994)은 미국인 발달심리학자이자 정신분석학자이다. 그는 친아버지 밑에서 자라지 못하고 유대인 아버지 밑에서 자라면서 '나는 누구인가'에 대한 자아정체감을 많이 고민하였다.

표 8-3_ 에릭슨의 심리사회 발달단계(성격발달단계)

연 령	발달과업	이 시기에 획득해야 하는 것
출생~1세	신뢰감	주 양육자로 인해 자신과 세상을 신뢰하게 되는 것. 실패하면 자신과 세상에 불신감을 갖게 됨
1~3세	자율성	자신이 시도하고 싶은 것을 해볼 수 있는 기회가 필요함. 실패하면 스스로의 능력을 의심하고 수치심을 갖게 됨
3~6세	주도성	자신이 원하는 것을 타인의 욕구까지 함께 고려하며 해결하는 방법을 터득해야 함. 실패하면 죄책감을 갖게 됨
6~12세	근면성	사회적, 학업적 기술을 터득하며 타인과 자신을 비교하게 됨. 자신이 잘하는 것에 대한 확신이 필요하며 실패하면 열등감을 갖게 됨
12~20세	자아정체감	'나는 누구지?'에 대한 의문을 갖게 되는 시기로 자신에 대해 고민하며 자아정체감을 형성해야 하며 실패하면 역할혼돈을 갖게 됨
20~40세 (성인초기)	친밀감	타인과의 친밀한 관계(우정, 사랑)를 경험해야 함. 실패하면 외로움과 고립감을 갖게 됨
40~65세 (성인중기)	생산성	자신의 직업과 가족형성 등을 통해 무언가를 이루어내는 시기로 실패하면 침체감을 갖게 됨
노년기	자아통합	자신의 일생을 의미 있고 생산적인 것으로 통합하는 시기로 실패하면 실현되지 못한 것들 때문에 절망감을 갖게 됨

에릭슨은 정신분석 이론이 자아 발달에 관한 특정한 이론을 충분히 설명하지 못한다고 주장하였으며 성격발달은 전 생애를 통해 형성된다고 보았다. 그는 프로이트가 환경의 영향을 과소평가했으며 자아의 영향을 간과했다고 보고 자아의 기능을 강조하였다. 에릭슨은 자아-원초아가 독립적이며 자아는 환경에 적응하기 위한 방법으로 경험을 통합시키는 능력이라고 했다.

에릭슨은 인간의 성격형성에 개인과 사회의 역할 및 상호작용을 중요하게 여겼다. 각 시기의 발달과업에 따라 성격이 점진적으로 발달하며 전 생애에 걸쳐 발전한다고 보았다.

3 인본주의적 관점

인본주의는 인간이 자신의 삶을 스스로 결정하고 잠재력을 개발하여 자아실현을 하는 존재로 보는 접근방법으로 인간에 대한 긍정적 견해를 강조하고 있다. 인본주의는 인간이 자신을 둘러싼 주변 환경을 어떻게 인식하고 해석하느냐에 따라 행동이 달라지며 그 행동이 개인의 성격이 된다고 했다. 대표적인 이론가로는 로저스와 매슬로우가 있다.

1) 로저스의 인간중심이론

로저스(C. Rogers, 1902~1987)는 미국의 심리학자이다. 그의 성격이론에서 가장 핵심적인 개념은 자기(self)이다. 현대에는 자기개념(self-concept)으로 더 널리 알려져 있으며, 자기개념은 자기 자신의 본성, 독특한 특성 및 전형적 행동에 대한 믿음으로 주관적이기 때문에 실제 경험과 완전히 일치하지 않을 수도 있다고 보았다. 대부분 사람들은 타인에게 좋게 보이기 위해 어느 정도 자기개념을 왜곡시키려는 경향이 있다.

로저스는 자아와 현실 간에 불일치가 이루어지거나 자아에 대한 지각이 이상적 자아와 일치되지 않으면 심리적 부적응의 원인이 된다고 보았다. 인간은 자기 자신을 발전시키고 유지하는 데 도움이 되는 양식으로 자신의 잠재능력을 향상시키려는 생득적인 경향이 있다고 한다. 이러한 자아실현 경향은 모든 사람에게 있는 것이며 인간은 자아개념과 일치되는 방향으로 자아를 실현하려고 한다.

인간은 자아실현이라는 가장 강력한 동기로 지배되며, 이상심리나 반사회적 행동의 내면에는 자아실현의 동기가 깊이 깔려 있다. 인간은 다양한 경험을 통해서 자기 자신이 되려고 스스로 노력하는 존재라는 것이 바로 로저스의 인간중심이론이다.

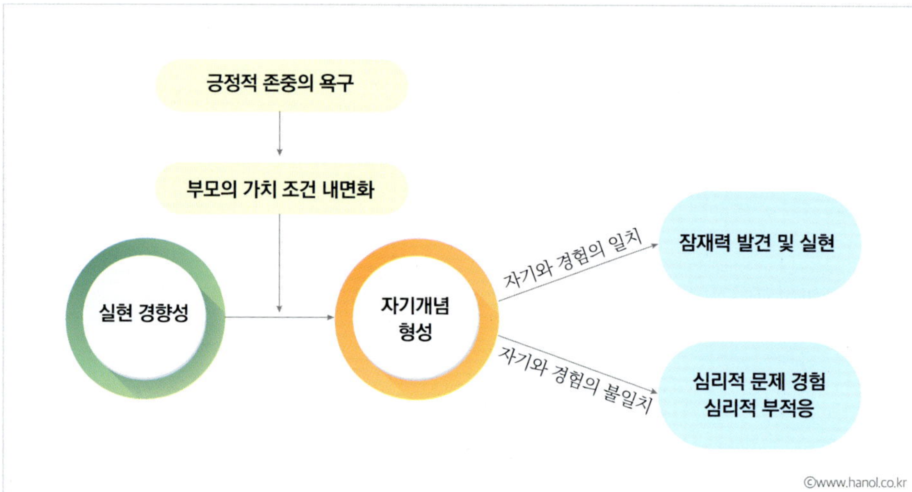

그림 8-2_ 로저스의 인간중심이론

2) 매슬로우의 욕구위계이론

매슬로우(A. Maslow, 1908~1970)는 미국의 심리학자이다. 그는 가장 건강한 사람들의 성격에 관한 연구를 통해 인간의 병리적인 측면보다 건강한 측면에 더 큰 관심을 가져야 한다고 주장하였다. 그는 인간의 건강한 면을 이해해야 비로소 정신적으로 병든 면도 이해할 수 있다고 하였다.

매슬로우의 자기실현은 자신이 원하는 자신이 되는 것이며 인간은 자신의 재능을 충분히 사용할 수 없거나 자신의 진정한 관심을 추구할 수 없으면 좌절하게 된다고 하였다. 궁극적으로 인간은 자신이 가지고 있는 잠재력을 발달·성장시키고 완성시킬 수 있는 본능적 욕구를 가지고 있으며, 좌절보다는 성장하는 것에 더 많은 관심이 있다고 보았다. 그는 인간은 항상 무언가를 원하는 "소망을 가진 존재"라고 묘사하였으며, 나아가 인간이 갈망하는 동기의 단계로서 '욕구위계이론'을 주장하였다.

매슬로우의 욕구위계이론에 의하면 인간은 욕구 위계에 따라 현시점의 욕구가 충족되면 곧이어 다음 단계의 욕구가 발생하고 그것을 충족시키려고 노력한다. 매슬로우는 인간이 갈망하는 최고의 상위 단계인 자아실현의 중요성을 강조하였고 로저스와 마찬가지로 심리학이 인간의 건강한 본성에 더 큰 관심을 가져야 한다고 하였다.

4 특성이론

1) 유형론

유형론(typology)이란 비교적 소수의 기본형을 정하여 그 유형을 하나의 개념 틀로 나누어 성격을 분류하는 것이다. 히포크라테스(Hippokrates)는 인간의 체액을 비율에 따라 혈액(blood), 흑담즙(black bile), 황담즙(yellow bile), 점액(phlegm)의 4종류로 나누어 성격을 구분하였다. 예를 들면 혈액은 낙천적·다혈적이고, 흑담즙은 우울하며, 황담즙은 화를 잘 내고, 점액은 침착하고 냉담하다고 보았다. 이러한 4종류의 체액은 인체 내에서 적당한 비율로 혼합되어 있으면 완전한 기질을 만들지만, 그렇지 못하고 어느 한 종류의 체액이 너무 많다든가 혹은 너무 적은 비율로 혼합되면 불완전한 기질이 된다고 보았다. 체액의 비례적 결합에 따라 다혈질, 점액질, 우울질, 담즙질 등 4가지의 기질 유형과 그에 따른 특성이 나타난다고 한다.

독일의 정신의학자였던 크래츠머(E. Kretchmer)는 체격을 약발병, 투사형, 비만형, 이상발병형으로 분류하였고, 20세기에 들어 미국의 쉘든(W. Sheldon)은 인간의 체형과 성격과의 관계를 규명하려고 노력하였는데 뚱뚱한 체형은 호인형의 성격을, 근육형인 체형은 용감하고 도전적인 성격을 지니며, 마른 체형은 소심하고 사색적인 성격을 지닌다고 하였다. 또한 동양에서는 태양, 태음, 소양, 소음 등의 신체 유형이나 관상으로 성격을 관찰하기도 하였다. 그러나 이렇게 체형과 성격을 관련짓는 것이 예외가 많다고 판단하여 현대에서는 별로 높이 평가되고 있지 않다.

한편 융은 사람의 기본 성격을 리비도가 어디를 향하느냐에 따라 외향적 성격과 내향적 성격으로 구분하였다. 외향적인 사람은 사교적이고, 발랄하고, 행동적이며, 집단의 규범 및 가치관에 많은 관심을 갖는다. 또한 감정이 자유스러우나 자기 내부의 감정에는 민감하지 못하여 자신의 상황이나 고민을 타인에게 털어놓기 어려우며, 책임감이 부족하고 사치와 허영심이 많은 경향이 있다. 반면 내향적인 사람은 리비도가 자신의 내부로 향하고 있어 자신의 의견에 따라 행동하고, 주관적으로 사고하고, 융통성과 적응력이 약하며, 자폐증 및 편집증적인 성격을 나타내고 감정의 억제가 심하며, 반성적인 경향을 보인다고 한다.

2) 특질론

특질(trait)은 자신과 타인을 비교적 영속적으로 구분해 주는 성격을 이루는 기본 단위이자 인간행동의 다양성과 개인차를 설명해 주는 중요한 요소로 선천적으로 획득될 수도 있고 후천적으로 형성될 수도 있다.

① 올포트의 특질이론

올포트(G. Allport, 1897~1967)는 미국의 사회심리학자이다. 그는 성격이론의 핵심 개념을 특질로 보았고, 특질이란 "많은 자극을 기능적으로 같게 만들고, 동등한 형태의 적응적·표현적 행동을 일으키고 이끄는 능력을 지닌 신경정신적 구조"라고 정의하였다.

그는 특질을 성격의 기본단위로 보았으며, 인간의 성격은 특정 자극이나 반응에만 나타나는 것이 아니라 환경과 상호작용하며 일관적이고 지속적인 방식을 보인다고 하였다. 특질은 행동을 결정하는 원인이 되고 어떤 자극에 대한 반응으로 생기는 것이 아니라 적당한 자극을 찾도록 인간을 동기화하고 행동화하기 위해 환경과 상호작용한다.

올포트는 특질을 개인 특질(individual trait)과 공통 특질(common trait)로 나누었다. 개인 특질은 개인에게 독특한 것이며 성격을 나타내고, 공통 특질은 어떤 문화에 속해 있는 많은 사람이 공유하는 것으로 사회규범과 가치가 변화하면 달라질 수 있다고 하였다. 이후 개인 특질을 '개인적 성향(personal disposition)'으로 다시 명명하고 개인적 성향을 주 특질(caddinal trait), 중심 특질(central trait), 이차적 특질(secondary trait)로 구분하였다.

표 8-4_ 올포트의 특질

분류	특징	예
주 특질	• 매우 지배적이고 영향력이 있어 거의 모든 생활에 영향을 미침	• 스쿠루지 하면 떠오르는 것: 구두쇠, 인색함 • 히틀러 하면 떠오르는 것: 독재자, 권위적임
중심 특질	• 포괄적 상태에서 개인행동에 영향을 미치는 특질로 개인을 평가할 때 흔히 언급되는 일반화된 특성임 • 개인의 행동을 기술하는 5~10가지 정도의 두드러진 특질로 주 특질보다 덜 지배적인 것으로서 누군가를 언급할 때 떠올리게 되는 그 사람의 특징	• 개인에게 나타나는 사교성, 책임감, 솔직함 등
이차적 특질	• 중심 특질보다도 덜 일반적이고 일관성이 적으나 보편화 되어 있는 것 • 제한된 상황에서 개인에게 영향을 미치는 특성이 있고 잘 드러나지 않고 매우 약해서 절친한 친구나 아주 가까운 사람이 아니면 잘 모름	• 영심이는 단무지에 식초를 뿌려서 먹는 것을 좋아함 • 영심이가 정말 마음이 힘들 때 가는 특별한 장소가 있음

2 카텔의 특질이론

카텔(R. Cattell, 1905~1998)은 영국의 물리학자이며 심리학자이다. 그는 "성격은 개인에게 어떤 환경이 주어졌을 때 그가 무엇을 할 것인가를 말해주는 것이다"라고 정의하였다. 카텔은 성격구조의 기본단위로서 개인이 갖는 상당히 지속적인 반응을 특질이라고 하였고, 이것을 인간 행동의 객관적 관찰에서 추론되는 가설적, 상상적 구성개념으로 보았다. 카텔이 주장하는 특질은 구분하는 방식에 따라 3가지 유형으로 나뉜다. 공통 특질(commom trait)과 독특한 특질(unique trait), 능력 특질(ability trait), 기질 특질(temperament trait), 역동적 특질(dynamic trait)로 나누며 특질의 안정성과 영속성에 따라 표면 특질(surface trait)과 원천 특질(source trait)로 구분하였다.

표 8-5_ 카텔의 특질

분류	특징
공통 특질	모든 사람이 어느 정도 소유한 특질로 비슷한 유전적 잠재력, 사회적 압력, 문화의 영향으로 정도의 차이는 있으나 보편적으로 소유하고 있음
독특한 특질	개인차를 반영한 것으로 소수의 사람들이 갖는 특질이며, 각기 다른 관심과 태도를 보임
능력 특질	개인이 얼마나 효과적으로 목표를 수행할 것인가를 결정함. 지능은 능력 특질로 주어진 상황의 복잡성을 처리하는 개인의 기술을 의미함
기질 특질	개인의 행동에 대한 일반적 스타일과 정서적 상태로 개인이 얼마나 자기표현적인가, 사교적인가, 대담한가, 혹은 초조한가를 나타냄
역동적 특질	행동의 추진력인 개인의 동기, 흥미, 야망을 의미하며 야망적이거나, 힘을 추구하거나, 혹은 스포츠 지향적인 특성을 가짐
표면 특질	몇 가지의 원천 특질이나 행동 요소로 구성되며 여러 가지 변인으로 구성되기 때문에 안정적이거나 지속적이지 못함
원천 특질	훨씬 안정적이며 영속적인 단일 성격요인

카텔은 일반적인 원천 특질을 발견하기 위해서 생활기록(life records), 자기평정(self-ratings), 객관적인 검사(objective tests)를 사용하였고, 표면 특질을 설명하기 위해 요인 분석을 통해 도출된 인간 성격 기본요인으로 16가지 원천 특질을 나누었다.

3 아이젠크의 PEN 모델

아이젠크(H. Eysenck, 1916~1997)는 독일계 영국인 심리학자다. 아이젠크의 성격이론은 가설로부터 출발하며 가설을 확인하는 수단으로 요인분석을 활용하였다. 성격의 기본차원을 정신병 성향(P), 외향성(E), 신경증 성향(N)으로 구분하고 PEN 모델을 만들었다.

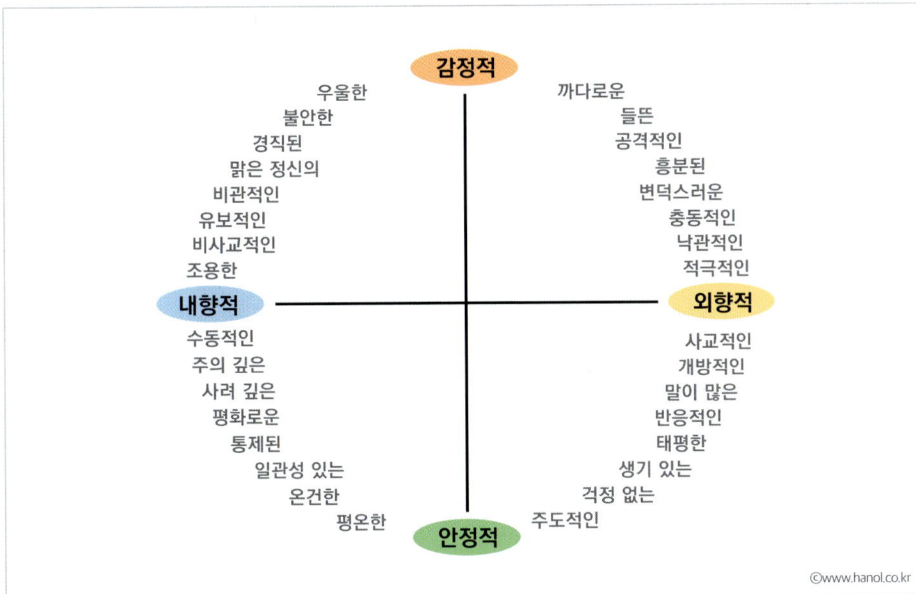

그림 8-3_ 아이젠크의 성격분류

표 8-6_ 아이젠크의 PEN모델

분류	특징	성격
신경증	정서적 불안정과 불안, 히스테리 및 강박 성향을 보임. 때로는 감정적으로 과장하여 반응하고 정서적 불안정 후 정상적 감정상태로 회복하기 어려워함	• 변덕스럽고 성미가 까다로우며, 불안하고 침착성이 없음
감정적 안정		• 안정적이고 조용하며, 태평하고 침착성과 신뢰성이 있음
내향성	내향성은 조용하고, 수동적이고, 사교적이지 않고, 주의 깊고, 반사적이고, 비관적이며, 침착함	• 조용하고, 사람보다는 책을 좋아함. 미리 계획하여 실행에 옮기는 경향이 높고, 순간적인 충동을 탐탁치 않게 여김 • 일상의 문제를 보다 진지하게 처리하고, 질서정연한 생활을 좋아함
외향성	외향성은 사교성, 충동성, 억제력, 활력, 낙천주의 및 재치의 선명함을 특징으로 함	• 사교성이 풍부하고, 파티를 좋아하며, 친구들이 많음. 이야기를 나눌 사람들을 필요로 하며, 혼자서 책을 읽거나 공부하는 것을 그다지 좋아하지 않음 • 흥분을 즐기고, 위험을 추구하기도 하며, 기분에 따라 행동하는 경향이 높고 충동적임
충동 통제	둔감하고, 비인간적이며, 반사회적이고, 폭력적임. 공격적이며 사치스럽다는 특징이 있음. 높은 점수는 정신병 성향이나 다른 정신 장애와 관련이 있음	• 정신병이 될 가능성을 반영하는 차원으로, 이것이 높을수록 공격적, 냉소적, 충동적인 행동을 하며 자제력이 부족함을 알 수 있음
정신증		

표 8-7_ 성격의 5요인 모델

분류	성격 측정	하위요인
신경증 (N: Neuroticism)	적응 대 정서적 불안정을 측정. 심리적 스트레스, 비현실적 생각, 과도한 열망과 충동, 부적응적인 대처 반응을 얼마나 나타내는지를 측정	불안, 자의식적임, 우울, 상처를 잘 받음, 충동성, 분노 적대감
외향성 (E: Extroversion)	대인관계에서의 상호작용 정도와 강도를 측정. 활동 수준, 자극에 대한 욕구, 즐거움, 능력 등을 측정	사교성, 활동, 주장성, 흥분 추구, 긍정적 정서, 따뜻함
개방성 (O: Openness)	자신의 경험을 주도적으로 추구하고 평가하는지 여부를 측정. 낯선 것에 대한 인내와 탐색 정도를 측정	공상, 미를 추구함, 감정, 아이디어, 행위, 가치
동조성 (A: Agreeableness)	사고 및 감정과 행위적 측면의 동정심부터 적대감까지의 연속선상에 따라 개인의 대인관계 오리엔테이션이 어느 위치에 있는지를 측정	솔직성, 신뢰성, 이타성, 겸손, 마음이 여림, 순응성
성실성 (C: Conscientiousness)	목표 지향적 행동을 조직하고, 지속적으로 유지하며, 목표 지향적 행동에 동기를 부여하는 정도를 측정	자제심, 의무감, 유능감, 질서, 신중함, 성취, 노력

성격의 5요인 모델

성격(personality)과 기질(temperament)은 개인의 사고, 감정, 행동의 독특한 양식으로 정의할 수 있으며, 기질은 대게 생물학적인 성향을 반영하는 특성을 보이는 반면, 성격은 환경적인 요소에 영향을 받는 특성이 있다.

5요인 모델(big five)은 성격에 생물학적 영향력을 강조하는 대표적인 성향적 관점 이론 중 하나로 요인 분석을 통해 밝혀졌다. CPI, MMPI, MBTI 등의 여러 성격검사 자료들을 통해 발견한 5요인에 6개의 하위요인을 추가하여 인간의 성격을 좀 더 넓게 확인할 수 있는 NEO-PI-R(Revised NEO Personality Inventory: 성격의 5요인 측정검사)를 개발하였으며, 이 검사는 총 240문항으로 구성되어 있다.

4. 성격 평가

인간의 성격은 복합적인 구조로 이루어져 있으며, 다양한 측면이 존재하고 의식과 무의식을 넘나드는 다각적인 측면을 포함하고 있기 때문에 성격검사는 측정방법과 관련된 요인들에 의해 다양한 결과를 보인다.

투사적 검사의 경우 평가자의 전문성, 검사의 상황적 변인 등에 따라 평가결과가 달라지는 반면, MMPI와 같은 객관적 검사에서는 사회적 바람직성이나 반응 경향성 등에 따라 평가결과에 차이를 나타낸다. 따라서 성격평가에서 중요한 것은 평가자의 고정관념이나 편견 등에 의해 오류를 범해서는 안 되고 평가자가 객관적이고 타당한 방법으로 평가할 수 있는 지식과 다양한 경험을 토대로 평가 내용을 해석 및 설명할 수 있는 능력을 갖추어야 한다.

즉, 바람직한 성격평가를 위해서 평가자는 숙련되고 올바른 평가방법 등을 숙지하여 객관적이고 정밀한 평가가 되기 위해 노력해야 한다. 그리고 면담법, 행동관찰, 객관적 검사 및 투사적 검사 등 표준화된 도구 등을 사용하여 종합적인 성격평가가 이루어지도록 해야 한다.

1 행동적 면접

행동적 면접은 자료를 수집 · 선별하고 통합하여 수검자의 문제가 무엇인지를 유추하고 평가하는 것이다. 행동적 면접은 면담과 행동관찰로 구성되고 원활한 평가를 위해서는 치료적 관계(rapport)의 형성이 필수적이다.

면담의 기본 기법으로는 경청, 적극적 경청, 반영, 명료화, 적절한 질문하기 등이 있고 의사소통의 정확성을 위해 평가자는 다양한 계층의 언어 내용을 알고 있는 것이 도움이 되며, 대상자에게 맞는 적절한 어휘를 선택해야 한다. 면담은 비구조화된 면담과 구조화된 면담으로 나눌 수 있는데, 비구조화된 면담은 평가자의 경험과 숙련 정도 등에 따라 자유롭게 진행할 수 있어 광범위한 주제를 다루는 데 용이

하다. 반면에 구조화된 면담은 질문의 내용과 순서가 미리 정해지며 가능한 순서와 내용대로 진행하게 된다.

행동관찰은 언어적 행동과 비언어적 행동에 대한 임상 정보를 수집하고 정교화하는 것으로 비언어적 행동을 통해 드러나는 얼굴 표정, 신체 동작, 위생 상태, 복장, 반응의 양상, 말의 속도, 손놀림, 자세, 감정표현 등을 관찰하는 것으로 자연관찰법, 참여관찰법, 자기관찰법 등을 사용한다.

1) 자연관찰법(직접관찰법)

수검자의 행동을 실생활에서 직접 관찰하고 평가하는 방법으로 평가자는 상황에 직접 참여하여 수검자의 자연스러운 행동을 토대로 그와 관련된 제반 상황에 대한 정보를 확보할 수 있으나, 행동이 언제 나타날 것인지 알 수 없기 때문에 관찰의 어려움이 있다.

2) 참여관찰법

수검자와 함께 생활하는 사람에게 수검자의 행동에 대한 관찰 역할을 대신하도록 하는 방법이다. 가족, 친구, 동료 등이 관찰자로 활동하면서 수검자의 행동과 연관된 상황 및 조건, 대인관계 방식 등을 자연스러운 상황에서 포착할 수 있으나 관찰자의 편견이나 선입견이 개입될 수 있는 여지가 있다.

3) 유사관찰법(통제관찰법 또는 실험적관찰법)

실생활이 아닌 상담실이나 실험실 등의 통제된 공간에서 관찰하는 방법으로 행동이 일어나는 상황을 실생활의 축소판인 가상상황으로 제시함으로써 자연관찰이 지닌 한계를 극복할 수 있으나, 수검자의 반응요인에 의해 수집된 자료의 타당도를 확보하는 데 어려움이 있다.

4) 자기관찰법

일종의 자기보고식 방법으로서 수검자는 자신의 행동을 스스로 관찰하고 보고하게 된다. 자신의 행동에 대한 피드백을 통해 스스로 행동을 통제할 수 있는 계기를 마련하게 되지만 수검자의 적극적인 참여 의지가 요구되며 자신을 관찰하고 기록하는 일을 최대한 객관적으로 왜곡 없이 수행해야만 하는 어려움이 있다.

2 객관적 검사

질문지나 평정 척도와 같은 간단한 지필 검사로 수검자의 외현적인 행동뿐 아니라 우울, 불안, 주의력 결핍 등을 평가하는 방법이다. 검사의 시행, 채점, 해석이 쉽고 응답이 용이하며, 시간과 노력이 절약된다. 평가자나 상황적 변인의 영향을 덜 받고, 검사결과를 객관적으로 해석할 수 있다. 또한, 검사의 신뢰도와 타당도를 확보할 수 있고 수검자의 무응답이나 검사 목적에 부합하지 않는 응답을 줄일 수 있다.

반면, 수검자가 사회적 바람직성을 추구하려는 영향 때문에 응답결과가 영향을 받거나 자신이 없더라도 협조적인 대답으로 일관할 수 있고, 답이 제한되어 있어 수검자에 대한 자세한 정보를 얻기 어렵다. 대표적으로 MMPI, CPI, MBTI가 있다.

MMPI(Minnesota Multiphasic Personality Inventory: 미네소타 다면적 인성검사)는 1943년 미국 미네소타대학병원의 해서웨이(S. Hathaway)와 맥킨리(J. McKinley)에 의해 개발되었고 개인의 성격특성 및 정신병리 상태를 평가할 수 있는 가장 강력한 검사로 발전하였다. 현재는 진단뿐 아니라 학교, 인사선발 및 관리, 교정이나 법정 장면 등에서도 널리 사용되고 있다. MMPI-2의 경우 총 567개 문항으로 구성되어 있으며 검사시간은 1시간~1시간 30분 정도가 소요된다.

CPI(California Psychological Inventory: 캘리포니아 성격검사)는 1956년 고프(H. Gough)에 의해 개발된 방법으로 MMPI가 임상현장에서 많이 사용되는 검사라면 CPI는 일반인을 대상으로 전 세계에서 가장 널리 사용되고 있는 검사 중 하나이다. 30개 요인으로 구성되어 있어 개인 심리특성에 대한 포괄적인 측정이 가능하다.

MBTI(Myers-Briggs Type Indicator: 마이어스-브리그스 성격유형검사)는 마이어스(I. Myers)와 브리그스(K. Briggs)가 융의 분석심리학을 근거로 개발한 성격 유형 선호 지표로 가장 대중적으로 알려진 성격검사이다. 흥미 위주의 성격 테스트부터 기업체에서 인성검사로까지 다양하게 사용되고 있다. 그러나 MBTI는 인간의 성격유형을 16가지로 분류하고 각 요소들 중에 어느 요소의 특징이 더 강하느냐에 따라 분류되기 때문에 해당 유형에 속하는 사람들이 대체로 어떤 경향을 보이는지만 알려주는 한계점이 있다.

3 투사적 검사

수검자에게 자극을 주어 객관적으로 관찰할 수 없는 성격의 측면을 탐색하기 위한 검사로 수검자의 현재 모습뿐만 아니라 내면의 욕구가 투사된다는 장점이 있다. 개인을 이해하기 매우 효과적이며, 자극의 내용이 불분명하기 때문에 수검자가 의도된 방어를 하기 어렵다. 반응이 다양하게 표현되고 평소 의식화되지 않았던 사고나 감정을 자극함으로써 전의식적이거나 무의식적인 심리적 반응을 유도할 수 있다. 그러나 전반적으로 신뢰도가 부족하고 타당도 검증이 빈약하며 평가자의 태도나 수검자의 선입견 등 여러 상황적 요인들이 검사 반응에 강한 영향을 미친다는 단점도 있다. 대표적 검사로는 Rorschach Test, TAT, HTP, SCT 등이 있다.

Rorschach Test(로르샤흐 검사)는 데칼코마니 기법으로 좌우대칭의 이미지가 있는 10장의 카드로 시행한다. 무채색 카드 5장, 채색 카드 5장으로 구성되어 있으며 모두 구체적인 이미지를 갖고 있지 않아서 사람마다 자기만의 방식으로 연상하고 반응한다.

TAT(Thematic Apperception: 주제통각검사)는 어떤 불완전한 인물을 등장시키거나 애매모호한 상황의 그림을 제시하고 그 상황이나 등장인물 등과 관련하여 과거, 현재, 미래의 타임라인을 설정하여 수검자가 본인 나름대로 이야기를 만들어내도록 하여 개인의 내적욕구나 동기 또는 투사 등의 방어기제에 관한 중요한 정보를 얻는 것을 목적으로 하는 검사이다.

HTP(House-Tree-Person test: 집-나무-사람검사)는 정신분석가인 벅(J. Buck)에 의해 개발되었으며, 프로이트의 정신분석이론을 바탕으로 한 투사적인 측면이 강조된 검사이다. 수검자의 성격, 성숙, 발달, 융통성 등의 통합 정도와 현실에서의 문제해결 능력, 환경과의 상호작용 정보를 파악할 수 있다.

SCT(Sentence Completion Test: 문장완성검사)는 다수의 미완성 문장을 수검자가 자기 생각대로 완성하도록 하는 검사로 단어연상검사의 변형으로 발전된 것이다. 문장의 맥락에 따라 수검자의 감정, 분노, 공격성, 생각, 태도, 특정 대상, 사회적 관계망, 욕구, 소망 등 다양한 영역들이 표현될 수 있다. 미완성 상태의 문장을 완성하면서 수검자의 다양한 정보가 자유롭게 드러날 수 있는 특징이 있다.

참고문헌

- 변은경·박민희·이수정·이춘이·최숙희·최정임(2020). 인간심리와 친해지기. 청운.
- 윤가현·권석만·김경일·김신우·남종호·서수현·송현주 외(2020). 심리학의 이해. 학지사.
- 정의석(2019). 대학생을 위한 심리학. 시그마프레스.
- 최미례(2011). MMPI와 MMPI-2와의 관계에 대한 고찰. 한국상담및심리치료학회지. 3(1). P. 29-40.
- 한경희·김중술·임지영·이정흠·민병배·문경주. MMPI®-2 다면적 인성검사 II 매뉴얼 개정판. 마음사랑.
- 황순택·조혜선·남지숙(2010). MMPI와 MMPI-2 프로파일 비교. 한국심리학회지: 임상. 29(2). P. 525-539.
- John R. Graham. 이훈진·문혜신·박현진 공역. MMPI-2 성격 및 정신병리 평가(4판). 시그마프레스.

재미있는 **심리여행**

Chepter 9
심리검사

학습목표

- 심리검사에 대한 개념을 이해하고 설명할 수 있다.
- 심리검사의 종류를 이해하고 열거할 수 있다.
- 다양한 심리검사 도구를 활용하여 실제 사용을 설명할 수 있다.

전체개요

심리검사는 심리평가의 기본요소로 심리적 문제나 현상의 개인차를 비교하여 수검자의 전체적, 인격적, 행동적, 정서적 측면을 이해하기 위한 심리학적 측정과정이다. 심리검사는 개인행동 모두 측정해 보지 않더라도 소수의 표본행동을 측정한 결과를 바탕으로 개인의 전체행동을 예견해 줄 수 있다. 그러므로 심리검사는 어떤 행동표본에 대한 객관적이고도 표준화된 측정도구로서 일관성을 안정적으로 유지하는 신뢰도와 타당도를 갖추어야 한다.

1. 심리검사란 무엇인가

1 심리검사란

심리검사는 심리평가의 기본요소로 심리적 문제나 현상의 개인차를 비교하여 수검사의 전체적, 인격적, 행동적, 정서적 측면을 이해하기 위한 심리학적 측정과정이다. 다음과 같이 심리검사의 특성을 설명할 수 있다.

첫째, 심리검사는 개인의 대표적인 행동양식을 심리학적 평가방식으로 측정한다. 개인의 모든 행동을 검사하고 평가하는 것은 불가능하다. 검사 상황에서 개인을 잘 나타내는 독특한 행동상의 지표나 징후를 평가하는 것이 필요하다.

둘째, 심리검사는 표준화된 방식을 따른다. 여러 심리학적 검사가 개발되어 있지만 타당도와 신뢰도는 천차만별이다. 따라서 평가자는 많은 검사 중에서 신뢰도와 타당도라는 검증 작업을 거쳐 표준화된 방식에 의해 개발된 검사 도구를 사용하여야 한다.

셋째, 심리검사는 체계적이고 전문적인 과정이다. 전통적으로 임상심리 영역에서는 심리검사에 대한 교육과 훈련을 학회차원에서 매우 엄격하게 규정하고 있어 역량 있고 전문적인 임상가를 배출하려고 노력하고 있다.

넷째, 심리검사는 보통 횡단적으로 시행한다. 입원상황에서는 첫 입원 시에 일회적으로 검사를 실시하는 경우가 많으나, 치료효과를 보기 위한 연구에서는 치료 전과 후에 걸쳐 시간에 따른 변화를 살펴보기 위해 종단적으로 검사를 실시하기도 한다.

2. 심리검사 시행 시 고려해야 할 사항

1 라포형성

심리치료 초기에 치료자와 환자 간의 치료동맹을 맺는 것이 중요하듯이 심리검사를 실시할 때에도 평가자와 수검자 간의 적절한 관계형성이 중요하다. 평가 상황에서는 이를 라포형성이라고 한다. 라포형성(rapport building)이 잘 이루어져야 수검자로부터 최적의 반응과 자료를 얻을 수 있다.

라포형성은 평가자의 개입으로 이루어지며, 평가자는 가능한 한 최선을 다해 수검자가 심리검사에 관심과 흥미를 가지고 협조할 수 있도록 돕는 것이 필요하다. 평가자는 수검자에게 동기를 부여하고 심리검사 시행에 대한 참여도를 높이는 라포형성 기술을 터득해야 할 것이다.

2 수검자 변인

수검자에 대한 특성과 정보를 얻는 데에는 수검자가 중요한 변수로 작용한다. 수검자는 부정적 정서나 거부감, 양가적 감정, 두려움, 긴장, 불안, 저항 혹은 지나친 기대나 의존감을 가지고 검사에 임하게 된다. 특히 입원상황에 있는 환자들은 심리검사 결과가 자신의 퇴원에 부정적인 영향을 미칠 것을 두려워하여 검사반응이 제한되고 왜곡될 수 있다. 따라서 평가자는 수검자가 가지고 있는 일반적 저항과 두려움을 이해하고, 검사 목적이 무엇이고 이 검사가 수검자에게 어떤 이득이 있는가를 설명해 주어야 한다. 수검자의 저항이 매우 강한 경우는 무리하게 한꺼번에 검사를 진행하는 것보다 중단하거나 보류하는 것이 현명하다. 수검자의 감정상태와 정신상태를 고려하여 정서적 안정이 이루어지고 난 다음 심리검사를 시행하는 것이 바람직하다.

3 평가자 변인

평가자 변인으로는 평가자의 연령, 성, 인종, 직업적 지위, 수련과 경험, 성격특징, 외모 등이 영향을 미칠 수 있다. 특히 평가자의 태도는 수검자로부터 검사 정보와 자료를 얻을 때 중요한 차이를 유발한다. 신뢰할 만하고 따뜻한 분위기를 이끌어내며 수검자로부터 더 많은 검사 반응을 끌어내는 평가자가 있는가 하면 딱딱하고 권위적인 태도로 일관하여 매우 빈약하고 불충분한 자료만을 얻는 평가자도 있다. 따라서 심리검사는 심리치료와 마찬가지로 평가자의 자세와 태도가 수검자의 반응에 영향을 미칠 수 있다는 것을 염두에 두고 평가자는 전문성과 함께 공감능력과 사람을 존중하는 태도를 가져야 한다.

4 검사상황 변인

심리검사가 시행되는 곳은 지나친 소음과 자극으로부터 보호되어야 하며 적절한 채광과 통풍, 안정된 자리배치와 공간이 요구된다. 특히 지능검사나 신경심리검사의 경우 소음이 없는 조용한 환경이 필요하다.

임상환경에 실시되는 종합심리검사의 경우 실시시간이 통상 3~4시간 이상 소요되는데, 이 경우 검사시행 시간과 수검자의 정서적 안정도, 피로감 등을 고려해서 두세 차례 나누어서 하는 것이 좋다.

Getty Images

3. 심리검사의 선택

심리검사를 실시하기 전에 평가자는 심리검사의 이론적 지향, 표준화과정의 적합성, 신뢰도, 타당도를 고려해야 한다.

1 이론적 지향

평가자는 특정검사가 적합한지 효율적으로 평가하기 전에 이론적 지향을 이해해야 한다.

- 검사가 측정하려고 하는 이론적 구성개념을 충분히 이해하고 있는가?
- 검사항목이 구성개념의 이론적 기술 내용과 부합하는가?

2 실제적 고려사항

검사가 사용되는 맥락과 방법에 따라 실제적인 사항을 고려할 필요가 있다. 또한 검사 도구를 해석하는 데 필요한 훈련의 정도를 평가해야 한다.

- 수검자는 검사가 요구하는 독해력 수준을 갖추고 있는가?
- 검사시간이 적당한가?

3 표준화

심리검사를 평가할 때는 규준의 존재 여부 또한 중요하다.

- 검사하려는 집단이 그 검사가 표준화할 때 사용했던 집단과 유사한가?

- 표준화 연구에 사용되었던 표집 수가 적당한가?
- 특별 하위 집단 규준이 있는가?
- 검사 지시는 적절하게 표준화된 검사 실시를 따르고 있는가?

4 신뢰도

검사의 신뢰도란 안정성, 일관성, 예측가능성, 정확성의 정도를 언급한다. 개인이 다른 시점에 같은 검사로 평가했을 때 이전과 같은 점수를 받을 수 있다면 신뢰도가 높다고 할 수 있다. 검사의 신뢰도는 검사 점수의 일관성을 의미한다. 오차에 의해 유발되는 검사변량의 정도를 측정하는 것이 신뢰도의 목적이다. 검사선택과 관련하여 다음 4가지 신뢰도는 고려할 필요가 있다.

1) 검사-재검사 신뢰도

같은 심리검사가 두 번씩 시행되며 두 번 시행된 점수들 간의 상관으로 계산된다. 검사-재검사 신뢰도(test-retest reliability)는 검사 실시 간 간격이 신뢰도에 영향을 줄 수 있다. 가장 중요한 문제는 처음 실시와 나중 실시 사이에 연습효과 혹은 기억 영향으로 수행이 좋아지는 것이다. 그래서 검사-재검사 신뢰도는 상대적으로 안정적인 변인을 측정할 때 선호되는 방법이다.

2) 동형 검사 신뢰도

동형 검사 신뢰도(alternate form reliability)는 검사-재검사 신뢰도의 문제를 피하기 위해 개발되었다. 이 신뢰도는 특정 검사의 두 가지 유사한 형태 또는 판을 만든 다음 수검자 집단 표본에 실시한 후에 두 검사 점수의 상관을 통해 계산된다. 즉, 이전 반응을 회상하는 것과 같은 이월효과를 제거할 수 있다는 장점이 있다. 동형검사 신뢰도는 대체로 치료효과를 평가하거나 다른 시점에서 다른 형태로 실시함으로써 시간에 따른 수검자의 변화를 평가하는 데 유요한 방법이다.

3) 내적 합치도

내적 합치도(internal consistency)는 가장 널리 쓰이는 신뢰도 방법이다. 검사 내적합치도를 결정하기 위한 방법은 수검자의 점수를 2개로 분할하고 그 점수들 간의 상관을 보는 것이다.

4) 채점자 간 신뢰도

채점자 간 신뢰도(inter rater reliability)는 검사를 채점할 때 주관적인 판단이 요구되는 경우, 수검자의 표본에 의해 산출된 동일한 반응들이 둘 또는 그 이상의 채점자에 의해 채점되며 그 점수들 간의 상관이 계산되는 것이다.

- 신뢰도가 충분히 높은가?(임상적 의사결정 시 90, 연구목적에서는 70)
- 심리적 특성의 상대적 안정성, 신뢰도를 측정하는 방법, 검사 형식은 신뢰도에 어떤 의미를 갖고 있는가?

5 타당도

타당도란 검사 도구 평가에서 있어 매우 중요한 부분이다. 신뢰도가 검사의 일관성에 관한 것이라면, 타당도는 해당 검사 도구가 측정하고자 하는 특성을 얼마나 충실하게 측정하느냐를 의미한다. 즉, 타당도는 검사 점수가 검사의 사용 목적에 부합하느냐의 문제로, 검사 도구가 평가 목적에 얼마나 적합한지를 보는 것이다. 타당도의 종류는 다음과 같다.

1) 내용 타당도

내용 타당도(content validity)는 검사 문항들의 내용이 측정하고자 하는 영역의 내용에 적절한 표본인지를 알려준다. 초기 문항 선택과정에서는 측정하려고 하는 변인과 관련이 있는 선행 이론이나 지식을 감안해서 문항을 산출하고, 그 문항이 특정영역을 과잉 대표하지 않는지 혹은 과소 대표하지 않는지를 검토해서 문항을 수정하는 작업을 해야 한다. 주로 그 분야의 전문가들이 문항을 결정하고 개발하는 과정에 참여한다. 내용 타당도가 높은 검사가 되려면 측정하고자 하는 내용 영역의 모든 측면과 추가적인 변인들도 다루어야 한다.

2) 준거 타당도

타당도를 결정할 때 두 번째로 중요한 접근은 준거 타당도(criterion validity)이다. 준거 타당도는 경험 혹은 예언 타당도라고 불린다. 검사 점수들이 주어진 검사 외의 준거를 경험적으로 예언해 주는 바는 어느 정도인가 하는 것이다. 준거 타당도는 공존 타당도와 예언 타당도로 구분되며 공존 타당도는 동시에 실시된다. 예로, 지능검사가 실시되고 동시에 그 집단의 학업 성취수준이 평가된다. 이때 지능검사 점수와 학업 성취 수준이 얼마나 일치하는가가 공존 타당도를 의미한다.

예언 타당도는 검사가 우선 실시되고 준거는 나중에 측정된다. 어떤 결과를 예측할 때 개인의 분류 및 선택에 주로 사용된다. 예로, 인사선발과정이나 군대에서 병사들을 특정업무 영역으로 배치할 때, 정서장애가 있는 것으로 예측되는 사람들을 선별하거나 특정 치료접근에서 효과가 있는 정신장애를 예측할 때 사용된다.

3) 구성 타당도

구성 타당도(construct validity)는 검사가 측정하려고 하는 심리적 구성 개념을 얼마나 정확하게 측정해 주는가에 해당된다. 수렴 타당도(convergent validity)는 검사상의 점수들이 그 검사에서 측정되고 있는 것과 이론적으로 관련 있는 구성 개념들을 재는 또 다른 측정도구와 경험적으로 상관이 있다고 발견되는 정도를 말한다. 변별 타당도(discriminant validity)는 검사 점수와 이론적으로 관련이 없는 구성 개념들을 재는 측정 도구들의 점수와 상관이 없다고 발견되는 정도를 말한다. 구성 타당도는 흔히 요인분석으로 검증된다.

변별 및 수렴 타당도와 관련하여 중요한 점은 다른 범주를 확인할 때 평가도구가 보여주는 민감도와 특이도이다. 민감도는 도구가 밝혀내는 진긍정(true positive)비율을 말하며, 특이도는 진부정(true negative)비율을 말한다. 민감도와 특이도를 결정할 때 겪게 되는 어려움은 정신과적 진단이나 지능, 성격특성과 같은 범주에 모두 동의할 수 있고, 객관적으로 정확한 외적인 준거를 개발하는 데 있다.

구성 타당도는 측정하려고 하는 특성이나 능력에 대한 이론적 지식, 관련된 다른 변인들에 대한 지식, 가설 검증, 조사하고 있는 다른 변인들의 네트워크와 검사 변인 간의 관계 등에 대해 살펴보는 것이다.

4) 증가 타당도와 개념 타당도

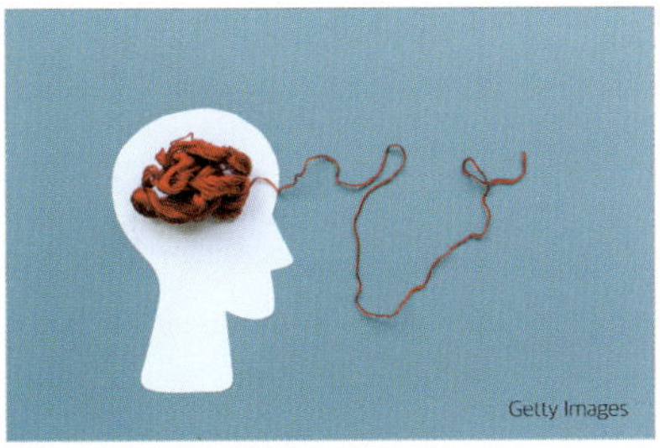
Getty Images

증가 타당도(incremental validity)는 기존의 검사도구들로 측정한 바 있는 심리 특성을 측정하기 위해 새로 고안된 검사가 기존의 검사들에 비해 심리 측정 성과를 어느 정도 향상시킬 수 있는가를 나타낸다. 개념 타당도(conceptual validity)는 심리검사에서 평가자가 검사자료를 토대로 가설을 생성하고 이 가설을 검증한 뒤 가설에서 나온 자료를 일관성 있고 통합된 그림으로 혼합할 수 있는 능력을 말한다. 특정 수검자에 대해 개념적으로 일관성 있는 정보를 제공하고 기술하기 때문에 개념 타당도라 한다. 개념 타당도는 독특한 역사와 행동을 가진 사람에게 초점을 두고 있다.

- 검사를 타당화하기 위해 사용된 준거와 절차는 무엇인가?
- 검사를 이용하려는 목적과 맥락에 맞게 정확한 측정을 해주는가?

4. 심리검사 분류

1 지능검사

1) 스탠포드-비네 지능검사

스탠포드-비네(Stanford-Binet) 지능검사는 최초의 지능검사인 비네-시몽(Binet-simon) 검사를 미국문화권에 맞게 개정하여 표준화한 것으로 비네 지능검사 중 가장 많이 사용되는 검사이다. 언어, 기억, 조작, 산수, 추리, 평가, 인지, 문제해결 등의 하위영역이 포함되어 있으나 요인분석결과 증명이 되지 않는 면이 있고 지나치게 지능의 언어적 측면을 강조하여 언어나 문화의 차이를 반영하기 쉽지 않으며 매우 우수한 학생들에게는 부적절할 수도 있다.

2) 웩슬러 지능검사

웩슬러(D. Wechsler, 1896~1981)는 성인지능검사에서 언어적 문항에만 의존하는 것을 바꾸고자, 언어성 하위척도와 비언어성 또는 동작성의 하위척도로 구성된 웩슬러 벨뷰(Wechsler-Bellevue, 1939) 지능검사를 발표하였다. 이 방법에 전체적인 지능지수를 덧붙여 언어성 IQ와 동작성 IQ로 분리한 추정치를 제시하였다. 이후 약간의 수정을 거쳐 WAIS(Wechsler Adult Intelligence Scale: 웩슬러 성인지능검사)로 이름을 바꾸고, 후에 WISC(Wechsler Intelligence Scale for Children: 웩슬러 아동지능검사)가 개발되었다. 웩슬러 지능검사는 지능지수의 산출이 정신연령에 의한 것이 아니고 표준편차를 이용하여 지능의 상대적 위치를 추론한다. 웩슬러 성인지능검사는 현재 가장 널리 사용되는 지능검사이다.

표 9-1_ 성인과 아동의 지능검사 실시순서

구분	내용
K-WAIS-IV 실시순서	토막 짜기 → 공통성 → 숫자 → 행렬추론 → 어휘 → 산수 → 도형 찾기 → 퍼즐 → 상식 → 기호 쓰기 → 순서화 → 무게비교 → 이해 → 지우기 → 빠진곳 찾기
K-WISC-IV 실시순서	토막 짜기 → 공통성 → 숫자 → 공통그림 찾기 → 기호 쓰기 → 어휘 → 순차연결 → 행렬추리 → 이해 → 도형 찾기 → 빠진 곳 찾기 → 선택 → 상식 → 산수 → 단어추리

2 성격검사

1) MMPI

해서웨이(S. Hathaway)와 맥킨리(J. McKinley)가 1943년에 개발한 MMPI (Minnesota Multiphasic Personality Inventory: 미네소타 다면적 인성검사)는 100개 이상의 언어로 번역되어 전 세계에서 가장 많이 사용되는 대표적인 객관적 성격검사로, 효율적이고 신뢰성 있는 진단 도구이며, 실제 임상현장에서 성격 및 증상에 대한 종합적 평가에 널리 사용된다.

MMPI-2는 MMPI의 1989년 개정판으로, 567개의 문항(예: '나는 기계에 관한 잡지를 좋아한다')에 대해 '그렇다' 혹은 '아니다' 중 하나로 응답하도록 구성되어 있고, 둘 중 하나에 응답하지 모할 경우 '모름'으로 채점된다. 초등학교 6학년 수준 이상의 독해력을 지닌 사람이라면 누구나 검사 실시대상이 될 수 있고, 실시 시간은 약 60분에서 90분 정도가 소요되며, 대상의 연령에 따라 청소년용 MMPI-A와 성인용 MMPI-2로 구분하여 실시된다. 청소년용은 만 13세에서 만 18세의 청소년에게 실시할 수 있고 총 567문항으로 구성되어 있다. MMPI에는 〈표 9-2〉에서 제시한 9개의 타당도 척도(청소년용은 8개의 타당도 척도)와 〈표 9-3〉에 제시한 10개의 임상척도가 포함된다. 타당도 척도를 통하여 문항을 제대로 읽고 빠짐없이 대답하였는지, 자신을 과도하게 긍정적으로 나타내려고 방어하고 있는지와 같은 검사의 타당성을 평가하며, 이에 임상척도를 통합하여 프로파일의 형태와 기울기 등의 패턴을 분석하고, 개인의 성격적, 행동적 특성과 임상적 진단과 치료적 방향과 목표를 설정할 수 있다.

MMPI의 문항은 우울증이나 조현병과 같은 장애와 관련이 있는 문항들(예: '내 생각이나 아이디어를 훔쳐가려는 자가 있다')과 일상적인 문항들(예: '나의 체중은 늘지도 줄지도 않고 있다')이 포함되어 있다. MMPI 결과를 해석하기 위해서는 심리측정에 대한 지식을 갖고 통계적 의미를 해석할 수 있어야 하며, 성격 및 정신 병리에 대한 지식을 갖추어 임상적 의미를 해석할 수 있어야 한다.

표 9-2_ MMPI-2 타당도 척도와 측정내용

구분	내용
무선반응 비일관성(VRIN)	서로 내용이 유사하거나 상반되는 문항이 쌍으로 구성되어 있으며 일관성 없이 검사에 임한 태도를 반영한다.
고정반응 비일관성(TRIN)	서로 내용이 상반되는 문항이 쌍으로 구성되어 있으며 상반되는 질문에 같은 반응으로 응답할 경우를 나타낸다.
비전형(F)	표준화 집단에 매우 낮은 빈도로 응답되는 문항들로 이루어져 있으며 이 척도의 높은 점수는 정신병적 증상을 호소하거나 자신을 부적응적인 사람으로 보이려는 의도를 반영한다.
비전형 후반부[F(B)]	검사 후반부에서 나타나는 비전형 반응을 탐지하는 것이며 수검태도의 변화를 평가할 수 있다.
비전형 정신병리[F(P)]	표준화 집단과 정신과 환자들 모두에게서 매우 낮은 빈도로 응답되는 문항으로 구성되었으며 F척도와의 비교를 통해서 F척도의 상승이 정신병적 문제로 인한 것인지 아니면 부정적으로 위장하려는 태도에 의한 것인지를 판별하는 데 활용된다.
증상 타당도(FBS)	부정적으로 위장하려는 태도로 인한 것인지 판별하는 데 활용된다.
부인(L)	순박한 방어성을 평가하는 척도로서 자신을 좋게 나타내 보이려는 다소 고의적이고도 부정직한 시도를 측정한다.
교정(K)	L척도보다 좀 더 세련되고 교묘한 방식의 방어성을 탐지하는 척도다.
과장된 자기제시(S)	취업응시자 집단에서 흔히 응답되는 반응으로 구성된 척도로서 자신을 과도하게 긍정적으로 제시하려는 태도를 탐지한다.

표 9-3_ MMPI-2 임상척도와 측정내용

구분	내용
Hs(건강염려증)	피검자가 신체적 증상을 호소하고 이 증상을 이용하여 다른 사람을 조종하는 데 사용하는지의 여부를 측정하는 척도로서, 신체적 기능에 대한 과도한 집착 및 질병이나 비정상적인 상태에 대한 불안을 반영한다.
D(우울증)	우울증상을 평가하기 위한 척도로서, 비관적이며 슬픈 감정, 자기비하, 희망의 상실, 무력감 등을 나타낸다.
Hy(히스테리)	현실적 어려움이나 갈등을 회피하기 위해 자신의 심리적·정서적 문제를 부인하고 부정하며 대신 신체적 증상을 경험하는 정도를 평가하는 척도다.
Pd(반사회성)	사회적 규범에 비순응적이고 권위에 적대적이며 반사회적인 행동과 태도를 측정하는 척도로서 분노감, 충동성, 정서적 피상성 및 예측불능성 등을 반영한다.
Mf(남성성-여성성)	작업 및 취미에 대한 관심, 심리적 및 종교적 취향, 능동성-수동성, 대인감수성 등의 남성적 또는 여성적 경향성을 알아보기 위한 척도다.
Pa(편집증)	대인관계에 대한 민감성, 의심성 및 피해의식, 자기정당화 등의 편집적 특성을 평가하는 척도다.
Pr(강박증)	오랫동안 지속된 만성적 불안과 강박적 특성을 측정하는 척도다.
Sc(정신분열증)	정신적 혼란상태를 측정하는 척도로서 기괴한 사고과정, 비정상적인 지각, 사회적 고립, 주의집중 장애, 충동억제의 곤란 등을 반영한다.
Ma(경조증)	비약적이고 과장된 사고, 과잉행동, 불안정하고 흥분되어 들뜬 정서상태를 측정한다.
S(내향성)	사회적 장면에서의 불편감, 고립감, 일반적 부적응, 자기비하 등의 특징을 측정한다.

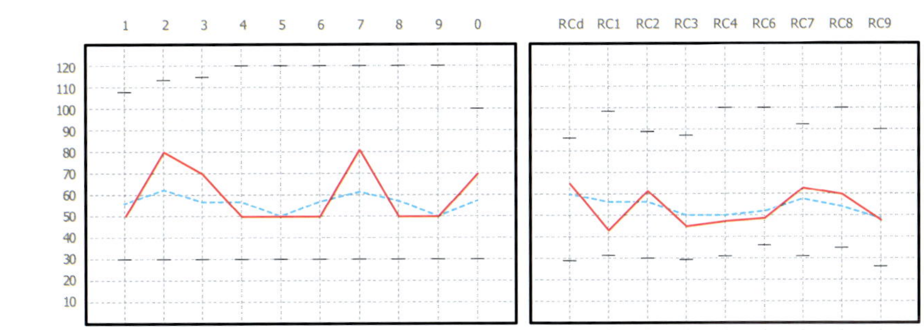

척도	Hs +.5K	D	Hy	Pd +.4K	Mf	Pa	Pt +1K	Sc +1K	Ma +.2K	Si
원점수	24	43	37	38	33	29	45	60	21	52
전체규준T	**50**	**80**	**70**	**50**	**50**	**50**	**80**	**50**	**50**	**70**

척도	RCd dem	RC1 som	RC2 lpe	RC3 cyn	RC4 asb	RC6 per	RC7 dne	RC8 abx	RC9 hpm
원점수	22	21	13	11	11	12	21	16	20
전체규준T	**64**	**43**	**61**	**45**	**47**	**49**	**63**	**60**	**48**

그림 9-1_ MMPI-2 프로파일 예시

2) PAI

PAI(Personality Assessment Inventory: 성격평가 질문지)는 성격과 정신병리를 평가하기 위해 1991년에 모레이(L. Morey)에 의해 개발된 심리검사이다. PAI는 모두 344문항으로 구성되어 있으며, 각 문항은 4점 평정척도로 평가된다. MMPI와 같이 피검자의 수검태도를 평가할 수 있는 4개의 타당도 척도(비일관성, 저빈도, 부정적 인상, 긍정적 인상)와 11개의 임상척도(신체적 호소, 불안, 불안 관련 장애, 우울, 조증, 망상, 정신분열병, 경계선적 특징, 반사회적 특징, 음주문제, 약물 사용), 그리고 5개의 치료고려 척도(공격성, 자살관념, 스트레스, 비지지, 치료거부)와 2개의 대인관계 척도(지배성, 온정성)로 구성되어 있다.

PAI의 척도들은 DSM(Dignostic and Statistical Manual of Mental Disorders: 정신질환 진단 및 통계 편람)의 진단기준과 정신 병리의 구성요인 연구에 근거한 문항으로 구성되어 있고, 척도 내의 문항 간 내적 합치도가 높은 것으로 보고되어 타당도 척도를 통해 피검자의 긍정 왜곡 혹은 부정 왜곡의 반응경향을 탐지할 수 있는 강점이 있다. 그러나 PAI가 정신 병리를 확인하는 문항들을 포함하고 있어 임상장면에서 평가될 수 있지만, 모든 정신장애를 포함하고 있지 못할 뿐만 아니라 문항의 의도가 비교적 쉽게 드러나 피검자로 하여금 방어적인 태도를 갖게 할 수 있다는 제한점이 있다.

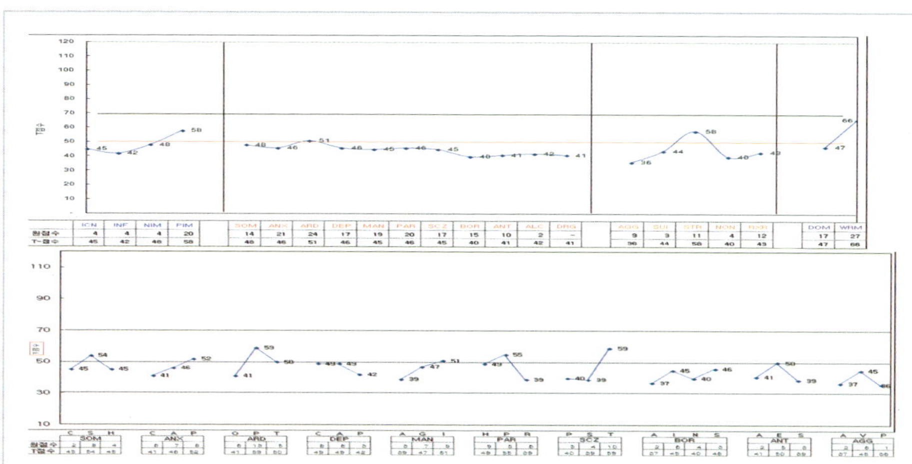

그림 9-2_ 성격평가 프로파일 예시

Chapter 9 심리검사

3) Rorschach Test

Rorschach Test(Rorschach Inkblot test: 로르샤흐 잉크반점검사)는 1921년 스위스 정신과의사인 로르샤흐(H. Rorschach)에 의해 개발되었다. 흑백으로 된 카드 5장과 컬러로 된 카드 5장으로 구성된 총 10개의 좌우 대칭적인 잉크반점 검사이다. 이 검사는 잉크반점에 대한 검사대상자들의 반응은 내면의 갈등과 성격의 역동성에 기인한 투사의 결과라고 가정하기 때문에 10개의 비구조화된 잉크반점들의 의미에 대한 대상자의 반응을 분석하여 대상자의 내적 감정과 성격 구조를 찾아내고자 한다. 로르샤흐 반응은 잉크반점을 무엇으로 보는지에 해당되는 내용과 어떤 부분을 보는지에 해당되는 위치, 그리고 왜 그렇게 보았는지에 해당되는 결정요인을 분류하는 복잡한 체계에 따라 채점하고 해석된다. 로르샤흐 검사는 검사자의 주관적인 해석과 이론적 편파가 검사 결과를 왜곡시킬 수 있으므로 전문적인 검사 해석자의 해석이 매우 중요하다.

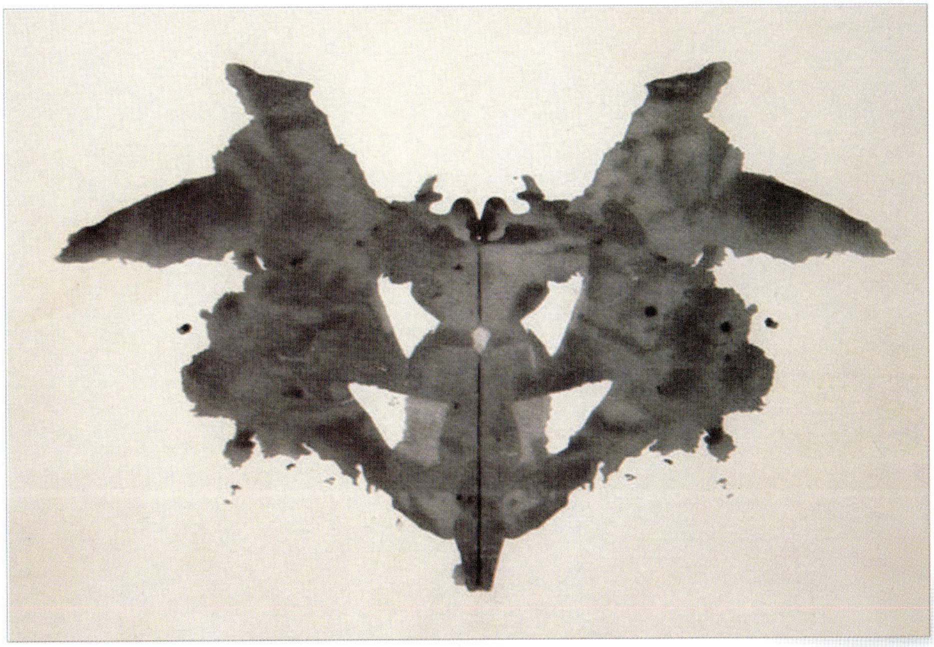

그림 9-3_ 로르샤흐 검사 제1카드 예시

4) TAT

TAT(Thematic Apperception Test: 주제통각검사)는 머레이(H. Murray)와 동료들이 개발하여 널리 사용되고 있는 투사적 검사이다. TAT는 모호한 그림이 그려진 19장의 흑백카드와 1장의 백지카드로 구성되어 있다. 검사자는 검사대상자에게 각 카드의 그림을 보고 그림 속의 인물들에게 일어났던 과거, 현재, 그리고 미래의 일에 대해 이야기하도록 요구한다. 검사자는 대상자의 이야기 속에서 감정, 관계, 동기 등 반복되고 있는 주제와 그 주제들 간의 관계를 분석한다.

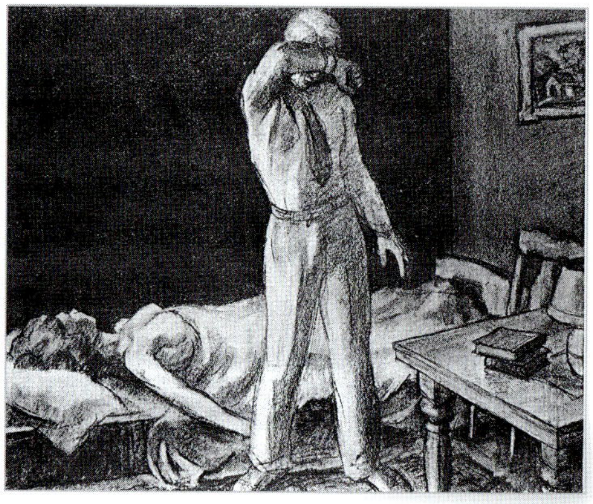

그림 9-4_주제통각검사에 사용되는 그림 예시

5) SCT

SCT(Sentence Completion Test: 문장완성검사)는 문장의 일부를 제시하고 미완성된 뒷부분을 채워넣도록 하는 반구조화된 투사적 검사이다. 검사자는 검사 대상자가 문장을 완성하고 난 후, 의미가 있을 법한 응답에 추가적인 질문을 하여 대상자의 내적 갈등이나 태도를 좀 더 면밀하게 파악한다. SCT를 통해 자기개념과 부모나 타인에 대한 의식, 그리고 미래나 과거에 대한 태도 등과 같은 다양한 성격적 특성과 심리적 상태를 평가할 수 있다. 현재 임상 현장에서 가장 널리 사용되고 있는 문장완성검사는 색스(J. Sacks)에 의해 개발된 것으로 아버지, 어머니 및 가족에 대한 태도를 측정하는 가족 영역, 이성 관계에 대한 태도를 측정하는 성적 영역, 친구나 지인, 혹은 권위자에 대한 태도를 측정하는 대인관계 영역, 자신의 능력, 과거, 미래, 두려움, 죄책감, 목표 등에 대한 태도를 측정하는 자기개념 영역의 4가지 영역으로 분류될 수 있는 문항들로 구성되어 있다.

어머니와 나는 ________________

내가 바라기에 아버지는 ________________

우리 가족이 나에 대해서 ________________

©www.hanol.co.kr

그림 9-5_ 문장완성검사 예시

6) DAP

DAP(Draw A Person Test: 그림검사)는 언어로 표현하기 어려운 내면의 심리상태를 반영하는 주요한 투사적 검사 중 하나이다. 19세기 말 유럽에서는 그림이 정신장애 환자들을 진단하는 데 도움을 주는 도구로 사용될 수 있다는 인식이 대두하였고, 20세기 초에는 그 타당성이 충분하다는 학자들의 견해가 확대되었다. 프로이트와 융 또한 예술적 표현과 정신세계 간의 관련성에 관심을 갖고 그림이 개인에게 잊힌 이미지나 억압된 기억을 표상한다고 보았다. 그림은 방어적 태도를 완화하고 개인의 성격특성과 무의식적인 심리적 내용이 잘 표현될 수 있는 통로이므로, 인간 내면의 세계를 이해하는 데 효과적인 수단이 될 수 있다. 특히 아동의 경우 더욱 솔직한 내면을 드러낸다.

그림을 심리학적 평가 도구로 활용한 최초의 학자인 굿이너프(F. Goodenough)는 그림의 특정 측면은 아동의 정신연령과 높은 상관을 보이므로 그림이 성격특징을 나타낼 뿐만 아니라, 지능 측정의 수단으로도 충분히 활용될 수 있다고 보았다. 그림검사 중 가장 널리 사용되는 대표적인 검사는 HTP와 KFD이다.

❶ HTP

HTP(House-Tree-Person Test: 집-나무-사람검사)는 가장 대표적인 그림검사로, 벅(J. Buck)이 개발하고 해머(E. Hammer)가 발전시켰다. HTP는 검사 대상자에게 백지를 주고 그 위에 각각 집, 나무, 사람을 그리도록 한 후, 그림의 구조적 특징을 체계적으로 채점하고 추가적으로 그림에 대한 질문과 해석을 통해 그림의 특징을 분석한다. 이러한 과정을 통해 검사자는 피검자의 자기상, 정서 상태, 가족 및 대인관계 등을 포함한 성격 특징을 평가한다. 일반적으로 집은 가정과 가족에 대한 내면적 표상, 나무는 무의식적인 자기표상, 사람은 보다 의식적인 수준의 자기표상을 반영하는 것으로 나타났다.

그림 9-6_HTP검사 예시

표 9-4_ 집-나무-사람검사 후 사후 질문지

구분	내용
집	• 이 집에는 누가 살고 있을까? • 집 안에는 누가 있을까? • 이 집은 어디에 있는 집일까? • 이 집은 무엇으로 만들어졌는가? • 이 집의 분위기는 어떤가? • 나중에 이 집이 어떻게 될 것 같은가? • 이 집 그림에서 추가하고 싶은 것이 있는가? 있다면 무엇인가?
나무	• 이 나무는 어떤 종류의 나무인가? • 나무의 나이는 몇 살인가? • 나무가 죽었는가, 살았는가? • 나무의 건강은 어떤가? • 나무에는 열매가 열렸는가? • 이 나무는 어디에 있는가? • 이 나무 주위에는 어떤 것들이 있는가? • 이 나무의 소원은 무엇인가? • 앞으로 이 나무는 어떻게 될 것 같은가?
사람	• 이 사람은 몇 살인가? • 이 사람은 무엇을 하고 있는가? • 이 사람의 기분은 어떤가? • 이 사람은 어떤 성격의 사람인가? • 이 사람의 장점은 무엇인가? • 이 사람의 단점은 무엇인가? • 이 사람은 어떤 생각을 하고 있는가? • 이 사람에게 소원이 있다면 무엇인가? • 이 사람은 나중에 어떻게 될까? • 이 사람은 누구인가?

2 KFD

KFD(Kinetic Family Drawing Test: 운동성 가족화 검사)는 번스(R. Burns)와 카우프만(S. Kaufman)이 임상경험을 기반으로 개발한 검사로, 검사자는 검사 대상자에게 자신의 가족들이 무언가를 하고 있는 그림을 그리도록 하여 대상자의 지각이나 태도에 대한 중요한 정보를 얻을 수 있다. 특히 운동성 가족화는 비운동성 가족화보다 내용이 풍부하고 깊이가 있다고 알려져 있으며, 정적인 인물 자체보다 그림 내 인물들의 행동이나 움직임에 초점을 두고 해석을 한다.

표 9-5_ 가족화 그림 검사 후 사후 질문지

구분	내용
각 인물에 대한 질문	• 이 사람은 지금 무엇을 하고 있는가? • 이 사람은 지금 기분이 어떤가? • 이 사람의 좋은 점은 무엇인가? • 이 사람의 나쁜 점은 무엇인가? • 이 사람의 소원은 무엇인가?
그림 전체에 대한 질문	• 이 그림을 보면서 지금 무슨 생각이 드는가? • 이 그림을 그린 상황 바로 전에는 어떤 일이 있었을 것 같은가? • 앞으로 이 가족은 어떻게 될 것 같은가? • 만일 이 그림에서 무언가를 바꿀 수 있다면 무엇을 바꾸고 싶은가?

3 기타 심리검사

1) BGT

BGT(Bender Gestalt Test: 벤더 게슈탈트 검사)는 뇌 손상 등의 기질적 장애의 판별 이외에도 정신증, 지적장애 및 성격적 문제 진단에 유용하여 시지각-운동 성숙수준, 정서적인 상태, 갈등의 영역과 행동통제의 특성을 반영하는 투사적 검사이다. 9장의 동형이 그려진 자극카드를 사용하고 여러 가지 변형된 추가 검사를 실시한 뒤 피검사자의 심리적 특성을 분석하는 검사로 벤더(L. Bender)에 의해 1938년에 개발되었다. 현재는 신경심리적인 목적과 투사적 목적을 위해 사용되고 언어방어가 심하고, 문맹자 및 뇌손상 등의 대상자에게는 다른 검사보다도 먼저 실시함으로써 라포형성에 도움을 주고 있다. 임상적 적용은 정신과 환자와 뇌손상 환자를 잘 분류해 주고, 검사의 실시와 채점이 신속하고 신뢰도가 높다.

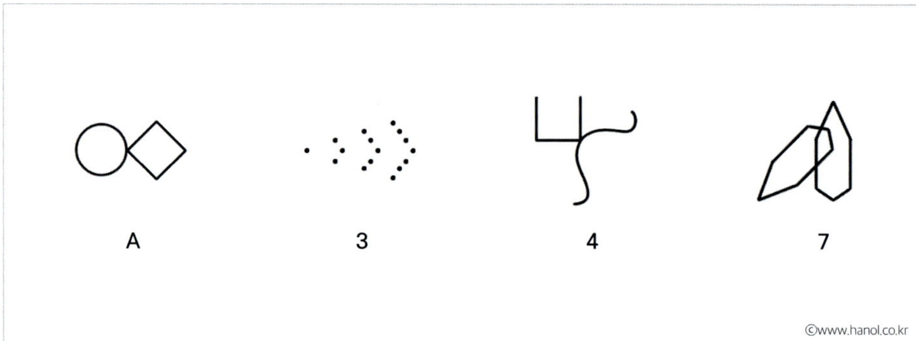

그림 9-7_ 벤더 게슈탈트 검사에 사용되는 모형 예시

2) K-MMSE

K-MMSE(Korean-Mini Mental Status Examination: 한국형 간이정신상태검사)는 인지기능 선별검사로서 시간지남력(5점), 장소지남력(5점), 기억등록(3점), 주의집중 및 계산(5점), 기억회상(3점), 언어능력(8점), 그리기(1점)로 구성되어 있다. 총 30점 만점으로 24점 미만일 경우 인지기능저하를 의심해 볼 수 있으나 학력과 연령 수준에 따른 영향을 고려한 검사 및 판정이 필요하다.

3) CERAD-K

CERAD-K(Korean version of the Consortium to Establish a Registry for Alzheimer's Disease Assessment Packet: 한국형 CERAD 평가집)는 기억력, 지남력, 언어능력, 시공간 능력 등 개별 인지기능을 평가하는 검사로 구성되어 있으며, 인지기능 선별검사상 인지기능 저하로 판정되어 추가 검사가 필요한 자를 대상으로 실시하는 검사이다.

4) K-SCL95

K-SCL95(Korea-Symtom Check List: 한국형 SCL95)는 정신장애와 관련되는 증상들이 높은 빈도로 나타날 때 환자 스스로가 증상을 보고하도록 하는 검사이다. 기본적검사 배터리, 뇌전증검사 배터리, 다발성 경화증검사 배터리 등에서 정서상태를 점검하기 위해 활용되고 있으며 협조할 수 있는 많은 환자를 진찰해야 할 때 환자가 증상 체크리스트에 자신이 평가한 결과를 기입하는 방법으로도 활용된다. 이 검사는 기존 SCL-90-R(SCL-90-Revised)에서 정신건강영역을 수정·보완하고 신규영역을 포함시켜 좀 더 다양한 증상을 점검할 수 있도록 개선되었다. DSM-5에서 교차증상 평정영역으로 소개한 영역 중에서 정신건강 관련 증후군으로 분류 가능하나 기존 검사에 포함되지 않았던 영역을 포함시켰다. 검사의 총 14개 영역은 우울, 불안, 공포불안, 강박, 외상 후 스트레스, 분노 공격, 신체화, 조증, 편집증, 정신증, 자살, 중독, 수면문제 및 스트레스 취약성이다. 총 95개 항목에 5점 척도로 구성되어 있으며 13세부터 성인에 이르기까지 적용할 수 있다.

5) Rey-Kim 기억검사

레이(A. Rey)가 개발한 청각언어학습검사와 복합도형검사를 1999년 한국어로 번안하여 표준화한 기억평가 척도이다. 청각언어학습검사는 언어기억검사로 반복 시행의 결과로 얻어지는 학습곡선이 기억장애의 진단에 유용하다는 점을 활용하였다. 또한 회상과 재인 검사가 포함되어 기억기능을 다면적으로 평가할 수 있다. 복합도형검사는 그리기 시행, 즉시회상 시행, 자연회상 시행의 3단계로 이루어진다. 복합도형을 제시하고 대상자가 해당 도형을 그대로 따라 그리게 한 후 이를 기억하여 다시 그리게 하여 대상자의 기억을 검사한다.

6) BDI

BDI(Beck-Depression Inventory: 벡 우울증척도검사)는 우울증 환자의 우울 정도를 평가하고, 일반인의 우울증에 대한 1차 선별을 위해 가장 많이 사용되어 온 검사도구 중 하나이다. BDI는 우울의 정서적, 인지적, 동기적, 생리적 영역을 포괄한 우울증상을 측정하기 위해 개발된 총 21개 문항의 자가보고식 검사이다. 이 검사는 〈그림 9-8〉에 제시된 것과 같이 각 개별 증상의 심한 정도를 이미 평가되어 있는 4개의 구체적인 진술문 중에 자신에게 가장 적절하다고 생각되는 하나를 선택하도록 함으로써, 피검사자들이 자신의 심리상태를 수량화할 때 겪는 혼란을 줄일 수 있다. 각 진술문의 증상 강도에 따라 0점에서 3점으로 채점되며, 총점의 범위는 0점에서 63점까지이다.

점수 0 나는 슬픔을 느끼지 않는다.

점수 1 나는 슬픔을 느낀다.

점수 2 나는 항상 슬픔을 느끼고 그것을 떨쳐버릴 수 없다.

점수 3 나는 너무나도 슬프고 불행해서 도저히 견딜 수 없다.

©www.hanol.co.kr

그림 9-8_한국판 BDI 문항 예시

참고문헌

- 김동민·강태훈·김명식·박소연·배주미·선혜연·이기정 외(2019). 심리검사와 상담. 학지사.
- 박영숙·박기환·오현숙·하은혜·최윤경·이순묵·김은주(2019). 현대 심리평가의 이해와 활용. 학지사.
- 변은경·박민희·이수정·이춘이·최숙희·최정임(2020). 인간심리와 친해지기. 청운.
- 윤명희·서희정·김경희·구경희(2019). 심리검사: 개발부터 활용까지. 학지사.
- 이미형·김민녀(2021). 알기 쉬운 인간심리의 이해. 현문사.
- 이우경·이원혜(2019). 심리평가의 최신 흐름(2판). 학지사.
- Goodenough, F. L.(1926). Measurement of Intelligence by Drawings. New York: World Book.
- Mary Ann Boyd. 박현숙·김윤영·김정윤·박주현·배영주·손경희·안효자 외 공역(2020). 실무중심의 정신건강간호학(6판). 현문사.

Chepter 10

상담과 심리치료

학습목표

- 상담에 대한 전반적인 이해와 정의를 설명할 수 있다.
- 상담자와 내담자의 특성, 상담주제, 상담과정을 이해하고 설명할 수 있다.
- 심리치료에 적용되는 이론별 이론가와 주요개념, 치료과정을 이해할 수 있다.

전체개요

상담은 상담자와 내담자가 협력하여 내담자의 변화를 위해 노력하는 어려운 작업이다. 상담자는 상담 관련 전문지식과 경험적 기술을 갖추고 내담자를 만나야 한다. 따라서 상담자는 관련 지식을 기반으로 실무 기반 경험적 지식과 기술을 습득하고 내담자에게 제공할 수 있어야 한다. 상담이 효과적으로 진행될 때 내담자의 문제는 해결되고 치료로 연결된다. 이 장에서는 상담에 대한 정의, 상담자와 내담자의 특성, 상담과정에 대해 알아보고 현재 실무에서 적용하는 심리치료에는 어떤 치료들이 있는지 알아보고자 한다.

1. 상담

1 상담의 이해

상담이라는 용어는 우리 사회의 다양한 영역에서 도움을 필요로 하는 대상자에게 제공되는 서비스 형태로 심리치료와 매우 유사한 활동이며 때로는 혼용되어 사용되기도 한다. 상담에 대한 학자들의 관점이 매우 다양하고 상담 이론마다 각자의 강조 영역이 다르므로 상담을 한마디로 정의하는 것은 쉽지 않다. 특히 상담이 이뤄지는 환경에 따라 상담의 적용 방법과 깊이가 달라지고 광범위한 상담 적용 범위가 존재하기 때문에 상담에 대한 올바른 이해가 우선되어야 한다.

첫째, 전문적인 상담은 충고를 넘어선 전문가의 적극적인 도움 행위이다. 물론 상담 과정에서 충고도 사용할 수 있으나 충고는 내담자를 수동적으로 만들 가능성이 높으며 단순 충고만으로 내담자가 가진 문제를 효과적으로 해결하는 것은 쉽지 않다. 또한 상담 시 충고를 적게 사용하여 상담하기를 권하는 가장 큰 이유는 내담자 스스로 자신의 문제를 탐색하고 이해할 수 있도록 돕는 행위가 중요하기 때문이다. 따라서 상담자는 전문적인 상담을 제공하기 위해 다양한 전문지식과 기법을 적용할 수 있어야 하며 다양한 내담자의 심리적 문제 해결에 이를 적용할 수 있어야 한다. 이 같은 전문적 조력활동을 제공할 수 있어야 진정한 상담가라고 할 수 있다.

둘째, 전문적인 상담은 심리적인 부적응자나 문제가 있는 내담자만을 대상으로 하는 치료적 관점뿐만 아니라 문제를 사전에 예방하기 위한 목적과 내담자의 발달 및 성장을 다루는 관점까지 광범위하게 이뤄진다. 특히 상담자는 내담자가 현재보다 의미 있고 행복한 삶을 살도록 조력해야 하며 나아가 내담자의 문제나 부적응을 미리 예방하고 관리하도록 지원하는 활동을 중요하게 다룰 수 있어야 한다.

셋째, 상담은 내담자가 가진 문제를 중심으로 접근하되 문제 분석에 너무 많은 시간과 에너지를 소비하지 않도록 해야 한다. 내담자가 가진 문제를 잘 이해하고 분석하는 것도 물론 중요한 과제이지만 상담 기간이 너무 길어져 상담자와 내담자 모두 지치고 문제를 해결하는 데 긴 시간이 소요될 수 있다. 상담 기간을 줄이려는 시대적 흐름에 따라 문제 분석보다는 문제 해결을 우선시하는 문제 해결 중심 접근법이 많이 활용되고 있다. 특수한 상황을 제외하고 해결 중심의 상담으로 진행하는 것이 내담자 문제 해결에 더 효율적이다.

넷째, 대부분의 내담자는 자신의 문제를 해결하기 원하면서도 문제를 드러내고 다루는 것에 매우 소극적이며 의존적인 태도를 보인다. 상담자는 상담과정에서 이러한 특성을 이해하고 내담자의 적극적인 참여를 유도할 수 있는 전략을 사용해야 한다. 내담자의 적극성은 문제 해결의 주체가 결국 내담자 자신임을 인식하게 하고 추후 의존성에서 벗어나 스스로 문제를 해결하고자 하는 태도를 형성시키는 데 기여한다. 그러므로 상담자는 상담과정에서 내담자의 적극적인 참여를 강조하고 상담자 자신은 문제 해결의 조력자로서의 역할에 충실해야 한다.

다섯째, 상담 기간은 내담자가 호소하는 문제와 상담 전략에 따라 탄력적으로 조정할 수 있으며 무조건 긴 상담이라 해서 효과적인 것은 아니다. 상담자는 내담자가 기대하는 상담의 효과와 목적을 이해하고 상담과정에 대한 안내와 구체적인 접근 방법을 설명할 필요가 있다. 최근 상담 분야에서 지향되는 상담 모형은 단기 상담 형태로 변화되고 있으나 이는 어디까지나 내담자의 문제가 먼저 분석되고 상담의 구조화 단계에서 상담과정에 대한 구체적인 기간과 내담자의 요구를 반영한 협의가 선행된 다음에 결정되어야 할 부분이다.

여섯째, 상담은 상담자와 내담자의 상호작용을 기반으로 하며 가장 고려되어야 할 부분은 내담자의 이야기이다. 이때 특히 주의할 점은 내담자의 이야기를 듣지 않고 상담자의 이야기가 주를 이루는 경우인데 충고 위주의 상담이 이러한 상담으로 진행되기 쉽다. 내담자가 상담과정에서 충고 위주의 이야기를 듣게 되고 상담자가 말하는 주체가 되면서 상담의 기본적인 구조가 흔들리게 된다. 상담자가 말을 많이 하는 것이 무조건 나쁜 상담이라 할 수는 없으나 그만큼 내담자가 자신에 관해 말할 기회를 잃게 되고 문제 노출이 충분히 되지 않을 수 있다. 따라서 상담에서 상담자는 내담자의 말을 경청하고 주의 깊게 들으면서 집중할 수 있어야 하며 이것이 상담의 가장 본질적인 접근이라 할 수 있다.

일곱째, 상담의 대상은 개인을 비롯하여 집단상담, 가족상담의 형태로 진행될 수 있다. 대부분의 내담자는 개인상담을 우선적으로 생각하게 되는데 상담자는 필요하다면 내담자의 가족과 상담을 고려할 수 있고 또는 집단상담을 통해 상담의 효과를 높일 수 있다. 따라서 상담자는 내담자에게 개인상담 외에 집단상담이나 가족상담이 갖는 효과를 이해시키고 필요한 경우라면 다양한 형태의 상담을 통해 도움을 받을 수 있도록 안내하고 실행할 수 있어야 한다.

여덟째, 상담은 대면상담을 기본으로 사이버상담, 전화상담 등 다양한 접근 방법이 있다. 가장 기본적인 상담 방법은 대면상담으로 내담자와 상담자가 서로 만나서 얼굴을 마주보고 진행하는 방식이며 가장 바람직한 방법으로 사용되고 있다. 최근 전자정보 통신기술의 발달로 다양한 상담 방법을 적용하고 있으며 내담자의 상황에 따라 사이버상담이나 전화상담 등을 활용하고 있다. 이는 시간과 공간의 제약을 초월하여 접근 가능하며 내담자의 익명성을 보장해 준다는 점에서 더 효과적인 상담을 이끌어 내기도 한다. 상담자는 변화하는 다양한 상담기법과 접근법을 적극적으로 개발해 가면서 내담자의 상황에 적합한 상담기법을 활용할 수 있어야 한다.

상담을 이해하기 위해서는 기본적으로 상담 활동이 의미하는 전문적인 영역을 고찰하고 살펴볼 필요가 있다. 기본적으로 상담활동의 주체인 상담자와 내담자를 폭넓게 이해하고 상담과정의 전제 요소에 접근해야 한다.

우리는 모두 살아가면서 어려움에 직면하고 문제에 부딪히게 된다. 문제에 직면했을 때 현명한 사람은 타인의 관점에서 자신의 문제를 바라보고 해결책을 찾아간다고 한다. 상담자는 내담자의 문제를 타인의 관점에서 객관적으로 바라봐주는 역할을 통해 내담자가 자신의 문제를 왜곡 없이 바라볼 수 있도록 조력해야 한다. 이를 위해 상담자는 내담자의 이야기를 주의 깊게 경청하고 내담자를 돕기 위한 상담을 진행할 수 있어야 하며 내담자는 상담자의 관점을 경청하고 자신의 문제로 가져와 해결책을 적용해 볼 수 있어야 한다. 따라서 이러한 상담 활동이 성공적이기 위해 상담자와 내담자 모두에게 요구되는 것은 자기 자신에 대한 인식의 확장이다.

1) 상담의 정의

상담자라면 누구나 "상담의 정의란 무엇인가?"를 고민하고 질문에 대한 답을 통해 자신이 하고자 하는 상담의 학문적 탐색과 더불어 상담자로서의 정체성을 확립하는 것이 필요하다. 상담에 대한 정의는 많은 상담 심리학자들이 제시하였으며 상담에 대한 철학과 이론적 입장에 따라 다양하게 제시되고 있다. 정의에 미묘한 차이가 발생하는 이유는 학자마다 추구하는 상담의 이론적 배경이 다르기 때문이다. 대표적인 상담의 정의에 대해 살펴보면 아래와 같다.

- 상담이란 도움을 필요로 하는 사람(내담자)이 전문적 훈련을 받는 사람(상담자)과의 대면 관계에서 생활 과제의 해결과 사고·행동 및 감정 측면의 인간적 성장을 위해 노력하는 학습 과정이다.
- 상담이란 상담자가 내담자와의 관계에서 촉진적인 의사소통을 통하여 내담자가 개인적인 문제에 대한 자기 이해와 자기 지도력을 터득하도록 도와주는 과정이다. 그리하여 현재의 문제를 효과적으로 해결하고 장차에도 일어날 수 있는 삶의 문제에 대한 조망과 해결 능력을 갖게 되어 자기 효능감과 자족감을 느끼도록 인도하는 일련의 학습 과정이다.
- 상담은 전문적 훈련을 받은 상담자와 조력을 필요로 하는 내담자가 상담활동의 공동주체로서 내담자의 자각확장을 통해 문제예방, 발달과 성장, 문제해결을 달성함으로써 그의 삶의 질을 향상하기 위해 함께 노력하는 조력과정이다.

위의 정의에서 알 수 있듯이 상담의 정의는 공통적으로 상담자와 내담자와의 관계에 대한 설명과 상담 과정의 상호작용을 통해 달성하고자 하는 상담의 목적을 제시하고 있다. 정의마다 차이를 보이나 상담자, 내담자, 상담의 목적에 대한 내용은 공통적으로 언급된다.

① 상담자

효과적인 상담을 위해 상담자가 갖춰야 할 요건은 기본적으로 상담자 자신에 대한 이해, 상담자의 심리적 건강, 자신과 타인에 대한 인종적, 민족적, 문화적 요인에 대한 민감성, 개방적 자세, 유능성, 신뢰감, 객관성, 대인관계 능력 등이며 일반적으로 요구되는 특성은 다음과 같다.

- 상담자는 기본적으로 능숙한 대인관계기술을 가져야 한다.
- 상담자는 내담자에게 진실감, 신뢰감, 자신감을 일으켜야 한다.
- 상담자는 내담자를 존경하고 돌봐야 한다.
- 상담자는 기본적으로 자기이해를 바탕으로 타인이해를 실천한다.
- 상담자는 내담자와의 갈등을 효과적으로 처리한다.
- 상담자는 가치판단을 강요하지 않고 내담자의 행동을 이해하려고 한다.
- 상담자는 내담자의 자기파괴 행동을 찾아내고 그 행동이 바람직한 행동패턴으로 변화하도록 조력할 수 있다.
- 상담자는 내담자의 특정 영역에 대한 전문적인 지식과 경험을 갖는다.
- 상담자는 체계적으로 추리하고 생각할 수 있다.
- 상담자는 문화에 대한 능숙한 지식을 가진다. 즉, 타인들이 생활하는 사회적, 문화적, 정치적 맥락을 이해할 수 있다.
- 상담자는 자신을 좋아하고 존중하며 자신의 욕구를 만족시키기 위해 내담자를 이용하지 않는다.
- 상담자는 인간행동의 심층적 이해를 발달시킨다.
- 상담자는 바람직한 인간 모델을 가진다. 이러한 인간은 건강하고 효과적이며 충분히 기능하는 자질과 행동 패턴을 가진다.

② 내담자

상담 과정은 다양한 문제를 호소하는 내담자를 돕는 전문적인 활동이다. 내담자는 상담의 또 다른 주체로서 상담 과정 동안 자신의 문제 해결을 위해 적극적으로 개입하고 상담 목표를 이루기 위해 상담자와 함께 노력해야 한다. 내담자의 문제는 결국 우리 삶의 문제이며 내담자의 문제가 기본적으로 인간이 가질 수 있는 문제라는 인식으로 내담자를 이해하고 바라봐야 한다.

상담자는 내담자에 대한 이해를 기반으로 상담을 진행하게 되는데 기본적으로 내담자의 문제는 인간이해의 3가지 이해 체계인 사고, 정서, 행동을 바탕으로 인간에 대한 전체적인 조망 안에서 내담자를 이해하는 것이 중요하다. 내담자의 주요문제는 결국 사고, 정서, 행동 중 하나에 해당되며 내담자가 호소하는 문제의 형태는 사고장애, 정서장애, 행동장애에 해당된다. 즉, 상담자는 내담자가 호소하는 주요문제가 이 3가지 체계 중에 어느 영역인지 인식하고 내담자의 문제 해결을 위해 관심을 갖고 탐색하여 변화를 시도하는 것이 상담자의 구체적인 전략에 해당된다. 그 다음으로 고려되어야 할 내담자의 요건으로 발달 연령이 있다. 상담자는 내담자가 발달 연령에 따라 경험하는 신체적, 심리적, 사회적 발달 특성을 알고 접근하는 것이 중요하다. 인간은 태어나면서부터 발달하기 시작하여 각각의 발달 과업을 달성해 나아가며 성장과 성숙을 이뤄나간다. 인간의 발달 과정에 따른 특성과 발달 과업을 이해하고 내담자의 문제를 조력하는 것이 중요하며 발달 과정에 따른 상담은 아동상담, 청소년상담, 성인상담, 노인상담으로 분류할 수 있다.

3 상담 주제

내담자가 호소하는 내용에 따라 상담의 주제는 다양하게 분류될 수 있다. 상담자는 상담 문제의 전문 영역을 개발하고 훈련을 반복하게 되면서 많은 지식과 경험을 통해 전문가로서의 준비 과정을 거쳐 상담전문가가 된다. 내담자가 호소하는 주요한 내용은 수없이 많기 때문에 내용에 따라 상담문제의 유형도 다양하다. 주제에 따라 분류한 상담의 유형은 다음과 같다.

- 정신건강상담 : 내담자가 호소하는 다양한 정신적 문제에 대한 상담으로 문제의 정도가 사회적 적응이나 직무수행에 어려움이 있는 경우 진행되며 상담자는 내담자의 정신건강 상태를 평가하고 진단할 수 있는 능력을 갖춰야 한다.
- 진로상담 : 내담자에게 적합한 직무를 선택하고 적성과 능력에 부합하는 직업을 선택할 수 있도록 조력하는 상담으로 학교에서 제공되는 진로상담이 대표적이다.
- 성상담 : 성과 관련된 다양한 문제를 다루고 내담자의 구체적인 성 관련 문제를 다루는 상담으로 상담자는 성 관련 전문지식과 상담 경험을 토대로 성문제 관련 내담자를 조력한다.

Getty Images

- 청소년 비행 상담 : 청소년 시기에 발생 가능한 비행문제를 다루는 것으로 청소년들의 사회적 이탈행동에 대한 원인, 문제행동, 또래 집단 간의 역동 등을 고려한 상담기술이 요구된다.
- 학습상담 : 내담자 중에는 학습 관련 기술부족이나 잘못된 학습습관 형성, 학습방법의 어려움 등으로 자신의 능력을 제대로 발휘하지 못하는 경우가 있다. 이러한 경우 상담자는 내담자의 학습능력과 학업성취 수준을 분석하고 평가하여 내담자에게 적용 가능한 학습법을 제안하고 실천하도록 조력할 수 있다.
- 물질남용과 중독상담 : 약물, 알코올 및 니코틴과 같은 유해물질이나 게임중독, 도박중독에 빠져 어려움을 겪는 내담자에게 필요한 상담유형으로 내담자의 통제력 상실이나 부정적인 생활습관에서 벗어날 수 있도록 조력해야 한다.
- 가족문제상담 : 인간은 어떤 형태로든 가족과 관련되어 살아가고 있으며 가족으로부터 자유로운 사람은 드물다. 따라서 내담자의 문제 중에 가족 관련 문제가 흔하게 다뤄지며 대부분 부모와의 문제, 부부간의 문제, 부모와 자녀 간의 문제 등 다양하다. 상담자는 가족을 하나의 유기적인 체계로 바라보고 가족치료를 통해 도움을 줄 수 있다. 가족치료는 다양한 접근방법을 통해 가능하며 내담자의 문제는 가족의 역기능적 문제에서 비롯된다는 관점에서 접근한다.

2 상담과정

상담과정은 상담자와 내담자의 상호작용 과정이며 이론적 관점에 따라 약간의 차이는 있으나 대부분 상담의 시작에서 종결까지 관계형성, 탐색, 이해, 실행, 종결 단계로 이뤄진다. 상담자는 관찰자, 경청자, 촉진자로서 내담자가 가진 문제를 효과적으로 상담하기 위해 과정 단계마다 역할에 대한 이해와 상담과정에서 사용되는 반응기술에 대한 숙달이 요구되며 적절한 시점에 적용할 수 있어야 한다.

1) 접수면접

접수면접은 내담자가 상담실을 방문할 때 가장 먼저 이뤄진다. 상담을 접수받는 상담자에 의해 잠정적 진단이 행해지는 과정으로서 상담에서 매우 중요하다. 접수면접은 정기적인 상담자가 아닌 다른 상담자에 의해 이뤄지며 내담자가 호소하는 현재 문제를 중심으로 일반적인 삶의 상황, 대인 관계상의 기능에 대한 정보를 수집한다. 경우에 따라 심한 정신장애를 가진 내담자 접수 면접은 구조화된 도구를 사용하여 면접을 진행하는데 내담자의 행동과 인지수준을 평가하는 '정신상태조사' 도구를 사용하여 조사한다. 이 같은 정신상태 조사 도구의 내용은 내담자의 전반적인 외모상태를 비롯하여 행동과 심리, 상담자에 대한 태도, 정서와 기분 상태, 사고와 언어, 지각수준, 현실에 대한 의식 정도, 기억과 지능, 신뢰성과 판단력을 평가하게 된다. 접수면접 시 주의할 점은 충분한 신뢰관계를 형성할 시간을 갖지 못한 상황에서 내담자의 민감하고 고통스런 경험을 노출하고 정보 공유를 해야 한다는 점으로 내담자에게 부담이 될 수 있다. 또 다른 주의사항은 내담자가 상담에서 질문에 대한 답만 하게 되면서 상담 자체를 수동적으로 대하게 되는 학습이 일어나 추후 상담에 부정적인 영향을 미칠 수 있다는 점이다.

따라서 상담자는 접수면접 시 내담자의 이야기를 적극적으로 경청하고 감정과 비언어적 행동을 예의주시하면서 내담자를 편안하게 인도할 책임이 있다. 접수면접에서 수집된 자료는 완전한 자료가 아니므로 본격적인 상담이 진행되면 상담자는 접수면접 시 파악된 내용을 재조사하고 변화 가능함을 인식하여 내담자 탐색을 시작해야 한다.

다음은 접수면접 시 조사되는 내담자 정보 내용이다

- 내담자에 대한 기본 정보 : 성별, 생년월일, 주소, 연락처, 종교, 내·외과 질환, 정신적 질환 정보, 투약되는 약물 정보, 과거 치료 경험 등
- 외모 및 행동 : 머리 상태, 표정, 옷차림, 말의 속도, 시선 처리, 대화 시 행동특성, 특이 동작, 면담 시 태도 등
- 주 호소 문제 : 상담을 받으려는 직접적인 이유에 해당, 문제가 발생한 시기, 상황적 배경, 동반된 신체적 문제, 문제의 발생 경로, 현재의 상태와 심각성, 대인관계의 문제, 사회적인 직업 또는 학업상의 문제 등

- 현재 주요 기능 상태 : 내담자의 주요 기능 상태 평가는 내담자의 문제해결에 실마리가 됨. 내담자의 인지영역, 운동성, 자기 돌봄 능력, 대인관계 능력, 생활 활동 수준, 사회 참여 수준에 대해 조사하고 평가하여 내담자의 주호소와 연관성을 고려하여 탐색
- 스트레스 원 : 내담자가 호소하는 언어를 사용하여 기록하도록 하며 다양한 내담자의 스트레스 원을 조사(대인관계, 성적, 재정문제, 가족불화 등)
- 사회적 지원체계 : 내담자가 도움을 요청하고 지원을 받을 수 있는 체계로 가족, 친구, 선후배, 종교적 지도자, 이웃 등 다양
- 주 호소 문제와 연관된 개인사 및 가족관계 : 내담자가 전에 유사한 문제가 있을 때 사용했던 대처 방법과 가족의 반응 등을 통해 구체적인 대처 전략과 가족의 행동이나 태도 등을 파악

2) 관계형성 단계

접수면접 이후 상담자가 배정되면 관계형성을 시작하는 다음 단계로 이어진다. 내담자 대부분은 상담을 원하면서도 수동적인 경우가 흔하므로 상담자는 내담자의 자발성과 적극성을 이끌어내는 것이 중요하다. 관계형성 단계에서 상담자가 가장 중요하게 접근할 과제는 바로 내담자와의 신뢰관계 형성이다. 상담초기에 상담자가 내담자와의 관계형성을 어떻게 하느냐에 따라 상담결과가 달라진다. 아무리 훌륭한 상담기술을 가진 상담자라 해도 초기에 내담자와 신뢰관계 형성을 이루지 못하면 기술을 사용할 기회도 없이 관계가 종료된다. 상담자는 진실되게 내담자를 돕기 원하는 마음이 내담자에게 전달될 수 있도록 언어와 비언어적 메시지를 통해 전달해야 한다. 특히 내담자는 상담초기에 상담자의 언어와 비언어적 표현에 집중하고 추후 상담의 지속여부를 결정하기 때문에 신뢰관계 형성을 위한 노력은 매우 중요하다.

- 상담자 역할 : 관계형성 단계에서 내담자는 수동적인 경우가 많으며 자발적으로 상담을 신청한 내담자도 상담 과정에 대한 절차를 몰라 초기에는 수동적이다. 그러나 내담자는 이 시기에 자신의 문제를 이야기하고 상담자가 문제 해결을 적극적으로 해주기 기대한다. 한편 상담자의 반응을 살피며 향후 상담에 대한 도

움 여부를 판단하고 상담을 지속할지 평가하게 된다. 따라서 상담자는 초기에 내담자가 상담에 편안한 마음으로 참여하도록 적절한 환경을 마련하고 신뢰관계 형성을 위해 개방적이며 정직한 태도로 대해야 한다. 특히 내담자의 주 호소 문제를 잘 경청하고 상담과 관련하여 가질 수 있는 호기심을 해결해 줘야 한다. 초기 상담 시에 상담자는 주로 내담자가 가진 생각과 느낌을 자유롭게 표현할 수 있도록 개방형 질문을 사용하고 문제의 내용과 정도를 확인해 나간다. 내담자의 이야기에 비판단적인 자세로 경청하면서 내담자의 행동과 비언어적인 메시지를 잘 관찰하고 수용적인 태도를 보인다. 이 단계에 상담자의 주요 역할은 관심 기울이기, 개방적 자세 취하기, 눈맞춤, 이완된 자세와 몸 기울이기, 진실성, 무조건적 긍정적 존중, 공감하는 태도를 갖고 상담하는 것이다.

3) 탐색 단계

탐색 단계에서 상담자는 내담자가 본인이 갖고 있는 문제에 대해 정확히 인식하고 파악하도록 조력하면서 탐색을 돕는 단계이다. 내담자의 문제는 이 같은 탐색 단계를 통해 본질적인 원인이 드러나는 경우가 많으며 가족관계, 성격문제, 내담자의 단점과 강점, 문제 대처 방식 등을 탐색하면서 주요 문제가 어디에서 시작되었는지를 알 수 있게 된다. 탐색단계에서 내담자는 주도적 역할을 해야 하며 본인이 문제 해결의 주체라는 것을 깨닫고 자신의 문제를 파악하기 위해 노력해야 한다. 구체적 탐색과정에서 내담자는 자기노출과 자기탐색을 통해 자신의 몰랐던 장단점을 파악하게 되며 자신의 문제와의 연관성을 자각하게 된다. 상담자는 이 단계에서 내담자가 자기탐색을 증대하도록 공감적 반응, 반영하기, 재진술을 통해 내담자의 자기탐색이 촉진되도록 할 수 있다.

4) 이해 단계

탐색단계를 통해 드러난 내담자의 문제는 내담자의 자기탐색과정에서 자각을 통해 통찰되고 이해된다. 여기서 말하는 통찰이란 기존의 내담자 관점에서 벗어나 새로운 관점으로 내담자 자신의 문제와 자기 자신, 자신 주변의 세계를 새롭게 이해하는 것이다. 이 같은 통찰의 핵심은 그동안 내담자가 문제로 여겨왔던 다양한 상황과 관련된 자신의 감정, 생각, 행동의 책임이 결국은 자신에게 있고 이 상황을 변화시킬 수 있는 주체도 바로 내담자 자신이라는 것을 인식하는 것이다. 그동안 문제를 직면하지 못하고 회피하거나 방어하던 태도에서 벗어나 문제 해결의 열쇠는 자신에게 있다는 것을 깨닫게 된다. 이해단계에서 내담자는 변화의 책임을 인식하며 그동안의 방어나 회피방법이 아닌 문제를 직면하면서 자신의 행동, 감정, 생각이 현재 문제와 어떻게 관련되어 있는지 이해하게 되며 상황에 대한 정확한 인식을 갖고 자신에 대한 새로운 관점을 형성한다. 이해단계에서 상담자는 내담자가 새로운 관점을 형성하여 자신의 부적절한 상황이 자신에게서 비롯된 것임을 깨닫게 한다. 이때 적용할 수 있는 상담기법은 공감, 직면, 해석, 반영 기법이 있다.

5) 실행 단계

실행단계는 이해단계에서 진행된 문제 해결을 위한 행동으로 진행되는 단계이다. 문제에 대한 이해만으로 문제해결이 어렵기 때문에 상담자는 내담자가 자신의 문제해결을 위한 적극적인 실행이 중요함을 강조한다. 성숙한 내담자는 문제에 대한 이해를 바탕으로 새로운 관점으로 문제를 해결하고자 노력한다. 이 과정에서 내담자는 자신의 실천과정에서 겪는 다양한 경험에 대해 상담자와 공유하고 자신의 생각과 감정을 명료화하는 것이 중요하다. 실행단계에서 상담자는 내담자가 행동을 통해 자신의 문제 해결를 적극적으로 개선하고자 노력할 수 있도록 내담자를 이끌어나가야 한다. 이 과정에서 내담자는 고통스럽고 실패할 수 있으며 상담자는 지속적으로 격려하고 공감해 주는 상담기술이 요구된다. 이 단계에서 상담자는 내담자의 실행을 촉진하기 위해 상담과정에 대한 세부적인 계획과 단계별 진행이 잘 이뤄질 수 있도록 리드해야 한다.

6) 종결 단계

종결단계는 상담을 마무리하는 과정으로 상담목표에 달성된 경우 상담자와 내담자의 상호동의를 통해 진행된다. 결론적으로 내담자가 상담자의 도움 없이 스스로 자신의 문제를 해결할 수 있다는 자신감을 갖게 될 때 상담이 종료된다. 물론 내담자가 상담과정에서 만족하지 못한 경우 상담은 언제든지 종료될 수 있으나 정상적인 상담과정을 통해 종료되는 단계는 내담자의 문제가 해결되어 더 이상 상담이 요구되지 않을 때 진행된다. 상담과정을 통해 내담자는 성숙되고 새로운 대처방법을 습득하여 적용하게 된다. 상담에 대한 전체적인 요약과 평가를 통해 내담자 스스로 자신이 변화 되었음을 인식하고 독립적인 삶을 위해 상담자와의 이별을 수용하고 새로운 방식의 삶에 대한 계획을 수립한다. 상담자는 내담자가 경험하게 될 상실감을 이해하고 내담자 변화에 대한 피드백을 제공한다. 그리고 상담 전과정에 대한 요약과 평가를 통해 목표가 달성되었는지 최종 확인한다.

2. 심리치료

1 정신분석치료

정신분석치료는 프로이트(S. Freud, 1856~1939)가 처음 소개한 이론으로 19세기 후반 인간이 신에 의해 창조된 존재가 아니라 적자생존 법칙에 따라 생존하는 과정에서 진화된 존재라는 생물학적 관점이 확산되는 시기와 맞물려 소개되었다. 현재에도 여전히 인간 존재에 대한 논쟁은 지속되고 있지만 당시 프로이트의 주장은 기존의 주장에서 다루지 않았던 인간에 대한 새로운 관점을 제시하였다는 점에서 획기적이었다. 정신분석을 개발한 프로이트는 인간을 생물학적 존재로 정의 내리고 본능에 충실한 존재라는 전제를 기반으로 정신분석 이론을 개발했다. 현대사회의 대다수 상담이론이 프로이트 정신분석이론을 확장하거나 비판하는 과정에서 발달되었기 때문에 20세기 인간 이해의 폭을 넓힌 가장 영향력 있는 인물이 바로 프로이트라고 할 수 있다.

1) 프로이트의 생애

프로이트의 생애를 간단히 살펴보면 현재의 체코인 프라이베르크(Freiberg)에서 태어나 오스트리아의 비엔나에서 살았다. 어릴 적부터 총명하고 재능이 뛰어났으며 특히 어머니의 사랑을 충분히 받고 자랐다. 그는 의과대학을 졸업하고 임상신경학자로서 개업하여 의사생활을 시작했으며 브로이어(J. Breuer)와 인연이 되면서 최면요법에 대해 배웠다. 이후 환자를 진료하면서 환자의 신경증 증세는 환자의 성적 발달에 문제가 있을 때 나타나는 증상으로 이해하기 시작했으며 1895년 브로이어와 함께 정신분석의 시작이라 알려진 「신경증에 관한 연구(Studien über Hysterie)」를 발표했다. 이후 자기분석을 통해 프로이트는 불안 신경증이 성적 긴장의 누적에 의해 발생된다고 주장하였으며 자기 분석 시 사용한 꿈 분석을 토대로 1900년에 「꿈의 해석(Die Traumdeutung)」이라는 책을 발표한다.

이후 프로이트는 정신분석을 이해하고 뜻을 같이하는 다른 심리학자들과 스터디를 통해 자신의 정신분석 이론과 실제를 발달시켜 나갔으며 아들러, 랭크, 융의 이론적 신념과 기법 발달에 기여하게 된다. 1905년에 프로이트는 「성 이론에 관한 세 편의 에세이(Drei Abhandlungen zur Sexvaltheorie)」를 발표하였고, 1909년 클라크대학에서 강연한 이후 명성이 널리 알려지면서 국제적으로 유명해지기 시작하였다.

초기 정신분석을 기반으로 시작된 다른 심리학자들과 시간이 지나면서 이론에 대한 각자의 입장 차이로 정신분석 지지자들은 분열되기 시작하였으며 아들러는 1911년, 융은 1914년 프로이트의 문하에서 벗어나 각자의 길로 이탈하였다. 그러나 프로이트의 이론은 이후에도 지속적인 관심과 지지를 받으며 더욱 유명해졌으며 그가 사망한 1939년에 그의 명성은 최고조에 이르렀다. 프로이트는 사망할 때까지 자신이 개발한 정신분석이론을 향상시키고자 노력했으며 결국 인간의 동기에 근거한 정신성적발달이론과 체계를 정리하여 이후 질병치료를 넘어 인간이해의 대표적인 이론으로 자리매김하도록 기여하였다.

2) 프로이트의 인간관

프로이트는 1859년 소개된 다윈(C. Darwin)의 「종의 기원(The Origin of Species)」에서 영향을 받았다. 다윈의 이론에서 인간은 신의 창조물이 아닌 생물학적 존재로 설명되는데 이 이론이 프로이트에게 지대한 영향을 미치게 되고 결국 프로이트도 역시 인간을 생물학적 존재로 정의하면서 시대적 상황을 반영한 자신의 이론을 발달시켜 나가게 된다. 생물학적 존재인 인간은 삶을 살아가는 데 필요한 본능인 리비도(libido)를 가지고 태어나며 이러한 본능은 만족과 쾌락을 추구한다고 설명한다. 쾌락추구본능은 사회현실과 부딪혀 갈등을 초래하고 내적 욕구와 외적 요구 간의 충돌로 인간은 끊임없는 갈등상태를 경험하게 된다고 설명한다. 즉, 인간은 살아 있는 동안 끊임없이 갈등하는 존재이며 인간이 지닌 3가지 자아인 원초아(id), 자아(ego), 초자아(superego)가 서로 갈등하는 것으로 설명하였다. 또한 프로이트는 심리성적발달단계를 소개하면서 본능적 추동이나 무의식적 동기가 인간의 행동을 결정한다고 하면서 어린 시절 발달단계에 따라 성격발달이 이뤄지고 성인기의 삶이 결정된다는 결정론적 관점에서 인간을 설명하였다.

3) 이론의 주요 개념

프로이트가 소개한 정신분석이론을 이해하기 위해 기본적인 성격구조, 불안, 방어기제, 정신성적발달단계에 대해 설명하고자 한다.

프로이트는 모든 인간은 각자의 성격을 가지게 되는데 기본적인 인간의 성격은 3가지 자아로 구성되어 있다고 설명하였다. 이 3가지는 바로 원초아, 자아, 초자아로 설명된다. 원초아는 인간이 태어날 때부터 유전적으로 가지고 태어나는 것으로 생물학적 관점에서 본능이 여기에 해당된다. 프로이트는 3가지 자아 중 원초아가 가장 강력한 힘을 가진다고 설명하였으며 원초아는 쾌락 추구가 가장 중요한 목적이며 삶을 위해 필수적으로 요구되는 생물학적 욕구 등이 여기에 해당된다. 대표적인 욕구로 식욕, 수면욕, 성욕 등이 해당된다. 자아는 인간 의식의 세 수준인 의식, 전의식, 무의식으로 구성되어 있으며 개인의 경험을 통해 형성된다고 하였다. 자아도 원초아처럼 쾌락을 추구하지만 현실 상황을 고려하면서 쾌락을 추구하는 것이 차이점이며 외부 세계에서 경험하는 현실과 본능적 쾌락을 추구하는 원초아를 조정하면서 쾌락을 찾는 점이 다르다. 즉, 자아는 현실을 고려하여 자신의 쾌락추구를 조절한다는 것으로 원초아는 본능적으로 충동을 표출하고자 하는 에너지라면 자아는 긴장을 참고 만족을 지연시킬 수 있는 에너지이다. 자아에 영향을 미치는 것은 원초아, 초자아, 현실 상황으로 자아는 이 3가지 요소를 조정하며 기능하는 성격의 집행자라고 하였다. 초자아도 의식, 전의식, 무의식으로 구성되며 자아에서 발달되고 부모의 가치 기준을 동화하면서 형성된다. 즉, 부모로부터 받은 교육이나 사회 환경에서 받은 교육을 가치화하는 과정에서 형성되며 도덕적, 사회적 판단 측면의 발달을 의미한다. 초자아는 원초아와 상반되는 개념으로 도덕이나 완벽 원리에 의해 작동되며 원초아의 쾌락추구 욕구와 충돌하여 갈등하게 된다.

프로이트는 인간의 성격구조로 원초아, 자아, 초자아를 설명하고 3가지 자아 간 충돌이 인간의 불안을 초래하는 것으로 설명하였다. 즉, 인간의 마음은 구조적으로 조직되어 있으며 정신적 기능들은 갈등 내에서 담당하는 역할이 존재하는데 자아는 원초아와 초자아 사이의 충돌로 발생된 불안을 중재하고 충동의 조정자로 활동하며 원초아의 욕구들을 적당한 수준에서 초자아와 현실에 관련하여 중재하고 조절하여 불안을 낮추는 역할을 한다.

또한 프로이트는 인간의 억압된 무의식적 욕구가 의식 속으로 침투할 때 인간은 불안을 경험한다고 설명하였다. 이때 인간은 불안을 다루기 위해 방어기전을 사용하게 되는데 우리를 고통에서 지키고 불안을 회피하기 위한 수단이기는 하나 부정적인 방어기제 사용이 무분별하고 충동적으로 자주 사용되는 것은 병리적이라고 하였다.

인간이 자신의 불안을 해소하거나 회피하기 위해 사용되는 다양한 방어기전이 존재하며 공통적인 특성은 결국 현실의 부정이나 왜곡 현상이며 무의식적으로 작동된다는 점이다. 프로이트가 소개한 주요 방어기전은 억압, 투사, 합리화, 부정, 퇴행, 승화, 반동형성, 전환 등이 있다.

4) 정신분석이론의 심리치료 기법

정신분석치료의 목표는 현재 불안을 야기하고 있는 억압된 무의식적 충동을 내담자가 자각하도록 하는 데 있다. 이를 위해 프로이트가 소개한 심리치료기법의 주요 개념은 자유연상, 꿈 분석, 정화, 전이와 역전이, 해석 개념이 포함된다. 이 내용에 대해 간단히 설명하면 다음과 같다.

프로이트가 이야기한 자유연상은 대상자의 무의식 분석을 위해 사용되는 기법 중 하나로 치료자가 대상자에게 마음에 떠오르는 모든 내용을 있는 그대로 표현하게 하는 것이다. 자연스럽게 떠오른 내용이 황당하고 민망하고 시시한 것일지라도 있는 그대로 표현하는 것이 중요하며 검열과 비판을 해서는 안 된다. 프로이트는 대상자의 무의식이 평소 자연스럽게 떠오르는 생각이나 감정을 통해 표출되고 이것은 대상자가 방어기제를 사용하여 억압한 무의식에 숨겨진 진실을 찾는 데 매우 중요한 자료가 된다고 보았다. 각각의 내용은 무의미할 수 있으나 자유연상을 통해 드러난 생각과 감정을 연결하면 의미를 찾아낼 수 있다고 하였다. 프로이트는 인간은 수면하는 동안 억압을 줄이고 꿈을 통해 억압된 감정이나 욕구를 해소한다고 보았다. 꿈은 원초아의 억압된 충동과 자아의 방어적 조작 간의 합의로 해석하였다. 따라서 프로이트는 꿈 분석이 무의식적 활동을 이해하는 데 매우 유용한 메시지라고 하였다.

전이와 역전이는 정신분석치료에서 매우 중요한 개념이다. 전이는 내담자에게 나타나는 현상으로 내담자의 과거 의미 있는 대상인 부모나 지인과의 관계에서 발생했으나 해결하지 못하고 억압되어 무의식에 있던 감정, 생각, 욕망이 자신도 모르게 치료자에게 옮겨져 표현되는 현상이다. 특히 아동기에 정서적으로 의미 있는 대상에 밀접하게 관련된 감정이 치료자에게 옮겨져 나타나는 것으로 정의할 수 있다. 전이의 특성을 이해하고 치료자는 내담자의 전이를 치료에 이용할 수 있다. 즉, 정신분석에서 치료자의 주역할은 내담자의 전이를 유도하고 그와 관련된 내용을 해석해 주는 것이다. 대부분의 전이 감정은 무의식적이며 치료자는 이러한 억압된 감정과 관계를 재구성하도록 돕는다.

역전이는 치료자가 대상자에게 일으키는 전이 현상이다. 본질적으로 전이와 같은 현상이지만 주체가 치료자이며 치료자의 과거 경험이나 감정, 생각 등이 대상자에게 옮겨져 발달되면서 관계에 영향을 미치는 현상이다. 치료자의 역전이는 대상자를 과잉보호하거나 감정, 행동으로 표출되어 치료에 방해요인이 되기도 한다. 따라서 치료자는 효과적인 치료를 위해 내담자로부터 유발된 역전이 감정을 객관적으로 잘 처리할 수 있어야 한다.

저항은 내담자가 치료과정에서 현재 상태를 유지하고자 하는 현상으로 변화에 대한 두려움이나 무의식적 갈등을 직면하기 두려워 저항을 통해 무의식적 억압을 유지하려고 하는 것이다. 치료자는 내담자의 저항을 알아채고 치료와 연결하여 접근할 수 있어야 한다.

해석은 내담자의 자유연상, 꿈, 전이 반응 등에서 나타난 현상에 대해 그 본질적인 의미가 무엇인지 깨닫도록 하는 상담치료 과정으로 치료자의 해석은 내담자가 그동안 무의식적으로 사용하던 방어기제와 저항에 대한 통찰을 돕는다.

2 개인심리학적 치료

개인심리학적 치료는 아들러(A. Adler, 1870~1937)에 의해 소개된 심리치료 기법이다. 아들러는 인간을 사회에서 자신이 설정한 목표를 달성하기 위해 끊임없이 노력하는 존재로 정의하면서 목적론적 인간관을 갖고 자신의 이론을 개발하였다. 특히 개인적인 삶의 경험이 이론 개발에 영향을 주었다. 연약하고 힘들었던 본인의 삶을 극복하는 과정을 이론으로 연결하였으며 인간은 살아가면서 누구나 느끼는 열등감을 극복하여 자기 완성을 이뤄가는 존재라고 설명하였다. 아들러는 초기 프로이트에 영향을 받았으나 후에 독자적인 자신의 이론을 개발하였으며 정신 질환자보다는 일반 대중에게 더 관심을 갖고 이론을 발달시켰다. 또한 프로이트와 다르게 무의식보다 현실의 주관적 지각을 더 중요하게 강조하면서 인간은 사회의 구성원으로 사회적 관심을 받기 위해 전 생애에 걸쳐 끊임없이 노력한다는 것을 강조하였다.

1) 아들러의 생애

아들러는 육남매 중 둘째로 비엔나에서 태어났다. 어릴 적부터 다른 형제들에 비해 신체적으로 허약했으며 학습능력도 떨어져 열등감에 시달리며 생활하였으나 열등감을 이겨내기 위해 열심히 공부하면서 성적이 우수한 학생으로 졸업하게 된다. 후에 의과대학을 졸업하고 일반의로 지내면서 프로이트와 인연이 닿아 그와 9년간 교류하게 된다. 아들러는 프로이트의 성 에너지를 공격성으로 대체시키며 자신의 이론을 정립해 나갔으며 결국 이론적인 관점의 마찰로 프로이트와 결별하게 되고 프로이트 학파가 운영하던 정신분석학회를 탈퇴한다. 이후 프로이트 이론을 반대하는 입장에서 1911년 자유정신분석학회라는 모임을 결성하여 활동하게 된다.

이후 아들러는 '개인심리학회'로 명칭을 변경하고 저널 발간을 통해 자신의 이론 세계를 구축해 나갔다. 아들러는 1912년 「신경증 체제(The Neurotic Constitution)」라는 책을 통해 자신의 새로운 심리학을 발전시켜 나가면서 정신건강에 열등감과 우월성 추구라는 개념을 도입하였다.

아들러의 이론을 적용한 상담자는 내담자의 자존감을 향상시키고 사회적 관심을 강화시키는 방법을 사용하도록 하였다. 특이한 부분은 예방의 중요성을 강조하면서 어린 시절 경험의 중요성을 인식하여 아동기 생활과 관련된 교육과 센터 건립에도 기여하였다.

2) 아들러의 인간관

아들러는 누구나 인간은 불완전한 존재로서 누구든지 열등감을 경험한다고 하였다. 열등감의 시작은 유아기부터 연약한 존재 경험 자체로 시작되며 사회적 존재이기 때문에 타인과 비교하여 자신을 평가하게 된다고 하였다. 열등감은 타인과 비교해 자신이 부족하다고 느끼는 감정이지만 관련 문제를 극복하고자 하는 동기로 작동하게 되면서 자기완성을 가능하게 한다고 하였다. 따라서 아들러는 열등감이 자기완성의 동기로 작동하고 이로 인해 인간은 자기완성을 이룰 수 있으므로 긍정적인 입장에서 열등감을 바라보았으며 인간은 자신의 열등감을 파악하고 지배하기 위해 노력해야 한다고 하였다.

아들러는 인간을 전체적, 현상학적, 사회적, 목적론적 존재로 보고 인간은 나누어질 수 없는 존재라고 하였다. 매 순간 인간은 사회에서 의미를 부여하고 주관적으로 삶을 선택하며 사회적 관심을 받기 위해 노력하면서 미래 지향적인 삶의 목적을 향해 나아가는 목적론적 존재라고 하였다.

특히 아들러는 프로이트와 다르게 무의식의 힘보다 의식의 힘이 강하며 인간은 스스로 자신을 개발하고 삶을 자유의지와 선택을 통해 창조적인 방법으로 개척할 수 있다고 보았다. 성적 동기보다 사회적 동기가 강력하며 사회에서 목표 지향적으로 행동하고 선택에 책임지면서 삶의 의미와 성공, 완전성을 향해 나아간다고 하였다.

3) 이론의 주요 개념

아들러의 개인심리학은 주요개념으로 열등감, 우월성 추구, 사회적 관심, 생활양식, 인생과제, 허구적 최종 목적론 등이 있다.

열등감은 인간이라면 누구나 경험하는 보편적인 감정으로 특히 사회적 존재인 인간의 특성상 타인과 비교해 자신을 평가하면서 발생된다. 그러나 아들러는 열등감의 긍정적인 기능을 강조하면서 인간은 자신의 열등감을 통해 자신의 문제를 극복하기 위한 동기가 유발되고 그 에너지가 인간의 자기완성을 이루는 데 기여한다고 보았다.

우월성 추구는 열등감과 연동되는 개념으로 자기완성추구 또는 성공추구와 같은 의미로 단순 열등감에 의한 추동이 자기완성을 이루는 것이 아니고 인간은 문제에 직면하면 부족한 부분은 보충하고 채워서 더 좋아지게 만드는 경향이 있는데 이것을 우월성 추구로 설명하였다. 이러한 경향은 선천적으로 타고나는 것으로 모든 인간은 일생을 통해 이뤄지며 출생에서 사망에 이르기까지 우월성을 추구하기 위한 노력을 하게 되고 현재보다 더 나은 단계의 발달을 가능하게 한다고 하였다.

아들러는 인간을 사회적 존재로 정의하고 사회에서 타인에게 느끼는 관심인 우정, 동료애, 이웃 사랑과 같은 현상을 사회적 관심이라 표현하였다. 인간은 사회적 존재로 사회적 문제를 해결하고자 노력하며 공감, 타인과의 동일시, 타인지향을 통해 사회적 존재로 의미를 찾고 삶에 만족감을 느끼고 행복해하며 사회에 기여한다고 하였다. 사회적 관심이 있는 사람이 정신적으로 건강한 사람이며 사회적 관심이 결여되면 부적응한 사람으로 인생의 실패자라고 하였다.

생활양식이란 인간이 태어나 후천적으로 형성되는 삶에 대한 일관된 태도 또는 방식을 의미한다. 아들러가 말하는 개인의 생활양식을 이해하기 위해서는 열등감과 보상의 개념을 함께 이해하는 것이 중요하다. 개인의 생활양식은 개인이 경험한 열등감과 보상 활동을 통해 형성되는데 인간은 어린 시절 경험한 열등감을 극복하기 위한 보상 활동으로 행동을 하게 되고 그 생활이 결국은 열등감을 극복하기 위한 생활로 연결되면서 일생을 통해 일관되게 유지된다는 것이다. 따라서 우리의 생활양식은 각자의 삶에서 경험한 독특한 열등감을 극복하기 위한 노력의 결과인 것이다. 아들러가 제시한 생활양식은 4~5세경에 형성되며 이후 잘 변화되지 않고 성장하면서 생활양식을 변화시키려고 하지만 결국 이미 형성된 기본 양식의 확장일 뿐이라고 하였다. 생활양식은 개인의 삶에서 전반적으로 영향을 미치게 되고 외부세계에 대한 태도와 성격구조에도 영향을 준다고 하였다. 개인의 생활양식을 이해하기 위한 가장 수월한 접근은 직업, 사회, 사랑에 개인이 어떻게 대응하는지를 통해 파악할 수 있다고 하였다.

아들러는 개인 심리학에서 모든 인간은 목적을 가진 행동을 한다고 하였으며 프로이트의 결정론적 입장과 다른 목적론적 입장에서 인간을 설명하였다. 즉, 현재를 기반으로 미래지향적인 삶의 목적을 향해 노력하며 이는 유용한 생활양식을 기반으로 이뤄지는 것이 바람직하다고 하였다. 이 같은 인간의 행동을 유도하는 근원을 설명하기 위해 허구적 최종목적론이라는 개념을 사용하였다. 인간은 과거 경험에 의해 영향받기보다는 미래에 대한 기대에 의해 행동이 유발되는 것으로 보면서 허구적 최종목적은 미래에 대한 기대이지만 주관적으로 현재의 삶에 영향을 미치는 지금-여기 존재하는 것이라 하였고 최종 목표에 대한 개인의 관점만이 인간행동을 설명할 수 있다고 하였다.

아들러는 모든 인간은 살아가면서 '일과 여가', '우정이나 사회적 관계', '사랑과 결혼'이라는 인생 과제에 직면하게 된다고 하면서 인생과제에 대한 개념을 언급하였다.

4) 개인심리학 이론의 심리치료 기법

개인심리학의 치료목표는 내담자가 치료를 통해 자신의 생활양식을 파악하여 그 동안의 부정적인 방식에서 벗어나 바람직한 방향으로 생활양식을 바꾸도록 재교육하거나 새롭게 방향설정을 하도록 지원하는 것이다. 즉, 치료는 내담자의 생활양식의 변화를 목표로 하며 현존하는 생활양식 내에서 행동이 변화하는 것을 중요한 과제로 보았다. 이러한 과정은 치료적 관계 형성, 내담자의 문제 평가와 분석, 해석과 통찰, 재정향 단계로 진행되며 생활양식 변화를 유도하기 위해 사용되는 상담기법에는 즉시성, 격려, 마치 ~처럼 행동하기, 자기모습의 파악, 질문하기, 내담자의 수프에 침 뱉기, 악동 피하기, 단추 누르기 기법, 역설적 의도, 심상 만들기, 과제설정과 이행, 숙제 주기 등이 있다.

3 분석심리학적 치료

융(C. Jung, 1875~1961)에 의해 소개된 분석심리학은 개인의 정신은 그 시대의 정신문화가 개인에게 영향을 미치게 되면서 집단무의식을 형성하고 그 집단 무의식에 의해 현재 개인의 정신 작용이 영향을 받는다고 하였다.

프로이트의 영향을 받아 이론을 개발하였으며 프로이트보다 인간의 무의식을 더 깊이 있게 연구한 융은 프로이트의 정신성적발달이론과 결정론적 관점에 반대하는 입장에서 인간 정신을 주관적 체험과 현상학을 통해 설명하였다. 즉, 프로이트의 정신분석에서 시작하였으나 프로이트 이론과는 다른 무의식에 대한 새로운 확장을 이뤄낸 분석심리학으로 발전시켰다. 융의 성과는 프로이트의 제자이지만 스승을 뛰어넘는 훌륭한 업적을 남긴 것으로 평가된다.

1) 융의 생애

융은 스위스에서 태어났으나 어린 시절 행복하지 못한 가정환경으로 인해 자신의 내면에 집중하는 시간이 많았고 주로 혼자 지내는 것에 익숙한 아이였으며 내성적이었다고 한다.

어릴 적부터 자신의 꿈과 내면의 생각에 집중하면서 자신에 대한 탐색을 하던 융은 의과대학에 입학하게 되고 정신병 진료소에서 일하게 되면서 정신의학의 길을 시작하게 된다. 융은 1900년 프로이트의 「꿈의 해석」을 접하고 프로이트와 인연을 시작하게 된다. 이후 프로이트와 직접 만나 서로의 의견을 나누게 되었고 프로이트의 후원으로 국제정신분석학회장까지 하게 된다. 그러나 둘의 관계는 지속되지 못하고 융이 「무의식의 심리학(Psychology of Unconscious)」을 발간한 이후 결별한다. 이후 융은 독립적으로 분석심리학이라는 새로운 이론으로 활동하게 된다. 융의 분석심리학은 자신이 경험한 삶의 반영이며 자신의 정서적 혼란을 해결하기 위해 시행한 꿈 해석을 통한 자기분석이 큰 영향을 주었다.

융은 자신이 직접 경험한 자기의 혼란의 시기를 통해 성격이론에 대한 융만의 독특한 접근으로 분석심리학을 세상에 소개하였다. 또한 융은 프로이트의 기본 개념을 자신만의 새로운 개념으로 재정립하였는데 프로이트의 리비도를 생활에너지로 정의하였으며 프로이트의 어린 시절 결정론적 관점은 생활에서 후천적으로 변화될 수 있으며 미래의 목표와 소망에 의해 형성된다고 주장하였다. 융은 생을 마감하는 시간까지 개인 치료, 독서, 여행을 즐겼으며 끊임없는 자기반성을 통해 나오는 결과물을 강연과 책을 통해 전달하였으며 인간 성격에 대한 그의 관점은 후대에 매력적인 결과물로 평가되고 있다.

2) 융의 인간관

융은 독특한 인간관을 가지고 있었다. 기본적으로 어린 시절부터 자기 탐색에 대한 호기심이 많았던 융은 인간이해를 위해 인류의 역사를 통해 내려온 상징적 의미와 신화를 평가하였고 이를 자신의 이론에 적용하였다. 융은 인간이란 존재는 유구한 역사를 통해 생물학적 유전과 함께 정신적인 유전을 후세에 전달하였으며 긴 역사의 산물이 바로 현재의 우리에게 발현되고 있다고 보았다. 이러한 관점에서 인간은 집단무의식이 존재하며 그 영향하에 태어날 때부터 자각, 정서, 행동에 대한 정신적 소인인 원형을 갖고 태어난다고 하였다. 원형은 타고난 생각이나 기억을 의미하는 것으로 개인이 세상을 지각하고 경험하고 반응하는 데 영향을 준다고 하였다. 따라서 인간을 이해하기 위해서는 개인을 지배하는 집단무의식, 즉 원형을 이해하고 파악하는 작업이라고 하였다. 집단무의식을 이해하기 위한 접근으로 융은 프로이트의 꿈 분석을 적용하였으며 무의식 개념을 더욱 확장하여 접근하였다. 다시 말해 프로이트의 꿈은 의식에 의해 억압된 무의식의 메시지가 아니라 드러나려고 애쓰는 무의식이라 하였다. 융은 개인의 성격은 집단무의식과 그것의 영향을 받아 형성되며 평생을 통해 변화되면서 진행되고 개성화 과정을 거치면서 개인의 심리적 유형으로 나타난다고 하였다.

3) 분석심리학의 주요 개념

융이 제안한 주요 개념은 정신의 구조, 정신에너지 원리, 원형 등이 있다. 융은 프로이트의 영향으로 우선 정신구조를 의식과 무의식으로 접근하였으나 무의식에 대한 접근은 프로이트와 상당한 차이점을 갖는다. 융의 무의식은 개인무의식과 집단무의식으로 구분되며 개인무의식은 프로이트가 제시한 무의식의 개념을 가져와 설명하였다. 그러나 집단무의식은 융 이론의 새로운 접근으로 분석심리학에서 가장 중요한 개념이면서 집단무의식을 중심으로 자신의 이론을 확립하였다.

융은 의식의 주인은 자아(ego)이며 집단무의식을 주관하는 것은 자기(self)라고 설명하며 의식을 분석하여 접근하였다. 여기서 말하는 융의 자아는 자기원형에서 분화된 것으로 성장하면서 발달되는데 결국은 자기로 통합된다고 하였다. 융이 말하는 의식은 우리가 인식하고 있는 정신의 부분이며 자아에 의해 지배된다고 하였다. 자아가 차지하는 비중은 작아도 자아는 의식에 접근하는 문지기 역할을 하므로 매우 중요한 영역이다. 융은 자아를 통해 자신을 외부세계로 표출하고 외부세계를 인식한다고 하였다. 융이 주장한 개인무의식은 의식에 가까운 영역으로 쉽게 의식화되는 잊힌 경험이나 감각경험을 의미한다. 즉, 개인의 과거 경험으로 형성된 내용으로 이뤄진다. 프로이트의 전의식과 유사하지만 융의 개인무의식은 더 넓은 의미로 무의식까지 포함한 개념이다. 융은 의식화되지 않거나 의식에 머물 수 없는 경험은 모두 개인무의식에 저장된다고 보았다. 집단무의식은 융 이론의 가장 핵심적인 개념으로 인류의 역사와 문화를 통해 공유된 모든 정신적 산물의 저장을 의미하며 이는 유전을 통해 세대 간 이어진다고 보았다. 집단무의식의 내용은 인류 역사를 통해 형성된 수많은 원형으로 구성되며 직접적으로 의식화되지는 않지만 신화나 민속, 예술을 통해 간접적으로 표현된다고 설명한다. 융의 정신에너지 원리는 리비도를 통해 설명되는데 프로이트가 제안한 개념을 포함한 더 확장된 개념으로 발전시켰다. 융이 말하는 리비도는 인생을 살아가는 과정의 에너지로서 리비도를 통해 지각, 생각, 느낌, 소망과 같은 심리적 활동이 일어난다고 보았다.

융이 자신의 분석심리학을 설명하는 데 사용한 원형 개념은 집단무의식을 구성하고 있는 정신적 소인의 형태로 존재하는 것을 의미한다. 융이 제시한 원형은 이미지이며 상징은 원형의 내용이자 외적표현으로 보았다. 이 같은 원형은 꿈, 신화, 예술, 동화 등을 통해서 나타난 상징으로 표현된다고 하였다. 인류에게 전해지는 집단무의식의 원형은 수없이 많으며 신, 악마, 부모, 영웅 등 인류가 살아오면서 형성해 온 수없이 많은 원형이 존재한다. 융이 이론을 통해 제시한 대표적인 원형에는 페르소나(persona), 아니마와 아니무스(anima & animus), 그림자(shadow), 자기(self) 등이 있다.

페르소나는 외부환경의 요구에 조화를 이루고자 하는 적응의 원형으로 개인이 사회에서 요구하는 자신의 역할을 수행하기 위해 형성하는 공적인 얼굴로 우리는 페르소나를 통해 타인과 관계하고 진짜 자기는 숨기게 된다고 하였다. 자신의 페르소나와 내면의 자기가 심하게 불일치되거나 겉과 속이 다른 경우는 이중성격으로 어려움을 겪는다고 하였다.

아니마와 아니무스는 인간의 양성론적 입장을 의미하는 것으로 융은 모든 인간은 남성성과 여성성을 갖고 태어난다고 보았으며 남성성의 속성은 이성이고 여성성의 속성은 사랑이라고 하였다. 우리 모두에게 양성성이 존재하므로 남자는 잠재된 여성성, 즉 사랑을 이해하고 개발하는 것이 중요하며 여자는 이성을 갖추는 것이 필요하다고 하였다.

융의 그림자는 인간이 가진 어둡고 악한 영역을 설명하는 개념으로 인간의 원초적인 동물적 욕망을 의미하는 원형이다. 또한 그림자는 인간의 양면성으로 밝고 어두운 면, 긍정적이고 부정적인 면을 반영한 원형이다. 사회에서 부도덕하고 부정되고 악하다고 생각되는 것들은 그림자 원형에 해당된다.

융이 분석심리학에서 제시한 자기(self)는 모든 의식과 무의식의 주인으로 전체로 기능하며 인간 성격의 조화와 통합을 위해 노력하는 원형이다. 다른 정신 체계가 충분히 발달해야 표현되며 주로 인생의 중년 시기에 나타난다고 하였다.

4) 분석심리학의 치료 과정

분석심리학의 치료 목표는 내담자가 무의식적으로 작동되는 정신원리를 인식하고 의식화하여 개성화 과정을 촉진시키는 데 있다. 융은 인간의 성격발달이 결국 개성화 또는 자기실현 목표를 향해 진행된다고 하였다. 인간의 개성화는 분화과정을 통해 전반기에 진행되다가 후반기에는 통합으로 개성화가 완성되는데 생의 초기에 자기에서 분화된 자아가 인생 중반까지 발달하게 되고 다시 자아가 자기에게 통합되는 과정이 인생후반에 진행된다고 보았다.

따라서 치료자는 내담자를 치료하기 위해 분화와 통합과정을 통해 성격발달이 이뤄지는 것을 이해하고 타고난 내담자 내면의 소리를 이해하는 것이 무엇보다 중요하다고 하였다. 이 과정을 실제 치료에 활용하기 위해 융은 프로이트보다 꿈 해석을 더 중요하게 받아들였으며 꿈이 무의식을 이해하는 가장 의미 있는 자료로 우리에게 상징을 통해 메시지를 전달하는 것으로 보았다. 즉, 현상학적 관점에서 꿈 해석을 통해 자신의 무의식적 메시지를 이해하고 부단한 자기분석를 통해 자기실현을 하는 것이 중요하다고 하였다. 융은 분석심리를 이용한 치료에 대해 "끊임없는 나의 분석의 반영이다"라고 하였다. 융이 제안한 치료과정은 크게 고백단계, 명료화 단계, 교육단계, 변형단계로 구성되며 치료기법에는 꿈 분석, 상징의 사용, 단어연상검사, 정화기법과 유사한 증상분석, 심리적 장애의 발달사를 추적하여 생애를 재구성해 주는 사례사, 성격유형 측정 검사인 MBTI 등이 있다

4 행동치료

행동치료는 학습이론에 근거하여 현재의 적응적이고 부적응적인 행동을 설명하고 있다. 심리학에서 행동주의가 미치는 영향력은 매우 강력하며 20세기에 절정을 이루었다. 행동주의자들은 인간에게서 관찰되는 행동만이 심리학의 연구주제로 가능하다고 주장하면서 과학적인 방법으로 인간행동을 설명하고자 하였다.

인간의 행동은 결국 학습을 통해 형성된 결과이며 모든 행동은 주어진 환경에 따라 달라지고 결정된다고 보았는데 이론의 근본적인 접근은 학습이론으로 설명된다. 따라서 행동치료는 바람직하지 않은 행동은 잘못된 학습의 결과이므로 문제행동을 변화시키기 위한 행동치료가 효과적이라고 주장하였다. 행동치료의 효과를 증명하기 위해 동물실험을 토대로 주장하였으며 이는 후에 동물실험을 인간에게 적용한 부분이 이슈화되기도 하였다.

초기 행동치료는 파블로프의 실험에 근거한 고전적 조건형성과 스키너의 조작적 조건형성이 대표적이었으며 이를 토대로 학습이론에 근거한 행동치료가 사람에게 적용된 것으로 여겼으나 최근 현대사회 행동치료는 더욱 확장된 개념의 다양한 행동치료가 소개되고 발전하게 되면서 심리치료에서 중요한 위치를 차지하고 있다. 여기에서 초기 행동치료에 기여한 학습이론가 스키너를 중심으로 행동치료를 다루고자 한다.

1) 스키너의 생애

스키너(B. Skinner, 1904~1990)는 미국의 부유한 가정에서 큰아들로 태어났다. 그는 성실하고 능력 있는 부모의 교육을 받았으며 특히 적절한 행동규칙을 주입받은 것으

로 전해진다. 변호사인 아버지는 스키너를 법학도로 키우고 싶었으나 스키너는 인간에 대한 관심과 흥미를 다루기 위한 작가 지망생이었다. 그러나 그는 자신이 작가로서 재능이 없다는 것을 깨닫고 인간 이해를 위한 다른 길로 심리학을 선택하여 과학적인 방법으로 인간을 이해하고자 결심하게 된다. 1928년 심리학 공부를 위해 하버드 대학원에 입학하게 되고 박사학위를 받아 대학에서 교수로 활발한 연구 활동을 하였다. 대표적인 스키너의 업적으로는 '스키너 상자'가 있으며 이는 동물의 행동을 분석하기 위한 실험 장치로서 동물이 새장에 붙어 있는 지렛대를 누르도록 고안된 실험 장치로 강화라는 개념을 설명하기 위해 설계되었다. 그 외에도 스키너는 자신의 행동치료 이론 발달을 위한 지속적인 노력으로 관련 책을 저술하고 자신의 이론적 영역을 확립해 나갔으나 인간에 대한 철저한 객관주의적 접근 방법과 관찰할 수 없는 무의식, 자유의지, 인지 등을 다루는 정신분석, 인본주의, 인지심리학을 인정하지 않는 이론적 입장차이로 인해 논란의 대상이 되기도 하였다. 그러나 자신의 확고한 신념하에 스키너는 죽을 때까지 행동주의 관점에서 글을 쓰고 강연을 계속 이어갔다.

2) 행동치료의 인간관

행동주의자들은 인간 행동이 심리학의 주제라고 할 만큼 행동에 대한 객관적인 연구가 심리학에서 매우 중요하며 관찰 가능한 행동만을 인간이해의 유일한 접근으로 보았다. 이런 이론적 배경은 당시 심리학을 지배하던 인간의 주관성을 비판하고 인간의 내면적 가치나 자유의지를 주장한 다른 심리학파들과 대립하게 된다. 인간의 모든 행동은 학습의 결과로 보면서 개인의 내현적 세계를 부정하고 심리학을 순수 자연과학으로 분류하였으며 치료 목표는 행동을 예언하고 통제하는 것이었다. 결론적으로 동물실험에 기초한 이론을 기반으로 인간에게 확대·적용하였으며 인간 행동과 동물 행동을 같은 수준으로 바라보았다.

3) 행동치료과정

행동치료의 목표는 구체적이며 명확하다. 행동치료자는 내담자의 문제행동을 철저하게 평가하고 선택된 목표행동을 바람직한 행동으로 변화시키는 것에 초점을 둔다. 구체적인 치료의 목표 달성을 위해 행동치료는 다음과 같은 목표를 설정할 수 있다.

- 내담자 행동에서 문제를 찾아 극복하기
- 내담자의 바람직하고 적응적인 행동을 강화하기
- 내담자의 부적응적인 행동을 줄이거나 제거하기
- 내담자의 불안 반응 감소시키기
- 내담자가 스스로 이완할 수 있는 능력을 갖추기
- 내담자가 자신의 이야기를 표현할 수 있도록 하기
- 효과적인 사회기술 사용하기
- 자기통제 능력을 확보하기

치료자는 우선 내담자의 문제를 평가하기 위해 자극-반응-결과 평가를 통해 내담자의 행동을 통제하는 요인이 무엇인지 파악하고 행동평가를 토대로 목표에 대한 구체적인 계획을 수립하고 적절한 치료기법을 적용할 수 있어야 한다.

행동치료자는 내담자의 문제행동을 정의하고 이를 변화시키기 위한 구체적인 목표를 수립하여 내담자가 문제행동을 교정하도록 지원하는 것이다. 효과적인 치료가 이뤄지기 위해서 치료자는 내담자의 자문가, 교사, 조언가, 촉진자가 되어야 한다. 치료자는 내담자와 치료적 동맹을 맺고 변화를 위한 다짐을 하며 내담자와 긍정적인 관계 형성의 중요성을 전달하고 내담자가 자신의 행동관리 프로그램에 적극적으로 참여할 수 있도록 조력해야 한다.

행동치료에서 사용하는 주요한 치료기법에는 체계적 둔감화, 강화요법, 자기표현훈련, 자극통제기법, 타임아웃기법, 혐오치료기법, 홍수법, 토큰경제법, 모델링기법 등이 있다.

5 게슈탈트 치료

게슈탈트(gestalt)란 명사로 어떤 대상의 형태, 모양, 유형, 체계화된 전체를 의미하는 독일어이다. 게슈탈트치료에서 게슈탈트 용어를 번역하여 표현하지 않고 원어 그대로 사용한 이유는 용어의 의미를 '형태'로 이해하게 되어 게슈탈트라는 용어의 본질적 개념이 축소되고 왜곡될 수 있는 위험성이 있어 원어 그대로 '게슈탈트 치료'라 표현하였다. 게슈탈트는 전경과 배경이 역동적으로 어우러져 표현되는 전체라는 의미를 내포하기 때문이다.

게슈탈트 치료는 인간에 대한 정신분석의 생물학적 관점과 행동주의의 기계론적 관점에 한계를 느끼면서 새롭게 소개된 인본주의적 관점의 심리학파이다. 이론의 철학적 배경은 실존주의와 현상학에 기반한다.

게슈탈트 치료의 창시자인 펄스는 초기 프로이트 이론에 매료되었으나 자신이 생각하는 인간에 대한 관점과 프로이트 학파가 제안하는 인간에 대한 관점이 충돌하면서 이론 통합의 한계를 느끼게 된다. 이후 펄스는 과거에 집착하는 정신분석을 비판하면서 경험에 의한 자각을 통해 통합하는 것이 인간에게 의미 있는 변화를 일으킨다는 관점에서 게슈탈트 치료를 발전시켰다. 즉, 게슈탈트치료의 주요한 3가지 개념은 접촉, 자각, 통합이다. 프로이트의 영향을 받았으며 프로이트가 심리적 갈등이나 어려움을 해석하는 것이 중요하다고 한 반면 펄스는 통합을 강조하였다. 게슈탈트 치료는 경험적, 실존적, 실험적 성격을 지닌 심리치료로 언어로 내담자를 설득하기보다 내담자의 행동을 중요시한다는 점이 경험적 관점이다. 또한 실존적 관점은 내담자의 치료 참여 시 독립적 선택과 그에 따른 책임을 강조한다는 점이다. 세 번째 실험적 관점은 내담자가 느끼는 감정을 있는 그대로 표출하고 표현하도록 한다는 관점이다.

1) 펄스의 생애

게슈탈트 치료의 창시자인 펄스(F. S. Perls, 1893~1970)는 독일 베를린에서 중산층 유태인 부모 밑에서 태어났다. 히틀러의 나치즘시대에 태어난 펄스는 가족이 유태인

이라는 이유로 힘든 어린 시절을 보냈으며 학업에 집중할 수 없는 상황이었다. 나치즘의 횡포로 집안은 나락으로 떨어지고 큰누나는 수용소에서 사망하는 아픔을 경험하였다. 이후 방황하는 사춘기 시절이 있었으나 다시 학교에 들어간 펄스는 1920년 정신의학 전공으로 의학박사 학위를 취득하여 정신 심리학계의 일을 시작하게 된다. 연구소에서 게슈탈트 심리학 관점 전문가인 골드스타인(K. Goldstein)과 함께 일하게 되면서 펄스는 이 시기에 함께 활동한 아들러, 융, 프로이트와도 인연을 갖고 교류했으나 독립적인 자신의 게슈탈트 관점의 심리치료 개발에 주력하였다. 1934년 나치즘을 피해 남아프리카로 이주한 펄스는 남아프리카에서 게슈탈트 연구를 지속하였으며 1946년에 뉴욕으로 이주하여 '뉴욕 게슈탈트치료 연구소'를 운영하였다. 최종적으로 1969년까지 일했던 캘리포니아 연구소에 이르기까지 게슈탈트 치료 보급을 위해 노력하면서 열정적인 삶을 살다 생을 마감하였다.

2) 게슈탈트 치료의 인간관

게슈탈트는 실존주의와 현상학의 이론적 배경을 기반으로 개발된 치료기법으로 인간관은 실존적, 현상학적 관점을 취한다. 인간은 끊임없이 환경과 상호작용하면서 현재에 초점을 두고 자신의 게슈탈트를 형성하고 이를 완성하기 위해 노력하는 존재라는 측면에서 현상학적이다. 각각의 게슈탈트는 인간이 독특한 유기체로서 살아가는 데 필요한 욕구이며 선택된 게슈탈트를 완성해 가며 개인의 삶에 책임을 진다는 측면에서 실존적이다.

펄스는 게슈탈트 치료 이론 형성을 위해 인간에 대한 가정을 다음과 같이 정의하였다. 인간은 완성을 추구하는 경향이 있으며 현재의 욕구에 의해 게슈탈트가 형성되고 이를 완성하기 위해 노력하므로 인간의 행동은 부분의 합 이상이며 전체로 해석되어야 한다고 하였다. 따라서 행동을 유발한 환경적 배경과 맥락, 상황에 대한 이해가 요구되며 이를 전경과 배경의 원리로 설명하였다. 즉, 개인은 독특한 유기체로서 세상을 살아가면서 다양한 관심을 갖게 되고 그에 따른 전경과 배경이 어우러져 전체의 게슈탈트를 형성하게 되는데 이는 개인이 갖는 주관적 관심의 초점에 따라 객관적인 상황을 각자 다르게 경험하게 된다고 하였다.

따라서 게슈탈트 치료는 우리가 매순간 경험하는 환경에 대한 충분한 자각을 통해 필요로 하는 게슈탈트를 형성하고 그 문제를 적절하게 잘 다루게 되는 통합능력이 있을 때 유기체로서 바람직한 적응수준에 놓이게 된다는 것이다.

3) 게슈탈트 치료의 주요개념

게슈탈트 치료에서 주로 언급되는 개념으로는 접촉, 지금-여기, 자각과 책임감, 미해결 과제와 회피 등이 있다.

게슈탈트 치료의 관점에서 볼 때 인간의 원만하고 건강한 삶은 인간이 환경과 접촉하면서 에너지가 사용되고 흘러 유기체로서 필요로 하는 게슈탈트를 형성하고 완성한 상태를 의미한다. 그러나 환경과의 접촉 시 요구되는 에너지의 흐름이 막히고 게슈탈트 완성이 이뤄지지 못하는 상황을 문제 상황으로 설명한다. 예를 들어 직장생활에서 발생한 좋지 않았던 일로 인해 퇴근 이후에도 가정생활에 집중하지 못하고 괴로운 상황이라면 이는 순간순간의 게슈탈트 형성이 방해되고 완성되지 못해 괴롭게 된다. 이것을 미해결 과제라 할 수 있다. 이러한 미해결 과제는 분노, 증오, 고통, 불안, 죄책감, 후회 등의 감정으로 경험된다. 미해결 과제가 지각되거나 다뤄지지 않으면 매 순간 변화되는 현재의 자각과 효과적인 기능을 방해하게 된다. 또한 인간은 이 같은 불편한 정서에 노출되는 것이 싫어 회피 수단을 사용하게 되고 미해결 과제는 더욱더 성장가능성과 멀어지게 된다.

즉, 게슈탈트 치료에서 인간 유기체의 건강한 삶이란 순간순간 형성되는 삶의 게슈탈트 완성을 통해 게슈탈트의 순환이 원활하게 이뤄지는 상태를 의미한다. 이를 위해 유기체인 인간은 자각 혹은 알아차림을 통한 접촉이 중요한데 접촉 결여가 이러한 문제를 발생시킨다고 하였다.

펄스는 개인이 접촉경계의 장애가 있는 경우 성숙과 문제해결에 어려움을 겪게 되고 접촉 시 자각의 중요성을 강조하였다. 여기서 말하는 자각을 통한 접촉이 방해

받는다는 개념은 프로이트 이론에서 방어기제와 유사한 개념으로 이해하면 된다.

게슈탈트에서 가장 중요하게 다루고 있는 개념은 바로 지금-여기에 대한 관점이며 이는 인간에게 현재를 있는 그대로 느끼고 경험하는 것이 중요하다는 것이다. 게슈탈트 관점에서 오직 중요한 순간은 현재이며 과거와 미래는 중요하게 다루지 않는다. 그러나 심리적으로 문제가 있는 개인들은 대부분 현재의 중요성을 자각하지 못하고 있으며 대신 과거와 미래에 잡혀 고통받는다고 하였다.

따라서 게슈탈트 치료는 내담자의 현재 상황에서 그들의 경험과 직접적인 접촉을 하는 것이 목적이며 내담자가 그들의 계속되는 경험에 보다 가깝게 접근하는 것과 순간의 느낌에 자각을 증가시키는 데 주력한다. 그렇다고 해서 게슈탈트 치료가 과거를 전혀 다루지 않는 것은 아니다. 다만 현재의 문제와 관련되며 그런 감정들이 현재 내담자의 게슈탈트 형성에 방해가 된다는 것을 자각하도록 돕는다.

펄스는 심리적인 어려움에 놓인 개인에 대한 특성으로 현재 문제를 책임지기 원치 않아 과거에 집착하면서 문제 원인을 타인에게 투사하고 비난하는 존재로 남아있길 원하는 경향이 있다고 보았다. 그 상태가 지속될 경우 자신을 변화시킬 능력과 에너지를 마주하지 못하게 되고 끊임없는 비난 게임에 사로잡혀 결국은 생기 없는 삶을 살게 된다고 하였다. 이러한 문제를 내담자가 어떻게 생각하고 느끼고 감지하고 행동으로 어떻게 표출되고 있는지를 자각하도록 돕는 것이 중요하다고 강조하였다. 가장 구체적인 접근은 내담자가 자신의 경험 흐름에 머물도록 하여 자신의 움직임, 자세, 언어패턴, 목소리, 타인과의 상호작용에 주목하도록 안내한다. 또한 이것을 어떻게 사용해야 되는지 배우고 회피하는 것은 무엇인지 자각하도록 하며 지금-여기에 자신을 개방시키도록 격려한다. 치료자는 게슈탈트 치료를 통해 내담자가 경험하고 행동하는 것은 모두 자신이 책임을 지는 훈련을 한다. 즉, 자신의 경험과 행동은 결국 자신의 책임이며 타인을 위해 살지 않고 진정한 자기 자신으로 살아가는 것에 집중하도록 안내한다.

그 외에 펄스는 게슈탈트 치료를 위해 신경증 개념을 제시하였으며 이는 허위층, 공포층, 난국층, 내적파열층, 폭발층으로 구성된다. 접촉경계 장애로 내사, 투사, 반전, 융합, 편향 개념을 사용해 이론을 설명하였다.

4) 게슈탈트 치료 과정

게슈탈트 치료의 목표는 내담자가 자신의 현 상황에 대한 문제를 자각하고 자신의 삶에 책임감을 가지며 환경과의 접촉을 통해 게슈탈트를 완성해 나아가도록 돕는 것이다. 그 과정에서 내담자의 불안을 다루게 되고 자기조절에 대한 신뢰와 유기체로서의 능력과 지혜를 인정하고 수행할 수 있도록 지원한다. 특히 환경에서 타인과 관계 형성을 할 때 계산적이거나 강박적인 관점에 시달리지 않고 있는 그대로의 자신을 자각하고 수용하면서 삶을 살아가도록 안내한다.

게슈탈트 치료는 내담자가 타인과의 불편한 감정에 놓여 자기를 괴롭히지 말고 서로의 차이와 고유성을 인정하면서 수용하고 통합을 이루도록 한다. 특히 펄스는 강박주의와 완벽주의를 강하게 비판했다. 실수와 실패에 대해 개방적인 관점으로 설명하였으며 이러한 자세는 자신을 자각하고 있는 그대로 수용하는 중요한 과정으로 바라보았다. 또한 내담자가 환경의 구속에서 벗어나 자신의 삶을 지지하고 책임지는 태도로 살아가도록 지원한다. 특히 내담자가 가지는 감정, 생각, 행동은 모두 내담자의 책임이며 타인과의 관계에서 영향을 받을 수는 있으나 그 또한 내담자의 책임이고 삶의 주체로서 모든 책임은 바로 자기 자신에게 있음을 강조하였다.

치료 시 치료자는 내담자의 과거 미해결 과제를 현재로 가져와 그 문제에 대해 충분히 다루고 해결할 수 있도록 하여 내담자가 과거에서 벗어나 현재 삶에 집중할 수 있도록 돕는다. 그 결과 미해결 과제에 쏟던 에너지를 새로운 상황, 지금-여기에 집중하도록 하며 삶을 충만하게 할 수 있도록 촉진시킨다. 치료를 통해 내담자가 자기고문 게임이나 반복적인 갈등을 멈추고 서로가 화해와 이해를 통해 통합을 이루도록 한다.

6 인간중심치료

인간중심치료는 인간에 대한 신뢰와 지혜를 강조한 이론으로 인간 잠재력에 대한 중요성을 다루었으며 인간은 유기체로서 경험을 통해 자신의 가치를 형성해 간다는 신념에서 비롯한 치료이다. 인간중심치료의 대표적인 상담가인 로저스는 현대에도 그를 따르고 추종하는 사람들이 많으며 타고난 상담가로서 '성인'이라 불리기도 한다. 인간중심치료는 정신분석과 비교해 비지시적 접근으로 불렸으며 치료자 중심에서 벗어난 내담자 중심치료로 불린다. 특히 내담자를 환자나 치료의 대상으로 보는 것이 아니라 상담자와 내담자의 관계를 인간 대 인간으로 정의하면서 서로의 주관적 경험에 대해 끊임없이 가치를 형성하면서 성숙해 가는 존재로 바라보았다는 점이 기존 이론과의 차이점이다.

1) 로저스의 생애

로저스(C. Rogers, 1902~1987)는 미국의 기독교 집안에서 태어났다. 집안 분위기는 엄격했으며 도덕적 행동과 성실성을 강조하면서 자연스러운 감정표현은 허락되지 않는 분위기로 인해 어린 시절 위궤양을 앓을 정도였다. 어린 로저스는 과학과 농업, 생물학에 관심이 있었으나 진로는 종교 분야로 결정되면서 신학교에 입학하게 된다.

이후 종교에 대한 관점의 변화를 경험하면서 중요한 것은 결국 종교가 아닌 사람이라는 점을 깨닫고 신학교 시절 접하게 된 심리학 강의를 듣게 되면서 본격적으로 신학자의 길을 접고 심리학을 선택하여 콜롬비아대학에 입학하게 된다. 1931년 콜럼비아대학에서 박사학위를 받은 후 뉴욕의 아동생활지도 클리닉에서 근무를 시작하였고 아동과 장애아동을 치료하였다.

1940년 오하이오 주립대 교수가 되면서 본격적으로 자신만의 이론과 치료기법을 확립해 나갔으며 당시에 주류 학파였던 정신분석 심리치료와 행동치료 학파와 맞서 싸웠다. 이후 인간중심치료의 공로를 인정받기 시작하면서 로저스는 심리학계에 크나큰 영향을 주었으며 인생의 후반부에는 세계평화와 국제적인 사회문제 해결에도 적극적인 의견을 제시하고 많은 책의 저술과 워크숍을 통해 심리학 발전에 기여하였다.

2) 인간중심치료의 인간관

인간중심치료에서 바라보는 인간은 유기체로서 실현화 경향을 갖고 있으며 자신을 실현화하기 원하는 동기를 갖고 있다고 보았다. 따라서 인간중심치료에서는 이 같은 관점에서 인간의 잠재적 능력을 인정하면서 유기체에 대한 신뢰를 바탕으로 치료를 시작한다.

인간은 끊임없이 변화하는 경험의 세계인 현상학적 장에서 살아가며 주체적으로 자기실현을 위해 살아간다고 보았다. 객관적으로 동일한 환경에서 사는 것 같아도 우리는 모두 각자의 주관적인 현상학적 경험 안에서 살아간다. 따라서 인간중심 이론에서는 인간이 매순간 경험하는 고유한 느낌과 감정을 존중하고 중요하게 다룬다. 인간의 경험은 고유하며 가치를 지니고 결국 인간은 경험으로 가치를 형성한다고 하였다. 따라서 심리적으로 건강한 사람은 자신이 경험하는 모든 감정과 생각에 개방적이고 수용적이며 자신을 가치화하는 데 집중한다. 이런 이유로 인간은 끊임없이 변화하는 존재이며 되어가는 과정으로 존재한다고 하였다.

인간중심치료는 기존의 행동주의에서 간과한 인간 내적가치의 중요성을 심도 있게 다루고 접근했다는 점과 정신분석에서 주장한 인간의 결정론적 관점을 비판하며 끊임없이 변화하는 새로운 인간관을 제시했다는 점에서 의의가 있다.

3) 인간중심치료의 주요 개념

인간의 발달과 변화에 초점을 둔 인간중심치료는 인간의 성격에 대해 기존의 이론처럼 구성 개념을 강조하지는 않았지만 치료에서 다루는 주요 개념으로 유기체, 자아, 실현화 경향성, 가치의 조건화 등이 있다.

현상학의 영향을 받은 인간중심치료는 개인이 어떻게 지각하고 이해하는가에 관심을 갖는다. 유기체인 인간은 전체로 기능하는 존재이며 유기체의 경험을 중요하게 다루었다. 경험이란 유기체가 자각에 이용할 수 있는 모든 것을 포함하며 이 경험이 유기체의 현상적 장(phenomenal field)을 이룬다. 개인은 이러한 자신의 현상적 장 안에서 행동하게 된다.

자아는 인간중심치료에서 핵심적인 개념으로 로저스는 개인이 외적대상을 지각하고 경험하게 되면서 의미를 부여하는 존재하고 하였다. 개인이 지각한 세계는 곧 자신의 현상학적 장이 되고 현상학적 장의 자기 혹은 자신이 자아이다. 다시 말해 현상학적 장 내에 자아가 있으며 자아는 불안정하고 끊임없이 변화하는 존재다.

실현화 경향성은 유기체가 타고나는 것으로 개인이 느끼는 모든 생리적·심리적 욕구들과 관련된다. 실현화란 성장, 독립, 유연성 확립, 자유표현 등과 같은 경향성을 의미한다. 실현화 과정에서 개인은 긴장감소와 욕구해소를 통해 기쁨과 만족을 경험한다. 이 과정은 성숙하는 것과 관련되며 유전적으로 결정되었다 하더라도 노력하지 않는다면 이룰 수 없다고 하였다. 로저스는 인간의 타고난 잠재력의 실현을 강조하면서 프로이트의 충동에 해당되는 것이 인간의 기본적 경향성이라 하였으며 자아실현을 위한 동력으로 작용한다고 보았다.

우리는 모두 부모의 영향을 받아 내면의 가치를 형성하게 된다. 그 외에도 우리 각자는 자신의 경험을 통해 가치를 형성한다. 그러나 어린 시절 아동기 시기에 기본적인 욕구인 '긍정적 자기존중'을 얻기 위해 부모님이 제시한 가치에 자신을 조건화하여 맞춤으로서 자신이 경험하는 사실을 왜곡하고 부정하게 되면서 실현화 경향성이 방해받게 된다. 이처럼 가치의 조건화는 아동이 하는 행동을 평가하는 데에서 비롯되었다. 자신의 기본적인 실현화 경향성을 무시하고 타인에게 인정받기 위한 목적에 자기의지와 관계없이 겉으로 최선을 다하게 된다는 것이다. 아동은 가치 조건화에 의해 착한 아이가 되기 위해 자신의 내적 경험을 무시하게 되며 결국 자신의 주관적인 경험과 고유성을 상실한 채 진정한 자기성장을 이루지 못하게 된다. 이런 이유로 어린 시절부터 형성된 가치의 조건화는 끊임없이 삶을 통해 영향을 미치게 되면서 성숙된 진정한 자아를 찾고 인간이 되는 것에 주요한 방해요인이 된다고 보았다. 이러한 가치의 조건화 반응은 실현화 경향성을 이루려는 유기체의 경험과 충돌하게 되고 갈등과 불안을 야기한다.

4) 인간중심치료 과정

인간중심치료는 기본적으로 인간 유기체에 대한 잠재적 능력과 신뢰를 기반으로 시작하며 이는 인간이라면 누구나 스스로 자기 실현화 경향성을 가지고 있고 자신의 현상적 장에서 고유한 존재로서 자기실현을 이뤄나갈 수 있다고 가정한다.

인간중심치료에서 내담자가 갖는 다양한 갈등과 불안은 자기 경험을 왜곡하고 회피하고 부정하게 만든 가치 조건화의 결과로 해석한다. 따라서 이렇게 형성된 가치 조건화를 해결하는 방식으로 인간이 가진 기본적인 실현화 경향성을 일깨우고 있는 그대로의 경험과 유기체가 지닌 지혜와 잠재력을 신뢰하면서 내담자를 대하는 인간중심적 태도가 중요하다고 하였다.

내담자 변화를 위해 요구되는 인간중심적 태도는 일치성, 공감적 이해, 무조건적 긍정적 존중을 제시하였다. 즉, 상담자가 내담자의 변화를 위해 일치성, 공감적 이해, 무조건적 긍정적 존중의 태도를 보여주면 내담자는 변화된다는 것이다. 단순히 보면 인간중심치료가 간단하고 명료하여 치료자 입장에서 수월한 치료 기법으로 여겨질 수 있으나 인간중심치료에서 요구하는 상담자의 태도는 생각보다 쉽지 않아 임상에서 적용하는 데 한계를 경험하는 경우가 많다.

이는 인간중심치료 기법이 단순한 상담기술이나 방법이 아닌 내담자에 대한 근본적인 태도가 변화되어야 효과적이기 때문으로 이해된다. 일치성이란 상담자가 자신의 감정이나 태도를 있는 상태 그대로 진실되게 개방하는 것으로 사실성, 개방성, 투명성, 현재성으로도 이해할 수 있다. 일치성은 지금-여기에서의 경험과 느낌을 강조하는 것으로 상담과정에서 일관되게 실제적이고 일치성을 보여주는 상담자는 내담자로 하여금 신뢰를 얻게 된다. 이러한 상담자의 일치성은 진솔한 상담으로 진행되고 내담자와 인간 대 인간의 만남을 가능하게 한다. 일치성을 상담과정에서 보여주는 것 자체가 내담자에게 본보기가 되며 내담자는 상담을 통해 자기 탐색과 지금-여기에서 경험되는 자신의 감정을 더 잘 자각하게 된다.

무조건적 긍정적 존중은 가치의 조건화를 벗어버리고 조건 없이 내담자를 있는 그대로 수용하는 것으로서 돌봄, 칭찬, 수용, 존경 등으로 표현될 수 있다. 인간은 누군가가 조건 없이 긍정적인 존중을 보여줄 때 유기체로서 타고난 잠재력을 발휘하여 자기실현을 향해 스스로 나아갈 수 있는 존재라는 신뢰를 바탕으로 한다. 그러나 수많은 가치를 조건화하여 인간을 바라보고 평가하게 되면서 무조건적 긍정적 존중이라는 태도로 내담자를 대하는 것은 생각보다 어려운 접근이다. 그럼에도 상담자가 내담자에게 무조건적인 긍정적 존중의 태도를 보일 때 내담자는 그동안 자신이 의미 있는 사람의 긍정적 관심을 얻기 위해 형성했던 가치 조건화의 태도를 변화시키기 시작한다. 즉, 가치의 조건화로 자신이 외면하고 부정했던 자신의 고유 경험과 욕구에 대한 개방적인 탐색이 시작된다.

공감적 이해는 내담자가 주관적으로 경험하는 현상학적 장의 경험에 대해 정확하고 민감하게 이해하는 능력이다. 공감적 이해는 심리치료에서 매우 중요한 역할을 하며 내담자가 자신의 가장 비밀스러운 이야기를 개방하는 경우 상담자는 내담자에게 공감적 이해를 통해 내담자의 입장에서 그를 이해했을 때 가능하다. 인간은 똑같은 사건을 경험해도 각자의 현상학적 장에서 각기 다른 경험으로 자각하게 되는데 치료자는 내담자의 경험이 무엇인지 공감적 이해를 통해 정확히 이해하는 것이 필요하다.

인간중심치료가 내담자의 변화를 일으키기 위해서는 우선 상담자가 자신의 가치 조건화에 대한 철저한 탐색과 이해가 선행되어야 한다. 그러지 않으면 치료자는 자신도 모르는 사이 자신이 형성한 조건부 가치에 따라 내담자를 평가하고 자신의 가치를 강요하게 된다. 치료자로서 인간중심치료를 적용하고자 한다면 먼저 자기개혁을 위한 노력이 선행되어야 한다. 그런 노력을 통해 준비된 치료자가 내담자에게 진솔하고 무조건적인 존중 태도를 가지고 공감적 이해를 보여주면 내담자는 자신이 가진 실현화 경향성을 실현시키기 위해 스스로 자기 성장을 위한 변화를 시작할 수 있을 것이다.

7 의미치료

나치 포로수용소에서 살아남아 자신의 경험을 심리치료 기법으로 발달시킨 프랭클의 의미치료는 실존주의적 관점에서 시작된다. 인간은 매순간 선택을 하며 살아가게 되는데 감당할 수 없는 힘든 상황에서도 인간은 자신의 내적 삶과 타인에 대한 행동을 선택할 자유를 유지하면서 비극을 이겨낼 힘이 있는 존재라고 보았다.

프랭클은 자신의 실제 경험을 통해 인간이 고통 속에서도 의미를 추구할 수 있는 존재이며 이 같은 믿음을 토대로 의미치료(logotherapy)를 소개하였는데 결국 상담자는 내담자가 자신의 삶에서 의미를 찾도록 도와줘야 한다는 것이다. 프랭클의 의미치료는 기존의 실존주의 관점에서 시작되었으나 그 입장은 차이가 있는데 프랭클의 실존주의는 인간인 우리가 우리의 실존적 가치에 머물러 있는 것이 아니라 우리 자신을 초월해야 한다고 보고 인간의 자기초월 능력과 삶의 의미 추구를 더욱 강조하였다.

1) 프랭클의 생애

의미치료를 처음 소개한 프랭클(V. Frankl, 1905~1997)은 오스트리아 비엔나에서 태어나 성장하였다. 1930년 의학박사 학위를 받았고 1949년 철학박사 학위를 취득하였다. 그는 비엔나에서 청소년 자문센터를 운영하였으며 1942~1945년까지 아우슈비츠와 다하우에서 포로수용소 생활을 하게 된다. 그는 포로수용소에서 사랑하는 아내, 형제, 부모, 자녀를 모두 잃었으나 그러한 부정적 경험에 침식당하지 않고 건설적인 방법으로 극한 상황에서 삶의 의미를 찾고 이겨내는 경험을 직접 체험한다. 추후 수용소에서 풀려난 다음 수용소 생활을 통해 경험으로부터 배웠던 내용을 책으로 출판하여 많은 사람에게 삶의 의미가 무엇인지 되새기게 하였으며 대학교수로 재직하면서 자신의 의미치료를 소개하고 발전시켰다. 그는 체험에서 우러난 삶의 의미를 강조하는 수많은 강의와 책을 저술하고 1997년 생을 마감하였다.

2) 의미치료의 인간관

의미치료에서 바라보는 인간은 실존주의적 관점에 기반하여 인본주의적 관점으로 이해하고자 하였다. 프랭클은 인간이란 '의미에 대한 의지'를 기본 원동력으로 하여 삶을 이끌어간다고 보았다. 또한 프랭클은 인간을 자기초월 능력을 가진 존재로 보고 자기 인생의 책임자이면서 모든 상황에서 선택의 자유의지가 있고 그 자유의지에 의해 선택된 삶의 의미를 추구하는 존재로 설명하였다.

3) 의미치료의 주요 개념

의미치료는 인간을 설명하는 3가지 주요개념을 다루고 있으며 의지의 자유, 의미에 대한 의지, 삶의 의미가 해당된다.

의지의 자유는 인간이 어떤 조건에서 벗어나 자유를 얻는 것이 아니라 조건 안에서 행동을 취할 자유를 의미하는 것으로 인간은 어떤 환경에서도 자신이 어떻게 할 것인가에 대한 결정을 할 수 있고 이것을 의지의 자유가 있어 가능하다고 하였다. 극단적인 상황에서 인간은 인간으로서 존엄을 지킬 수 있고 살아남기 위한 방식을 선택할 의지의 자유가 있다고 하였다. 또한 자기분리, 자기초월을 통해 인간은 자신에 대한 태도를 선택할 수 있다고 보았다.

의미에 대한 의지는 인간의 고유한 특성으로 모든 인간은 자신의 삶에 대한 의미추구 욕구가 있으며 의미에 대한 의지가 인간 삶을 이끌어가는 원초적인 힘이라고 보았다.

프랭클은 삶의 의미는 의미치료의 본질이라고 하였으며 고통 또한 삶의 의미를 부여하는 일부라고 하였다. 인간은 삶의 의미를 찾으려는 욕구가 있고 의미에 대한 의지를 가지고 있다. 우리가 삶의 의미를 잃고 자기가 원하는 삶을 살지 못할 때 우리는 공허감과 삶의 무의미를 경험한다. 이때 프랭클은 오히려 삶이 우리에게 어떤 것을 기대하는 것이 아닌가 하는 자문을 하였고 삶의 의미에 관한 질문을 통해 인간 존재의 본질적인 영역에 접근할 수 있었다고 하였다. 더불어 죽음의 개념을 다루면서 죽음이 삶의 의미를 더 부여하는 과정이며 죽음이 삶의 의미를 빼앗아 갈 수 없다고 하였다. 죽음이 있기에 유한한 인간의 삶이 귀하고 의미가 있다고 설명하였다.

4) 의미치료 과정

의미치료에서 인간의 문제는 삶의 의미를 상실하거나 느끼지 못할 때 발생한다고 하였다. 의미치료의 목표는 내담자가 실존적 공허에서 벗어나 삶의 의미를 발견하도록 하는 것이다. 치료자는 내담자가 자기 존재의 의미, 삶의 목표와 목적을 발견하도록 도우며 그의 삶에서 달성할 수 있도록 돕는다. 그 과정에서 내담자가 삶의 의미를 상실한 원인이 무엇인지 탐색하고 내담자 삶의 유한성과 실존적 자각을 통해 의미를 찾도록 안내한다. 의미치료 시 사용되는 주요한 치료기법은 역설적 의도와 탈숙고가 있다.

8 인지치료

정신과 의사였던 벡에 의해 소개된 인지치료는 주로 우울증 환자를 치료하던 본인의 경험을 근거로 환자의 정서적 장애는 결국 그들 경험을 구조화하는 방식에 의해 영향을 받는다고 하면서 인지치료를 소개하였다.

벡은 인간 인지의 구조화가 어떻게 되느냐에 따라 인간 정서와 행동에 영향을 미치게 되고 부정적인 인지의 구조화는 결국 부정적인 정서와 행동을 유발한다고 보았다. 벡은 이러한 인지유형을 '자동적 사고'라고 명명하였으며 환자의 자동적 사고가 부정적 정서나 우울과 같은 정서장애와 연결되어 환자를 고통스럽게 한다고 보았다. 따라서 치료자는 내담자의 자동적 사고를 인식하게 하고 그에 따른 영향을 줄여나가도록 돕는 것이 중요하다.

1) 벡의 생애

정신과 의사였던 벡(A. Beck, 1921~2021)은 로드아일랜드주의 프로비던스(Providence)에서 러시아계 유태인 미국 이민자 가정에서 막내 아들로 태어났다. 그 당시 어머니가 딸을 잃고 우울증을 겪었다고 한다. 어린 시절 벡은 학업에 어려움이 있었으며 자신에 대한 부정적인 신념으로 힘들었던 시기를 보내게 된다. 이후 성장하면서 자신의 부족함을 극복하고 1946년 예일대 의과대학에서 박사학위를 받았으며 1954년부터 대학 정신과 교수로 임용되어 활발한 연구와 강연 활동을 펼치게 된다. 벡은 대학 내 인지치료연구소를 설립하여 우울을 비롯한 자살, 불안과 같은 정서적 장애에 대한 연구를 진행하였고 수많은 논문과 책을 집필하였으며 심리적인 증상을 측정하기 위한 다양한 평가도구를 개발하였다.

2) 인지치료의 인간관

인지치료는 인간의 생각이 인간 감정과 행동에 영향을 미친다는 입장이다. 인간은 복합적 인지기능을 가지고 있는 창조적인 존재로 개인의 성격은 개인이 경험하고 학습한 가치와 지각에 의해 형성된다고 보았다. 개인의 인지, 도식화된 가치와 지각은 세상을 이해하는 틀로 작용한다. 따라서 개인이 인지한 내용과 도식화된 가치와 지각이 왜곡되면 왜곡된 세상으로 이해하고 그에 따른 정서적 불편감을 경험하게 된다는 것이다. 즉, 인지치료는 인간의 인지적 영역의 중요성을 강조하면서 이론을 발달시켰다.

3) 인지치료의 주요 개념

인지치료에서 사용되는 주요 개념으로는 자동적 사고, 인지왜곡이 있다. 자동적 사고는 어떤 자극에 특별히 노력을 기울이거나 선택하는 과정 없이 순간 떠오른 생각이나 영상 등으로 정서적 반응을 유발하는 자발적인 사고를 의미하며 이는 평소 개인의 경험으로부터 형성된 기본 믿음체계를 반영한다.

보통 심리적인 어려움을 호소하는 대상자의 자동적 사고는 현실을 왜곡하여 반영하거나 부정확하고 극단적인 특성이 있다. 이러한 자동적 사고는 중단하기가 쉽지 않으며 흔히 당연한 것으로 표현되는 어휘로 나타난다. 인지왜곡은 개인이 잘못된 가정이나 개념을 형성하는 현상으로 정보처리에서 비현실적인 세계관이나 비논리적인 추론 등으로 형성된다. 개인에게 흔하게 발생하는 인지왜곡은 이분법적 사고, 개인화, 정서적 추론, 자의적 추론, 파국화, 선택적 추상, 과일반화, 극대화 혹은 극소화 등이 있다.

4) 인지치료 과정

인지치료의 목표는 내담자가 인지 왜곡을 제거하여 좀 더 기능적으로 살아갈 수 있도록 돕는 것이다. 치료의 초점은 내담자를 힘들게 하는 정보처리 방식에 있으며 치료자는 내담자가 자신의 정보처리 방식에 문제가 있음을 인식하고 수정하도록 돕는다. 즉, 내담자의 인지왜곡을 찾아내고 검증하여 현실적이고 바람직한 인지과정으로 수정하여 감정, 행동, 사고의 부정적인 결과를 줄여나가도록 한다.

치료 과정에서 내담자와 협력하여 치료목표를 설정하며 목표는 명확하고 구체적일수록 변화를 유도할 방법을 선택하는 데 수월하다. 기본적으로 내담자의 자동적 사고를 찾아내고 그와 관련된 감정과 행동이 어떻게 경험되는지 확인하여 결과의 타당성을 검증하고 필요하다면 왜곡된 인지를 재구성하도록 돕는다. 즉, 역기능적 사고 패턴을 찾아내서 기능적 사고 패턴으로 바꾸는 훈련을 통해 내담자의 정서적 문제를 줄여나가는 것이다. 이 과정에서 치료자는 내담자가 평소 해오던 자동적 사고에 도전하도록 하기 위해 내담자 관련 정보를 충분히 확보하고 있어야 하며 질문을 통해 내담자가 기존의 사고가 아닌 새로운 사고와 행동을 발견하고 실천할 수 있도록 안내한다.

인지치료 시 사용되는 구체적인 기술로는 특별한 의미 이해하기, 절대성에 도전하기, 재귀인하기, 인지왜곡 명명하기, 흑백논리 도전하기, 파국에서 벗어나기, 장점과 단점 열거하기, 인지 예행연습 등이 있다.

참고문헌

- 권석만(2012). 현대 심리치료와 상담 이론-마음의 치유와 성장으로 가는 길. 학지사.
- 노안영(2018). 상담심리학의 이론과 실제(2판). 학지사.
- 노안영(2013). 게슈탈트치료의 이해와 적용. 학지사.
- 노안영·송현종(2006). 상담의 원리와 기술. 학지사.
- 이준석(2012). 프로이트, 구스타프 말러를 만나다. 이담북스.
- 이장호(1995). 상담심리학(3판). 박영사.
- 홍경자(2001). 상담의 과정. 학지사.
- Carl G. Jung. 정명진 역(2021). 칼 융 분석 심리학. 부글북스.

Chepter 11

사회심리학

학습목표

- 사회심리학의 개념을 이해하고 설명할 수 있다.
- 사회지각과 사회적 관계의 개념을 이해하고 실생활에 적용할 수 있다.
- 사회적 영향과 집단의 영향을 이해하고 가장 합리적인 방법을 모색할 수 있다.

전체개요

인간은 태어나면서부터 사회에 속하게 되고 타인과 서로 영향을 주고받으며 살아가기 때문에 우리는 인간을 사회적 동물이라고 부른다. 개인이 타인과 부딪히며 살아가는 다양한 사회적 영역에서 경험하는 수많은 영향과 과정을 과학적으로 연구하는 학문이 사회심리학이다.

이 장에서는 사회심리학의 정의를 살펴보고 나와 타인의 마음과 행동이 다양한 사회적 상황에서 어떻게 작동하는지에 대해 사회지각, 사회적 관계, 사회적 영향, 집단의 영향 등 4가지 주제로 알아보고 이해하게 될 것이다.

1. 사회심리학의 정의

심리학의 한 영역인 사회심리학은 사회에서 직접 또는 간접으로 타인과 관계를 맺으며 사회의 문화, 규범, 제도 등의 규제를 받고 생활하는 인간의 경험이나 행동을 사회적 여러 조건과 관련해서 이해하고 설명하는 학문이다.

즉, 일상생활에서 일어나는 타인과의 사회적 상호작용을 다루는 학문이 사회심리학이다. 우리의 판단이 타인의 영향을 받거나 타인과의 비교를 통해 이루어지는 까닭은 우리가 다른 사람들과 함께 세상을 살아가기 때문이다. 우리가 지금 가지고 있는 가치, 태도, 판단, 행동 등의 많은 부분은 타인에 의해 형성·유지되며, 반대로 우리의 태도나 행동 역시 다른 사람에게 영향을 미친다. 다시 말하면 우리는 타인의 행동과 동기를 어떻게 지각하고 해석하는가, 우리의 태도는 어떻게 형성되고 변화하는가, 우리가 어떤 사람을 좋아하고 싫어하는 것을 결정짓는 것은 무엇인가, 우리는 왜 다른 사람을 동조하거나 공격하는가 등의 물음에 해답을 주는 학문이 사회심리학이다. 전통적으로 사회심리학은 개인의 사회행동을 지배하는 보편적인 원리를 찾아내려는 이론적 연구를 하였다.

우리의 일상생활은 수많은 사회행동의 연속으로 이루어져 있다. 특히 많은 사람의 관심을 끄는 행동이나 사건, 또는 인간생활의 복지 증진에 중요하게 관련된다고 생각되는 사회행동들이 연구주제로 다루어져 왔으며 이러한 문제들을 이 장에서는 4가지 영역으로 구분하여 다루고자 한다.

첫째, 사회지각으로 사람들이 사회자극에서 정보를 획득하고 처리하는 방식이 어떠한가의 문제를 다룬다.

둘째, 사회적 관계로서 타인에게 호감을 갖게 되는 과정, 타인에게 도움을 주는 이유, 또는 이와 반대로 타인에게 적대적인 행동을 하게 되는 원인 등의 문제를 다룬다.

셋째, 사회적 영향으로 사람이 타인에게 영향을 받아 행동 또는 생각이 바뀌게 되는 과정을 다룬다.

넷째, 집단을 이루고 있는 구성원들 간의 상호작용이 각 구성원의 행동이나 집단의 결정 또는 성과 등에 어떤 영향을 미치는가에 관한 집단역동 혹은 집단의 영향을 다룬다. 이러한 주제들은 보다 개인적인 차원의 사회행동으로부터 보다 더 집단적인 차원의 사회행동 순서로 나열되어 있다.

2. 사회지각

- 인간은 태어나면서부터 사회에 속하여 사회의 일원으로 살아가게 된다. 인간은 타인과의 관계에서 타인을 이해하고, 다른 사람들의 사회적 행동을 예측하고 통제할 수 있는 통제감을 갖는 것이 중요하다. 타인의 모습이나 언행을 보고 그의 인간성을 판단하거나 언행의 배후 동기를 추리하는 것 등이 사회지각(대인지각) 과정의 주요한 예이다. 사회지각에서 다루어지는 논제는 여러 가지가 있지만 여기서는 타인의 성향에 관해 어떤 인상이 어떻게 형성되는가에 관한 문제인 인상형성과 타인의 행동이나 타인에게 일어나는 일을 보고 그 행동이나 일이 일어나게 된 배경을 추리하는 귀인에 관해서 살펴보고자 한다.

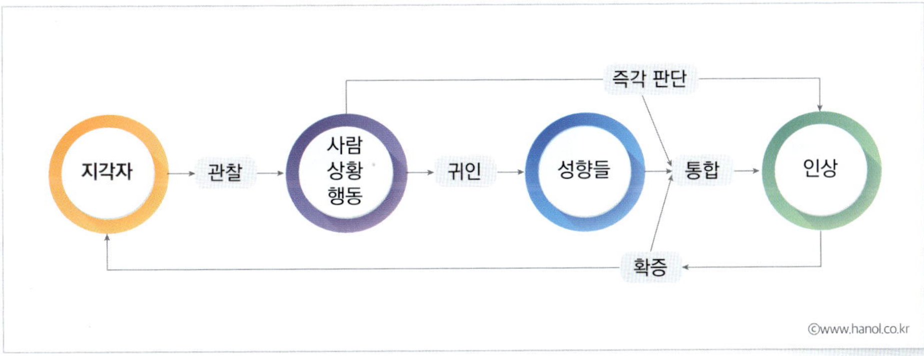

그림 11-1_ 사회적 지각과정

이와 같이 사람들이 타인을 이해하는 주관적인 과정을 사회적 지각이라고 하는데, 사회적 지각은 〈그림 11-1〉과 같이 관찰, 귀인, 통합 및 확증과정으로 이루어져 있다(Brehm, Kassin, & Fein, 2005)

1 귀인이론

1) 귀인의 의미

귀인이론이란 사태가 왜 그렇게 되었는지에 대한 원인 지각, 즉 자기와 타인의 행동에 대한 원인을 추론하려는 성향을 말하며 귀인이 다음 행동에 영향을 미친다는 이론을 말한다.

사람들은 타인의 행동 원인, 자신과 타인에게 일어나는 일의 발생 원인이 무엇인지를 알고자 하는 강렬한 욕구가 있다. 우리가 대인지각을 할 때 사용하는 단서는 주로 한정된 정보에 의한 것이다. 왜냐하면 표정, 몸짓과 같은 외부 단서나 사람들이 말하는 내부 상태 등의 단서에 의해서만 접근을 하기 때문이다. 다시 말해 우리는 외부 단서에 의해 주어진 간접적인 정보를 가지고 그의 내적인 상태를 파악하고 추리해야만 하는 경우가 많다. 그러나 귀인이론에서는 관찰자가 행동이라는 결과를 바탕으로 자신이나 행동자의 내적 상황에 대한 추리를 한다고 주장한다. 즉, 어떤 행동이나 행동의 결과에 대한 원인을 추리하는 것을 귀인이라고 한다.

2) 귀인의 방향

귀인에는 두 가지 방향이 있다. 먼저 내부귀인은 당사자의 성격, 능력, 동기, 노력, 부주의 등으로 당사자 본인에게서 원인을 찾는 경우를 말한다. 다른 하나는 외부귀인으로 상황적 압력이나 타인, 우연 등 원인을 외부환경의 탓으로 생각하는 경우를 말한다.

3) 귀인의 원리

사람들은 일반적으로 사건이나 행동에 대한 원인을 추리할 때 그 사건이나 행동이 나타나기 전에 발생한 상황과 연결지어 그 원인으로 생각하게 된다. 이러한 귀인의 원리를 항상성 원리라고 한다.

귀인과정에 대한 가장 공식적이고 종합적인 이론은 켈리(G. Kelly)가 제시한 공변이론이다. 공변원리란 다양한 상황에 걸쳐서 발생하는 특정 결과와 특정 원인요소가 공존하는지를 살펴서 귀인을 하게 된다는 원리이다.

그는 사람들이 타인의 행동 원인을 판단하기 위해 3가지 요인을 고려한다고 하였는데 일관성, 특이성, 합치성이 그것이다. 이 3가지 요인의 높고 낮음에 따라 외부귀인과 내부귀인이 결정된다.

일관성이란 행위자가 특정한 상황에서 항상 동일한 행동을 하는가를 의미하고, 특이성이란 행위자의 행동이 특정한 자극대상이 있을 때만 나타나는가의 정보이다. 마지막으로 합치성이란 행위자 이외에 다른 사람들도 동일한 반응을 보이는가를 의미하는 것이다. 행위자의 행동에 이 3가지 요인 모두가 높게 나타난다면 외부귀인이 되고, 일관성은 높게 나타나고 나머지는 낮게 나타날 경우에는 내부귀인을 하게 된다.

2 귀인의 오류

사람들이 타인의 행동 원인을 판단할 때 여러 가지 정보를 합리적이고 논리적으로 판단하는 것이 아니라, 비교적 단순하게 생각하기 때문에 판단에 오류를 범하는 경우가 많다. 귀인의 오류에는 다음과 같은 것들이 있다.

1) 기본 귀인 오류

타인의 행동 원인으로 외부적인 요인보다는 행위자의 기질이나 성향 쪽으로 귀인이 편향되는 경향을 의미한다.

예를 들어 마트 직원이 불친절하게 대할 경우 사람들은 일반적으로 더운 날씨나 다른 상황 때문이 아니라 그 사람의 성격 때문인 것으로 판단하게 된다. 이처럼 타인의 행동 원인에 대해 외부적 요인을 낮게 평가하고 내부적 특성을 과대평가하는 경향을 기본 귀인 오류라고 한다.

2) 행위자-관찰자 차이

자신의 행동에는 외부적인 요인을 강조하고 타인의 행동 원인에는 그 사람의 내적인 성향을 강조하는 경향이 더 많은 것을 의미한다.

예를 들어 수업시간에 학생이 지각했다면 선생님은 그 학생이 게을러서 늦었다고 생각하지만, 당사자는 길이 막혀서 늦었다고 할 것이다. 행위자-관찰자 차이가 나타나는 이유가 무엇일까? 행위자는 자신의 행동을 스스로 관찰할 수 없기 때문에 외부귀인을 하는 반면, 관찰자는 타인의 행동을 직접 볼 수 있기 때문에 행위자의 특성(내부귀인)으로 귀인하게 되기 때문이다.

3) 자기본위적 편향

사람들이 자신의 행동을 평가할 때, 결과가 좋으면 자신에게 귀인하고 결과가 좋지 않으면 외부귀인을 하게 되는 것으로 자신의 행동 원인을 긍정적이고 호의적으로 평가하려는 경향을 의미한다. 이러한 경향을 자기본위적 편향이라고 한다. 이는 "잘되면 내 탓이고, 잘못되면 조상 탓"이라고 하는 우리나라 속담과 유사하다. 예를 들어 자신이 시험을 잘 친 것은 열심히 노력하고 능력이 있기 때문이라고 하지만, 시험을 잘 못 친 것은 운이 없었거나 문제가 너무 어려웠기 때문이라고 하는 것과 같다.

3 인상형성

사회적 존재로서 우리는 끊임없이 타인에 대한 인상을 형성하며, 우리 또한 타인으로부터 인상형성의 대상이 되며 살아간다. 외형적인 단서를 통해 상대방의 사회적 신분, 직업, 풍모 등을 유추할 수 있지만 사람들은 여기에서 멈추지 않고 나아가 그 사람의 성격, 능력, 감정상태, 사상, 취미 등을 짐작한다. 이러한 심리적 특성은 외적인 단서로부터 직접 파악되는 것이라기보다는 그러한 단서로부터 추론하여 판단되는 것이다. 이렇듯 인상형성은 단순한 지각뿐만 아니라 복잡한 추리의 과정이 개입된다. 과연 우리는 외적 단서로부터 어떤 심리적 과정을 거쳐 상대방의 성격적 특성에 대한 인상을 갖게 되는 것일까?

1) 초두효과

애쉬가 보여준 실험 결과는 '초두효과' 때문이다. 미국의 사회심리학자 애쉬(S. Asch)는 실험자들이 A와 B 두 사람을 보고 인상이 어떤지 적어보는 실험을 하였는데 먼저 사람을 보기 전에 다음과 같은 문장을 읽도록 시켰다.

A 똑똑하고 근면하다. 그러나 충동적이고 비판적이며 고집이 세고 질투심이 강하다.
B 질투심이 강하고 고집이 세며 비판적이고 충동적이다. 그러나 근면하고 똑똑하다.

그 결과 실험자들 모두 A의 이미지를 긍정적으로 보았고 B의 이미지를 부정적으로 보았다. 순서만 다를 뿐 같은 내용의 문장인데 왜 이런 결과가 나왔을까? A를 설명한 문장은 첫 문장이 긍정적인 내용이었고 B를 설명한 문장은 첫 문장이 부정적인 내용이었기 때문에 그런 이미지를 가지게 된 것이다.

초두효과란 말 그대로 무엇인가를 처음 접했을 때 뇌에 입력된 정보가 나중에 입력된 정보보다 기억에 잘 남는 현상을 말한다. "첫인상이 가장 기억에 오래 남는다"는 말과 같은 맥락으로 초두효과는 첫인상 형성에 그대로 적용되기 때문에 '첫

인상효과'라고도 일컫는다.

초두효과는 우리가 타인에 대한 인상을 형성할 때 초기에 주어지는 소수 정보를 재빨리 활용하는 놀라운 능력이 있음을 보여준다. 우리가 타인을 만났을 때 그 사람이 우리의 적인지 아니면 도움이 되는 사람인지를 재빨리 판단하는 것은 생존을 위한 매우 큰 적응적 가치를 지닌다.

우리는 '최신효과'의 영향도 받게 된다. 최신효과는 초두효과와 달리 초기 정보가 아니라 가장 최신의 정보를 바탕으로 평가하여 이미지를 갖게 된다는 심리현상을 말한다. 타인을 지속적으로 접촉하게 되면 초두효과는 감소하면서 최신효과가 증가할 수 있다. 타인에 대한 순간적인 판단을 유보하도록 요청받거나 또는 타인에 대한 정보를 주의 깊게 고려하도록 요청받음으로써 타인에 대한 판단이 중요한 것임을 알게 했을 때는 초두효과가 아닌 최신효과의 영향이 증가할 수 있다(Webester et al., 1996).

어떤 사물이나 사람을 평가할 때 일부의 긍정적, 부정적 특성이 각인되어서 전체적인 평가에 영향을 주게 되는 것을 후광효과라고 한다. 대상에 대한 객관적이지 못한 혹은 잘못된 판단을 하게 되는 인간의 심리적 특성을 말한다. 쉽게 이야기해서 뭔가에 꽂히면 모두 그렇게 보인다는 '색안경 효과'라고 보면 된다. 이러한 후광효과는 객관적이고 종합적인 판단을 방해할 수 있다.

2) 고정관념과 편견

고정관념은 범주 정보(categorical information)만이 주어졌을 때 타인에 대한 대략적인 이미지를 그려낼 수 있다는 점에서 상당히 영향이 크다고 볼 수 있다. 이를테면 어떤 사람에 대해 아는 것이 전혀 없더라도 "그 사람, ○○○ 한대!"라는 정보만으로 그 사람에 대한 이미지를 상당 부분 그려낸다는 것이다. 우리는 다른 사람을 평가할 때 어떤 식으로 지각할 준비상태를 갖추는 경향이 있다. 이러한 준비상태는 우리가 다른 사람을 지각하는 데 상당한 영향력을 발휘한다. 우리는 다른 사람의 모든 측면을 인식하지는 않으며 어느 특정한 것을 기억하거나 도식을 활용한다. 도식이란 기억에 저장된 일반화된 관점 또는 표상을 말한다. 도식은 제한된 정보만 가지고 다른 사람의 추론할 때 사용한다. 즉, 부족한 정보를 장기기억에 있는 정보를 통해서 보완하는 것이며, 여기에는 정확한 정보도 있고 부정확한 정보도 있다. 이것이 우리가 인상을 형성하는 방법이다.

그렇다면 어떤 대상에 대한 우리의 준비태세에 영향을 미치는 것은 무엇일까? 대인지각에서 다른 사람에 대한 인상을 형성할 때 많은 영향을 미치는 것으로 고정관념을 들 수 있다. 고정관념이란 어떤 집단이나 일군의 사람들에 대한 일반화된 신념이다. 우리는 나이, 성, 직업, 인종 등 수많은 고정관념을 가지고 있다. 흑인은 랩과 운동을 잘할 것이고 아시아인은 수학을 잘할 것이라는 고정관념, 여자는 약하기 때문에 남자만 군대에 가야 한다는 고정관념 등이 있다. 사람들이 고정관념을 갖게 되는 것만으로도 그 고정관념으로 인한 피해자의 객관적인 성취나 능력을 저해시킬 수 있다. 정작 당사자가 그 고정관념을 부정하거나 극복하려고 할수록 오히려 성취의 저하가 더 심하게 발생한다.

편견은 어떤 집단이나 집단구성원에 대한 태도를 말하며 주로 비합리적인 부정적 평가로 정의되며, 객관적 사실보다는 소속된 집단에 근거하여 발생한다. 형태가 어떠하든 간에 다른 사람을 처음 대면하게 되는 상황에서 우리는 체형이나 얼굴 생김새를 보는 즉시 상대방에 대한 인상을 형성하게 된다. 아이이건 어른이건 매력적인 외모에 더 호감을 가진다. 실제로는 그렇지 않은데도 매력적이지 않은 외모의 사람은 성격도 별로이며 덜 행복하고 인생도 성공적이지 않을 것이라 기대하는 경향이 있다. 이처럼 편견이란 특정 집단의 성원이라는 이유로 그 사람에 대해 가지는 부정적인 태도라 할 수 있다. 앞에서 살펴본 고정관념은 주로 인지적인 데 비해, 편견은 좋다거나 또는 싫다는 정서적인 평가라는 점에서 차이가 있다.

편견의 동기 요인으로는 경쟁과 갈등, 그리고 자존감의 향상이 있다. 현실적 갈등이론은 제한된 자원을 서로 차지하기 위한 경쟁에서 편견이 비롯된다고 본다. 소수인종에 대한 적대적 행위는 경제 상황이 악화될 때 특히 더 잘 나타난다는 현상은 현실적 갈등이론을 지지하는 좋은 예로 볼 수 있다.

편견이 측정될 때는 사회적 압력이 존재한다. 편견은 보통 자기 보고 설문으로 평가되는데 이런 기법은 질문에 사회적 바람직성 편향(social desirability bias)이 영향을 준다. 즉, 사람들은 자신이 편견 어린 사람으로 보이기를 꺼리는 경향이 있으며, 실제보다 더 관대한 이미지로 자신을 치장하려고 한다.

편견에는 다음의 3가지 종류가 있다.

공공연한 편견은 대외적으로 특정 집단이나 대상에 편견 어린 말과 행동, 태도를 서슴지 않는 것이다. 예를 들면 여론조사에서 인종 분리주의를 주장하거나, 흑백 결혼을 지지하지 않는다고 직접적으로 응답하는 경우에 해당한다. 암묵적인 편견은 겉으로는 편견을 거부하는 것처럼 처신하지만, 다른 동기로 위장이 가능하다면 편견 어린 태도를 보이는 것이다. 예를 들면 흑인 이름이 적힌 투고 글에 현저히 신랄한 비판을 하거나, 유별나게 비판을 꺼리려는 태도를 보이는 경우를 말한다. 자동적인 편견은 암묵적으로 드러내지 않지만, 뇌와 지각(perception)의 차원에서 편견이 드러나는 것으로 예를 들면 흑인의 무표정한 얼굴에서 더 자주 '화난 얼굴'을 찾아내거나, 흑인이 들고 있는 물건을 총이라고 자주 오지각하는 경우를 말한다.

외집단이 실제적인 원인제공자가 아닌 것을 알더라도 편견은 수그러들지 않을 수 있다. 만약 백인이 어떤 일로 분노하게 되었고 흑인이 원인제공자가 아닌 것을 알더라도 흑인에 대한 암묵적인 편견은 증가한다. 분노는 집단 간 갈등이나 경쟁과 너무나도 밀접하게 관련되기 때문에 분노 그 자체가 외집단에 대한 편견을 자동적으로 활성화시키는 경향이 있는 것이다(Pettigrew & Meertens, 1995).

사회정체이론에 의하면 편견은 자존감을 향상하고자 하는 욕구에서 비롯된다. 자존감이 위협받을 때 편견은 더욱 강하게 나타나지만, 다른 사람을 폄하할 기회가 주어지면 자존감이 회복되고 편견도 덜 나타난다. 자존감은 개인정체와 집단정체의 두 요인에 근거한다. 스스로가 잘났음을 인정하는 것뿐만 아니라 자신이 속한 내집단의 공적과 자신을 연결시킴으로써 자존감은 향상될 수 있다. 반대로 내집단에 대한 위협은 곧 나에 대한 위협이며 이때 위협적인 외집단을 폄하하게 된다.

Getty Images

이처럼 편견과 같은 친사회적이지 못한 태도를 연구하기 위해서는 개인 내면에 암묵적으로 깔린 미묘한 측면들을 잡아내는 방법론이 필요하다. 암묵적 연합검사(IAT: Implicit-Association Test)는 사회심리학자들이 위와 같은 사회적 인지 상황을 연구할 때 쓰는 보편적인 연구방법론이다.

3) 확증편향

자신이 원래 가지고 있는 생각이나 신념을 확인하려는 경향으로 내가 원하는 대로 수용하고 판단한다는 뜻이다. 자신의 견해에 도움이 되는 정보만 선택적으로 취하고, 자신이 믿고 싶지 않은 정보는 외면하는 성향으로서, 다른 말로 자기 중심적 왜곡이라 부르기도 한다.

정보처리이론에서 확증편향은 자기실현적 예언 현상인 행동적 확증을 설명하고 있다. 자신이 가지고 있는 신념 때문에 결과적으로 그에 따라 행동하고 결과를 얻는다는 것이다.

사람들은 어떤 결과를 간절히 바랄 때, 또는 어떤 사건을 접하고 감정이 앞설 때, 그리고 저마다의 뿌리깊은 신념을 지키고자 할 때 확증편향을 보인다. 확증편향은 원하는 정보만 선택적으로 모으거나, 어떤 것을 설명하거나 주장할 때 편향된 방법을 동원하는 것이다. 자신의 기대나 판단과 일치하는 정보에 더 무게를 두면서 기존의 신념과 상충되는 정보는 아무리 객관적인 증거라도 의식적·무의식적으로 무시하거나 왜곡하는 경향을 보인다고 한다.

스탠퍼드대학교 학생들을 상대로 한 확증편향 실험이 있다. 사형제도의 효과에 관한 상반된 2가지 연구결과를 사형제도에 찬성하는 학생들과 반대하는 학생들에게 제공했다. 한 연구는 사형이 범죄억제 효과가 있음을 보여주는 것이고, 다른 연구는 그런 효과가 없음을 보여주는 것이었다. 논리적으로만 보면 상반된 연구결과를 접한 후 두 그룹의 생각은 그전보다 조금이라도 달라져야 마땅하다. 그러나 실제는 그렇지 않았다. 두 그룹 모두 자신의 생각을 지지하는 연구에 대해서는 '역시 그렇지'라고 하면서도, 자신의 생각과 대치되는 연구에 대해서는 그대로 받아들이지 않고 다양한 이유를 들어 그 연구가 잘못되었을 가능성을 제시했다. 결과적으로 두 그룹은 모순된 증거들을 제시받았음에도 기존에 가지고 있었던 생각을 더욱 강화한 것으로 나타났다.

확증편향은 자신의 믿음에 근거 없는 과신을 갖게 한다. 사람들은 과학적 사실에 반해 자신의 믿음을 고수하려 하며, 자신의 정치적 지향과 다른 사실을 불신하기도 한다. 반면, 자신의 신념에 유용하다고 여겨지는 정보는 적극적으로 받아들인다. 과학적 탐구에서도 확증편향은 언제나 경계의 대상이다. 귀납적 방법을 통한 연구에서 원하는 결론에 유리한 결과만 선택적으로 받아들이면 잘못된 결론을 내리게 되기 때문이다.

3. 사회적 관계

사람은 혼자서 살아갈 수 없기 때문에 많은 사람과 다양한 관계를 맺으며 살고 있다. 누구와 어떤 관계를 형성하느냐는 개인의 삶의 질을 따라 결정짓는 중요한 문제다. 인간관계의 양상은 긍정적일 때도 부정적일 때도 있는데, 여기서는 인간관계의 긍정적 측면인 호감과 도움행동, 그리고 부정적 측면인 공격행동에 관해서 살펴보고자 한다.

1 호감

호감이란 상대방에게 갖는 호의적인 태도를 말한다. 호감은 사회적 관계의 전제조건이 된다. 물론 호감을 갖고 있지 않은 경우에도 다른 목적을 위해 사람을 사귈 수는 있다. 호감을 불러일으키는 조건들과 호감에서 출발한 사귐이 지속되거나 파경에 이르는 과정에 관한 여러 현상들을 살펴보고자 한다.

1) 호감의 조건

① 근접성

서로 멀리 떨어져 있는 사람들보다는 가까이 있는 사람들끼리 친해지기가 쉽다. 가까운 거리에 있게 되면 만날 기회가 자연스럽게 많아진다. 물리적으로 가까이 있다는 것만으로 호감이 유발되는 것은 아니지만 자주 만남으로써 상대방의 너그러운 행동 기대, 친숙성, 행동 예측 가능성의 기대 등을 높여주어서 호감을 증가시킨다. 가까운 거리에 있는 사람은 자주 접하게 되면서 얼굴이 눈에 익게 되므로 더 쉽게 호감을 가지게 된다. 사람을 자주 접하게 되면 그 사람의 생활습관이나 기호 등을 잘 알게 되므로, 그 사람의 행동을 잘 예측할 수 있다고 생각하게 된다. 어떤 사람의 행동이 예측 가능하다고 생각되는 경우 그렇지 않은 경우보다 더 안심이 되고 긴장을 풀 수 있기 때문에 자주 접할 수 있는 사람을 더 좋아하게 된다.

② 신체적 매력

신체적 매력은 관계 초기에 상대적으로 더 큰 영향력을 지닌다. 사람들은 남녀노소를 불문하고 잘생긴 사람을 좋아한다. 그러나 관계가 진전될수록 신체적 매력보다는 가치관 등 다른 요인이 더 중요하게 작용한다. 잘생긴 사람을 좋아하는 이유는 잘생긴 사람은 똑똑하고 성격도 좋을 것이며 다른 특징도 긍정적일 것이라는 후광효과가 일어나기 때문이다. 또한 잘생긴 사람과 함께 있으면 자신의 이미지도 고양되는 미모의 발산효과도 이유가 된다.

③ 유사성

유사성이란 서로의 특성, 태도 등이 비슷할수록 호감이 증가하는 것을 말한다. 사람들은 태도, 가치관, 기호, 성격 또는 배경 등이 자신과 비슷하다고 생각되는 사람을 좋아한다. 누군가 자신과 비슷한 특징을 지녔거나 유사한 견해를 가지고 있다는 것을 알면 기분이 좋아진다. 그와 편하게 활동할 수 있을 것이라고 생각되며, 자신의 견해가 타당함을 확인받는 계기가 될 수 있기 때문이다. 반면 서로 상반되는 특성을 갖는 사람들이 만나면 더 좋은 관계를 만들 수 있다는 가설도 있다. 그렇다면 이 두 가지 이론 중에 어떤 이론이 맞을까? 서로 상반되는 특성을 갖는 사람들은 좋은 친교관계를 형성할 수 없는 것일까? 연구에 의하면 두 사람이 한 팀으로 활동하게 되는 경우에 그 활동이 상보적인 역할을 요구하는 것일 때는 상반된 성격의 사람들이 서로 잘 맞는다고 한다. 즉, 직장이나 결혼 생활의 경우에는 상보성 원리가 적용되어 관계가 원만하게 이루어진다는 것이다.

④ 능력

유능한 사람이 그렇지 않은 사람보다 호감을 더 많이 받는다. 유능한 사람일수록 도움을 받을 수 있는 일이 많으며 그 사람이 인간적이라면 필요할 때 실제로 도움을 줄 가능성이 높다고 예상되기 때문에 호감을 갖게 된다. 그렇다면 완벽한 사람이 가장 호감을 많이 받을까? 한 연구에 의하면 능력이 떨어지는 사람이 실수를 하게 되면 호감도가 낮아지지만 오히려 능력있는 사람이 실수를 하게 되면 보다 인간적인 사람으로 생각되어 호감도가 높아진다고 한다.

2) 사귐의 지속과 파경

호감으로 시작된 관계가 지속적 사귐으로 바뀌는 과정을 사회적 침투라고 한다. 이 과정은 생활과 성격의 여러 영역에 걸친 넓이, 친밀성, 근접성과 같은 깊이의 차원으로서 자기노출에 달려 있다. 개인적이고 비밀스런 부분을 상대방에게 드러내는 자기노출 과정이 친밀한 관계 형성의 기초이다. 관계의 진전에 따른 적절한 자기노출이 이루어져야 친밀한 관계로 발전할 수 있는데, 자기노출은 관계의 진전기능 외에도 자신의 감정과 의견을 표현해 내는 기능, 상대방의 반응을 통해서 자신의 의견에 대한 조정을 하는 기능, 스스로 자기노출의 정도를 조절하여 상대방과의 관계수위를 통제하는 기능을 한다. 이것은 상호성의 원리로 이해할 수 있다. 적절히 균형 잡힌 대인 간 권력의 정도가 지속성과 만족도에 영향을 미친다. 두 사람의 관계가 공평하다고 느낄 때는 만족감을 느끼지만 불공평하다고 느낄 때는 불만족을 경험한다. 두 사람 중 어느 한 사람이 불공평함을 느끼게 되면 관계가 순조롭게 발달하지 못하게 된다. 공평성의 원리는 관계의 초기에는 당사자 간의 큰 관심거리이지만, 관계가 발전할수록 별로 문제가 되지 않다가 관계에 문제가 생기면 중요한 이슈로 부각된다.

2 도움행동

도움행동이란 자발적이며 외적인 보상을 바라지 않은 상태에서 나타나는 행동으로서 행동의 결과가 실제로 대상인물에게 도움을 주는 것을 말한다.

1) 위급 상황에서의 도움행동

키티 제노비스 사건은 위급한 상황에서 도와줄 사람이 여러 명 있었음에도 아무도 도와주지 않아 결국 살인으로 이어져 사회적으로 큰 관심을 불러일으켰다. 주변 사람들은 이 사건을 폭력 상황으로 본 것이 아니라 단순한 연인 간의 다툼이라 생각하고 전혀 개입하지 않았다. 주변 사람들의 존재가 상황에 대한 해석을 모호하게 만들기 때문에 책임감이 분산되어 개인에게 돌아가는 책임감이 적어진다는 것이다.

2) 평상적 상황에서의 도움행동

일상생활에서 서로 도움을 주고받는 행동은 어디에서 나오며 또한 어떤 요인에 영향을 받을까?

- 규범　사람들 간의 상호작용을 지배하는 가장 기본적인 사회적 규범은 상호성 규범이다. 사회적 상호작용이란 결국 무언가 도움이 되는 것을 서로 주고받으면서 유지되는 것이다. 일상생활에서의 많은 도움행동은 응보규범으로 친구나 이웃으로부터 도움을 받았기 때문에 그에 대한 보답으로 그들에게 도움을 주게 되고, 또한 자신이 어려운 처지에 놓여 있을 때 그들의 도움을 받게 될 것이라는 기대를 하기 때문에 도움을 준다는 것이다.

- 빚진 느낌 사람들은 남에게 손해를 끼치면 빚진 느낌을 갖게 되며 빚진 느낌을 감소시키려고 노력하게 된다. 타인에게 손해를 끼치게 되면 두 사람 사이에 형평성이 기울어지고 불쾌한 감정상태를 유발하게 된다. 이 불쾌감을 없애기 위해서 형평성을 회복하고자 하는 동기가 발생한다.

3) 공격행동

Getty Images

호감이나 도움행동은 사회적으로 긍정적인 타인지향 행동이다. 반면 공격적 행동은 사회적으로 용인되지 않는 부정적 행동이다. 공격적 행동은 사회적 규범에 반하는 것으로서, 타인을 해칠 목적으로 취하는 모든 행동으로 정의된다. 공격행동의 원인으로는 본능, 욕구좌절, 짜증을 들 수 있다. 프로이트(S. Freud)는 인간이 본능적으로 공격성을 가지고 태어난다고 보았다. 사회적 규범이나 도덕, 윤리 등이 공격적 행동을 하지 못하도록 막기 때문에 운동이나 스트레스 해소 등으로 발산을 해보지만 근본적인 원인이 해결되지 않으면 공격행동이 나타난다는 것이다. 사람들이 공격행동을 하게 만드는 요인으로는 욕구좌절의 경험이 있다. 욕구좌절의 경험에 의해 공격행동이 유발된다고 보는 것을 욕구좌절-공격행동 이론이라고 한다. 사람들은 자신이 성취하고자 하는 목표의 달성이 좌절되거나 그 목표에 도달하는 길이 차단되었을 때 공격충동이 생기게 되고 공격충동은 다시 욕구좌절을 일으키게 만든 대상을 향한 공격행동으로 표현된다고 한다. 목표의 달성이 좌절된 경우 이외에도 짜증나는 일을 당하게 되면 사람들은 역시 공격충동을 갖게 된다고 한다.

논쟁 윤리나 비공격성 원리와 같은 사기 가설에서 물리적 공격성은 폭력과는 구분된다. 공격성은 폭력의 시작으로 여겨진다. 보복이나 방어를 위한 폭력은 반응 행동이기 때문에 종종 공격성으로 간주되지 않는다. 공격성(aggression)은 심리학과 사회 행동과학 분야에서 같은 종의 구성원들 사이에서 수치심을 느끼게 하거나 고통을 주거나 혹은 상해를 입히는 행동을 말한다. 퍼거슨(C. Ferguson)과 비버(K. Beaver)는 공격 행동을 '우위에 있는 다른 동물들과의 관계에서 자신의 사회적 지위를 높이려는 행동'이라고 정의했다. 공격성의 생물학적인 근거는 다학제적인 접근을 통한 이해가 필수적이므로 동물모형에서 제시되는 방어-공격 이분법의 유형학과 유사하게 충동적-감정적 공격성과 통제적-수단적 공격성으로 그 표현 양상을 분류할 수도 있다. 공격성에 관련된 신경해부학적 회로는 무의식적 처리를 담당하는 피질하구조와 의식적 처리를 담당하는 피질구조로 구성된 '뇌의 효율적 조직화'를 통하여 작동된다. 공격성과 관련된 신경전달물질 중에서 세로토닌은 억제성 기능을, 도파민은 예기 기능을 담당하는 것으로 알려져 있다. 공격성의 원인으로 알려진 확실한 유전적 표지자는 보고된 바 없으며, 이에 따라 유전자-유전자 상호관계나 유전자-환경 상호관계의 역할이 부각되고 있다. 성별-특이적인 공격성에서는 테스토스테론이 세로토닌과의 분자생물학적인 상호관계를 보이는 반면에, 에스트로겐 수용체가 담당하는 공격성의 조절은 유전자, 성별, 공격성의 유형 등이 관여하는 것으로 알려졌다.

4. 사회적 영향

개인 또는 여러 사람이 다른 개인에게 영향을 주어서 생각이나 태도 또는 행동이 변화하는 과정을 사회적 영향이라고 한다. 인간은 알게 모르게 자신을 둘러싼 사회로부터 영향을 받는다. 타인으로부터 혹은 주변 환경으로부터 영향을 받기도 하고 반대로 영향을 주기도 한다. 사회에서 사람들이 서로 영향을 주고받는 과정에 대해 살펴보고자 한다.

1 동조

동조란 다른 사람들이 모두 같은 의견이나 행동을 취하면 자신의 의사와 상관없이 다른 사람들의 행동이나 생각에 따라가는 것을 의미한다. 인간은 누구나 자기 스스로 생각하고 판단해서 행동한다고 믿는다. 하지만 우리는 항상 자신의 의지대로 생각하고 행동하지는 않는다. 우리는 동조했다는 말을 부정적으로 받아들이지만 사회적 행동이 중요한 동물에게는 매우 기능적일 수 있다. 예를 들어 동조는 특정한 사회적 기준을 형성함으로써 사회적 행동을 통일시킬 수 있다. 동조에 대한 유명한 연구로는 애쉬의 실험이 있으며 유행이 대표적인 사례이다.

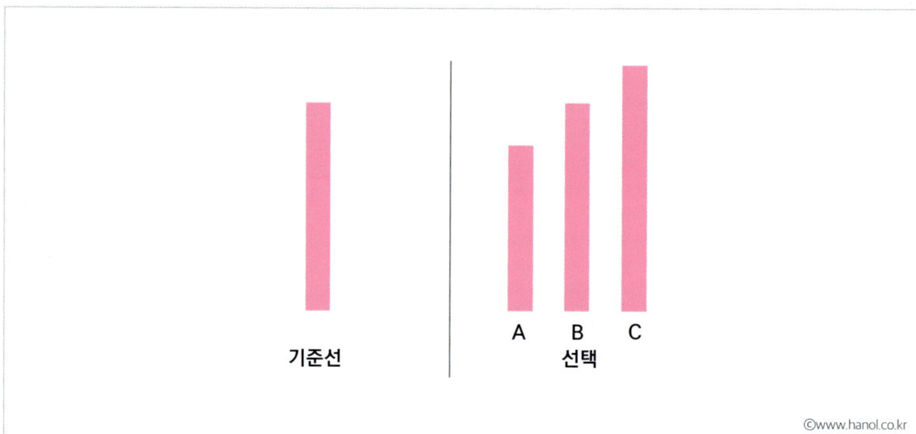

그림 11-2_ 애쉬의 선분 맞히기 동조실험

애쉬의 선분 맞히기 실험에서 참가자의 23%는 틀린 답에 동의하지 않고 자신의 판단을 제시했으나 나머지는 3번에 1번 꼴로 다른 사람의 틀린 답에 동조하는 경향을 보였다. 임시로 형성된 집단에서도 이러한 동조경향을 보인 것으로 봐서 실제 상황에서 집단압력이 강하게 작용하면 자신의 뜻과 다른 집단의 압력에 대부분 굴복할 것으로 보인다.

애쉬의 연구가 시사하는 것처럼 집단으로부터의 승인 욕구나 따돌림에 대한 두려움이 동조의 이유이다. 즉, 집단의 규범을 준수하면 인정을 받겠지만 어기면 처벌을 받게 된다는 것이 동조의 이유로 작용하게 된다. 개인의 집단 소속 욕구가 강할수록, 집단의 응집력이 강할수록, 그리고 집단에서 성공하려는 동기가 강할수록 동조 압력은 커진다. 그렇다면 사람들이 동조를 하게 되는 이유는 무엇일까? 그 이유는 대개 두 가지로 설명되는데, 첫 번째는 결정을 내리기 애매한 상황에서 타인의 행동이 유용한 정보가 되기 때문이다. 두 번째는 사람들은 타인으로부터 거부당하거나 존중받지 못하는 것에 대한 두려움을 가지기 때문이다. 하지만 동조현상은 집단 내에서 한 사람이라도 다른 의견을 제시하게 되면 크게 감소한다. 애쉬의 실험에서도 가짜 피험자 중 한 명이 정답을 이야기하였을 때 진짜 피험자의 동조량이 크게 떨어지는 것으로 나타났다.

2 복종

복종이란 남의 명령이나 의사, 또는 규칙 따위에 어긋남이 없이 그대로 따르는 것을 말하며 주로 상대방의 권위나 권력에 의해 일어난다. 복종은 상대방의 명령이 자신의 의사나 규범에 맞지 않더라도 상대방의 요청에 따르는 것을 말한다.

밀그램(S. Migram)은 사람들이 권위에 복종하는 것을 잘 보여주는 실험을 하였다. 그는 실험에 참여한 피험자에게 처벌이 학습에 미치는 효과를 알아보기 위한 연구라고 설명하고, 두 명이 한 조가 되어 한 명은 '선생' 역할을 하고, 다른 한 명은 '학생' 역할을 맡도록 했다. 학생은 단어를 암기하고 선생은 학생이 틀리면 전기충격을 주는데, 틀릴 때마다 강도를 높여야 한다. 전기충격은 15V에서 시작하여 최대 450V까지 사용할 수 있다.

두 명의 피험자 중 학생 역할을 맡은 사람은 실험자의 조수가 되도록 하고, 실제 피험자는 선생 역할을 맡도록 조작했다. 실험이 진행되면 학생은 계속 오답을 말하게 했고, 선생은 실험자로부터 전기충격을 계속해서 높이도록 지시받았다. 하지만 실제로 전기는 통하지 않았고, 강도가 높아질 때마다 사전에 녹음된 비명소리를 들려주었다. 전기충격의 강도가 높아질수록 학생은 전기충격을 멈추어달라고 소리쳤

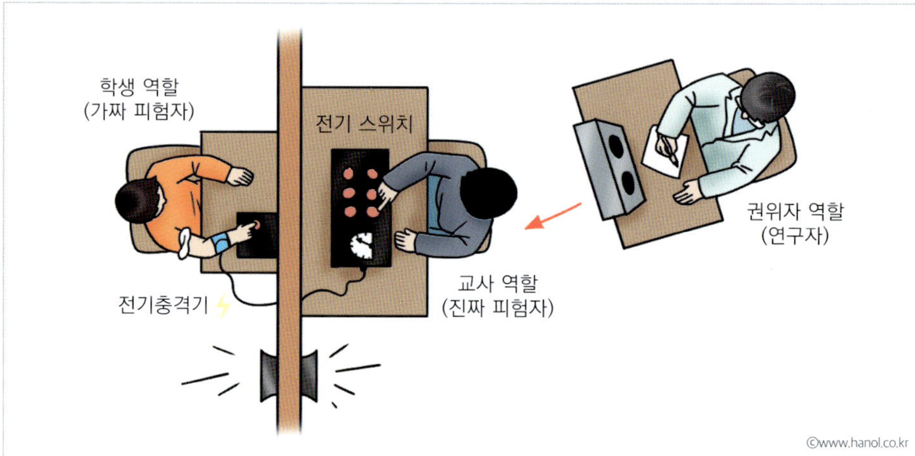

그림 11-3_ 밀그램의 실험실 구조

고, 선생 역할을 맡은 피험자는 실험을 계속해서 진행하도록 지시를 받았다.

실험 결과는 놀라웠다. 실험에 참여한 피험자 중 63%가 실험자의 지시에 따라 최대 강도인 450V까지 전기충격을 주었다. 피험자는 실험상황의 권위자라고 할 수 있는 실험자의 지시에 따라 행동한 것이다. 2차 세계대전 당시 히틀러의 명령에 따라 유대인을 학살한 행위나 캄보디아의 킬링필드에서 일어난 학살 행위처럼 복종에 의한 행동은 커다란 사회적 문제를 일으킬 수 있다. 복종현상은 명령을 내리는 사람이 바로 옆에 있거나 권력을 가진 사람이라고 생각할 때 더욱 두드러지게 나타나지만, 명령에 불복종하는 사람이 있을 때는 줄어든다.

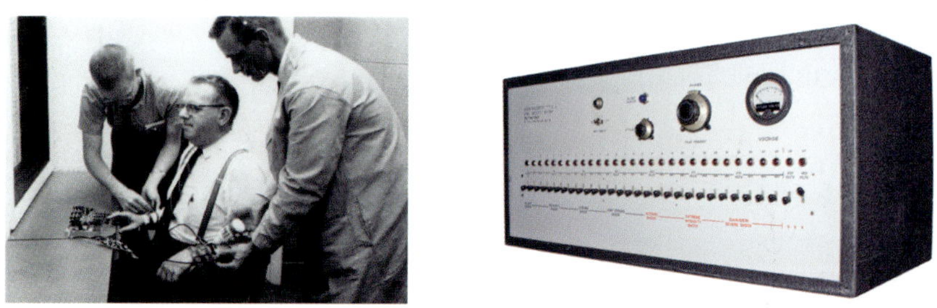

그림 11-4_ 밀그램의 실험장면

5. 집단의 영향

집단은 개인의 행동에 강력한 영향을 미친다. 집단에 소속됨으로써 사람들은 자신의 중요한 욕구를 충족시키고, 긍정적인 정체감을 가질 수 있으며, 집단으로부터 보호받아 안정감을 느낄 수 있게 된다. 반면 집단에 소속되면 집단 내의 조화와 집단의 목표달성을 위해 개인의 자주성이 다소 제한되며, 싫든 좋든 다른 구성원의 영향을 받게 된다.

1 집단에서의 수행

1) 사회적 촉진

사람은 어떤 일을 수행할 때 혼자서 할 때보다 여러 명이 함께할 때 더 나은 결과를 보인다. 이처럼 타인의 존재가 개인의 수행능력에 긍정적인 영향을 미치는 것을 사회적 촉진이라고 한다. 트리플렛(N. Triplett)은 사이클 선수가 경주할 때 혼자 트랙을 달린 경우보다 여러 명이 함께 달리며 경주할 때의 기록이 더 높게 나타나는 것을 발견하였고, 이후 여러 유사한 연구에서도 같은 결과를 얻었다. 사회적 촉진이 일어나는 이유는 타인의 존재가 긴장의 수준을 높이고, 높아진 긴장이 과제를 수행하는 데 도움을 주기 때문이다.

그러나 타인의 존재가 항상 개인의 수행능력을 높여줄까? 하는 물음에 대답하는 것은 쉬운 일이 아니다. 후속의 다른 연구들에서 타인의 존재가 오히려 개인의 수행능력을 떨어뜨리는 결과를 나타내기도 하였다. 이를 사회적 억제라고 한다. 그렇다면 타인의 존재는 언제 개인의 수행을 높이고 또 떨어뜨리는가? 이 질문에 대한 답은 '개인이 수행하는 과제의 난이도에 따른다'는 것이다. 사회적 촉진에 대한 초기 연구에서 사용한 과제는 비교적 쉬운 과제였으나, 후기 연구에서 사용한 과제는 어려운 과제였다. 즉, 과제의 난이도가 낮거나 익숙한 과제라면 수행능력을 높이지만, 난이도가 어렵거나 생소한 과제라면 수행능력을 떨어뜨리게 된다.

2) 사회적 태만

집단에서 일을 하는 것이 수행능력을 높이는 반면, 집단에서 함께 과제를 수행할 때 개별적으로 할 때보다 덜 열심히 하게 되는 경우도 있다. 타인과 같이 있을 때 동기가 위축되어 개인의 수행능력이 떨어지는 현상으로 링겔만 효과라고도 하며 밧줄 당기기, 고함지르기 등에서 나타난다. 수업시간에 그룹과제를 해본 경험이 있다면 알 수 있듯이 집단에서 일을 할 때 개인의 수행능력이 떨어지는 경우를 사회적 태만이라고 한다. 사회적 태만은 과제의 난이도와는 관계없이 일어난다. 이는 집단의 과제 수행에서 개인이 얼마나 열심히 하였는지 평가하기 어려운 상황에서 나타나기 쉽다. 우리는 보통 집단에 속해 있을 때 '나 하나쯤이야'라고 생각하는 경우가 많고, 이때 과제에 책임감을 덜 느끼게 되어 최선을 다하지 않게 된다. 그룹과제의 예에서 볼 수 있듯이, 학생들은 대체적으로 그룹과제를 좋아하지 않는다.

2 집단의사결정

집단을 구성하여 회의를 하는 이유는 여럿이 모여 하면 의사결정에서 더 나은 결과가 나올 것이라는 생각이 암묵적으로 내포되어 있기 때문이다.

1) 집단극화

개인이 의사결정을 할 때도 집단의 영향을 받게 된다. 사람들은 개별적으로 토론할 때는 서로 타협을 볼 수 있지만, 양립하는 주제를 놓고 집단을 나누어 논쟁할 때는 중립적인 의견을 가진 사람도 논쟁을 거치면서 어느 한쪽 의견으로 극단화되는 경향을 보인다. 집단 내 개인의 태도나 의견이 집단토론을 하고 난 후 본래의 입장으로 더 극단화되는 변화를 보이는 것을 집단극화(group polarization)라고 한다. 대학생들에게 사회문제에 대해 토의하게 한 다음, 그 문제에 대한 입장을 토론 전과 후로 비교해 보았는데(Moscovici & Zavalloni, 1969), 집단토의를 한 후 학생들은 기존에 가지고 있던 자신들의 입장을 더욱 강화한 것으로 나타났다. 즉, 긍정정적인 입장을 가지고 있던 학생은 더 긍정적으로, 부정적인 입장을 가지고 있던 학생은 더 부정적이게 되었다. 그렇다면 집단극화가 일어나는 이유는 무엇일까? 집단극화를 설명할 수 있는 이유 중 하나로 설득효과가 있다. 예를 들어, 보수적인 사람들이 모여 토론하면 보다 극단적인 보수 입장이 주목을 받고, 진보적인 사람들이 모여 토론하면 보다 극단적인 진보 입장이 주목을 받는다. 극단적 주장이 집단에서 주도권을 잡게 되면 상황을 객관적으로 판단하지 못하고 잘못된 결정을 내릴 수 있다. 이렇게 형성된 집단의 극단적 주장은 반대측과 격렬한 갈등을 불러일으킬 수도 있다. 갈등의 형태가 세대나 이념, 젠더와 같이 개인의 정체성을 자극하는 방향으로 형성되면 갈등은 계속해서 증폭된다. 이러한 집단극화 현상은 매스미디어와 소셜미디어에 의해 강화된다. 또 다른 설명으로는 집단의 동조현상을 들 수 있다. 토론을 하면서 자신의 생각과 일치하는 집단에 소속감을 느끼게 되고, 이로 인해 집단에 속한 구성원들이 그 집단의 기준에 동조하는 경향이 강해진다는 것이다.

2) 집단사고

우리는 중요한 결정을 내려야 할 때 함께 모여서 의논을 한다. 의사결정을 할 때 여러 명이 함께 의논을 하는 이유는 개인이 결정을 할 때보다 더 합리적인 판단을 할 수 있다고 생각하기 때문이다. 집단사고는 응집성이 강한 인원으로 구성된 집단에서 의사결정을 할 때 각자의 목표나 열정, 생각, 노력, 가치를 반영하지 못하고 획일적인 방향성을 띄는 것을 말한다. 보통 어떤 주제에 대해 회의를 할 때는 그 분야의 전문가들이 모여서 이야기를 나누게 되고, 보다 생산적인 결론이 나올 것이라 기대하게 된다. 하지만 집단 의사결정이 항상 최선의 판단을 가져오지는 않는다. 집단사고는 집단의 응집성이 높고 폐쇄적일 때, 집단의 능력을 과대평가할 때, 문제를 해결할 시간이 촉박할 때, 집단의 리더가 독재적 성향을 가질 때 많이 나타난다. 가장 유능한 전문가들로 구성된 최선의 집단이 최악의 방안을 내놓는 경우에 해당된다. 집단의 응집성이 높아 구성원 간의 합의에 대한 요구가 지나치게 커서, 현실적인 판단을 하지 못하여 부정적 결과를 초래하는 현상이 집단사고(group think)이다. 이 개념은 재니스(I. Janis)가 「집단사고에 의한 희생들(Victims of Groupthink)」이라는 저서에서 피그만 침공이 실패한 이유를 분석하는 과정에서 만들어낸 개념으로 캐네디 정권의 쿠바침공 실패, 존슨 정권의 베트남전 확전 결정, 일본의 진주만 공습, 체르노빌 원자력 방사능 누출 사고 등을 분석한 결과 이러한 사건들은 전문가 집단의 높은 응집성으로 인해 집단에서 이성적 사고나 현실검증력 등이 저해되어 일어난 것이라고 하였다. 그렇다면 집단사고를 예방할 수 있는 방법은 무엇일까? 우선은 개방적 태도가 필요하다. 따라서 집단에 외부 전문가를 참여시키거나 구성원 간에 상호 건설적인 비평을 할 수 있도록 개방적인 분위기를 만들 필요가 있다. 또한 집단을 몇 개의 소집단으로 나누어서 문제의 해결에 대한 논의를 한 다음, 전체가 다시 모여 재논의를 하고, 최종 결정된 사항에 대해 마지막으로 한 번 더 검토를 하는 기회를 가진다면 집단사고의 발생을 최소화할 수 있을 것이다.

3 대중매체

1) 대중매체의 정의

대중매체란 조직화되지 않은 일반 대중을 상대로 대량의 정보 및 시사내용, 당대의 이슈 등을 전달하는 역할을 담당하는 매체를 말한다. 그러나 대중매체는 단순히 메시지를 전달하는 수단에 그치지 않고 많은 사람들에게 일자리를 제공하고, 광고를 통해 다른 산업 제품의 생산과 소비를 연결시켜 주는 매개 역할도 수행한다. 대중매체는 메시지를 생산하고 전달하는 조직체로서 현대사회에 없어서는 안 되는 사회 제도이다. 본래 대중매체라는 말은 메시지의 대량 전달 수단을 가리켰지만, 오늘날 대중매체는 사회 제도, 또는 대중매체를 생산하는 기관의 의미로 쓰이기도 한다.

오늘날 대중매체는 크게 인쇄매체와 전자매체로 나눌 수 있다. 인쇄매체로는 서적, 잡지, 신문, 포스터, 전단이 있고 전자매체로는 음반, 영화, 라디오, 텔레비전, 컴퓨터, 각종 뉴미디어(인터넷, 스마트폰, SNS)가 있다. 라디오와 텔레비전을 묶어서 방송매체라고 부르기도 하고, 음반과 라디오를 묶어서 음성매체라 부르기도 한다. 보도를 주로 하는 신문, 시사 잡지, 방송과 같은 보도 프로그램은 보도매체 또는 언론이라고 말한다.

2) 대중매체의 특성

대중매체의 수용자는 대중이다. 대중은 대개 송신자로부터 멀리 떨어져 있고, 넓게 흩어져 있으며, 서로 알지 못하는 다수의 사람들로 구성된 이질적인 집단이다. 대중은 자의식과 일체감이 부족한 까닭에 공통의 목적을 이루기 위해 조직적으로 함께 행동하지 못한다. 이런 특성 때문에 대중매체는 종종 대중의 통제를 위해 이용된다.

매스컴(대중매체)이 작동하기 위해서는 출판사, 신문사, 방송사, 영화사 등과 같은 조직이 필요하지만 조직에는 통제가 있게 마련이다. 매스컴이 전하는 메시지는 게이트 키핑(gate keeping)이라는 과정을 통해 미리 걸러진다. 게이트 키핑은 매스컴의 메시지를 만들어내는 사람들이 따로따로 혹은 함께 정보를 선택하고 변형시키는 행위를 말한다. 게이트 키핑은 수용자의 정보 환경을 증대시켜 수용자가 받는 정보의 양을 확장하지만 그 정보들을 취사 선택하고 재조직하며 재해석하기 때문에 정보를 제한하고 왜곡하기도 한다.

사람들이 얼굴을 맞대고 행하는 의사소통의 경우에는 주제, 내용, 표현에 큰 제한이 없다. 그러나 매스컴은 규격화되고 복제된 메시지로 송신자와 다수의 수용자를 동시에 연결시킴으로써 즉각적이고 광범위한 영향력을 행사하고, 일시적인 반응을 불러일으키기도 하므로 내용에 많은 제한을 받는다.

3) 대중매체의 기능

대중매체가 현대인에게 미치는 영향은 개인, 가정, 학교, 직장에 그치지 않고 사회 전체의 문화, 정치, 교육, 의료, 환경 등에 이르기까지 매우 폭이 넓다. 대중매체는 대중의 문화적 평등에 기여하고 적은 비용으로 풍부한 지식과 정보를 획득하게 하였으며 휴식과 오락의 기능을 하는 이점이 있다. 또한 여론을 형성할 수 있고 유용한 교양과 상식을 제공해 주어 대중의 지적 수준의 향상에 도움을 준다.

- 정보전달의 기능 대중들이 알지 못하는 사건 또는 사실을 사회 전반에 걸쳐 객관적인 시각으로 전달하는 역할을 한다.
- 사회적 조정 기능 사건과 정보를 객관적인 시각으로 해석하고 평가하며 그에 따른 여론형성 및 갈등해소를 구현한다. 또한 정부나 대기업 같은 단체를 조명하여 사회조직을 견제하고 감시하는 역할을 한다.
- 사회화 기능 사람들에게 전통이나 규범 등을 전수하는 역할을 한다. 대중매체는 사람들의 공통적인 경험의 토대를 넓히고 국민들의 공통성을 형성하여 소속감을 유도한다.
- 오락의 기능 어려운 시사 분야의 정보만 전달하는 것이 아니라 사람들이 즐겁게 시간을 보내거나 휴식을 취할 수 있도록 돕는다.

4) 올바른 정보 수용 자세

대중매체는 우리의 일상생활에서 많은 시간과 비중을 차지하고 있을 뿐만 아니라 일상적인 삶의 방식과 의미, 내면의 의식과 감정을 통제하기도 한다. 즉, 현대인들은 대중매체를 통해 그것이 지시하는 대로 맞추어 사는 수동적인 존재가 되어가고 있다. 그러므로 수동적인 소비자에서 벗어나 스스로 대중문화를 생산하는 능동적인 주체가 되기 위한 노력이 필요하며, 정보를 비판하여 걸러낸 후 수용하는 적극적이고 능동적인 자세를 가져야 한다. 필요한 정보만을 찾아 정확하게 사용할 수 있는 안목을 키우는 것 또한 중요하다.

참고문헌

- 김기원·안은숙·이유상·박선철(2005). 공격성의 신경생물학. 용인정신병원 정신건강의학과. 한양대학교 정신건강연구소.
- 김미영·배헌석·이우언(2015). 인간이해를 위한 심리학. 양서원.
- 김세곤·현정환(2015). 인간심리의 이해. 공동체.
- 남승규·이재창·우석봉·박준호(2015). 심리학: 원리와 적용. 학지사.
- 윤가현·권석만·김경일·김신우·남종호·서수연·송현주 외(2021). 심리학의 이해(5판). 학지사.
- 정의석(2019). 대학생을 위한 심리학. 시그마플러스.
- 현성용·곽금주·김미리혜·성한기·신종호·유태용·윤병수 외(2021). 현대 심리학의 이해(4판). 학지사.
- 한규석(2020). 사회심리학의 이해. 학지사.
- 한덕웅(2002). 집단행동이론. 시그마프레스.
- 홍기원·최영안·이종택(2014). 알기 쉬운 심리학. 양서원.
- David G. Myers. 이종택·홍기원·고재홍·김범준·노혜경·최해연 공역(2015). 마이어스 사회심리학. 한올.

Index

ㄴ

ㄷ

ㅊ

ㅋ

ㅌ

ㅍ

ㅎ

MENTAL HEALTH

P

R

S

T

재미있는 **심리여행**

초판 1쇄 인쇄 2022년 2월 20일
초판 1쇄 발행 2022년 2월 25일

저 자 성미라·고현남·김미진·김승미·김연실·서유진
연영란·유시연·이수정·이영신·최미영
펴낸이 임 순 재
펴낸곳 (주)한올출판사
등 록 제11-403호
주 소 서울시 마포구 모래내로 83(성산동 한올빌딩 3층)
전 화 (02) 376-4298(대표)
팩 스 (02) 302-8073
홈페이지 www.hanol.co.kr
e-메일 hanol@hanol.co.kr
ISBN 979-11-6647-177-3

재미있는 **심리여행**